开放式科技创新实训平台建设与实践

马学条 郑雪峰 王永慧 著

中国纺织出版社有限公司

图书在版编目(CIP)数据

开放式科技创新实训平台建设与实践 / 马学条，郑雪峰，王永慧著. -- 北京：中国纺织出版社有限公司，2020.2
ISBN 978-7-5180-6975-0

Ⅰ.①开… Ⅱ.①马… ②郑… ③王… Ⅲ.①高等学校 — 科研管理 — 研究 — 中国 Ⅳ.①G644

中国版本图书馆CIP数据核字（2019）第264536号

责任编辑：郭 婷　　责任校对：韩雪丽　　责任印制：储志伟

中国纺织出版社有限公司出版发行
地址：北京市朝阳区百子湾东里 A407 号楼　邮政编码：100124
销售电话：010—67004422　传真：010—87155801
http://www.c-textilep.com
中国纺织出版社天猫旗舰店
官方微博 http://www.weibo.com/2119887771
天津千鹤文化传播有限公司印刷　各地新华书店经销
2020 年 2 月第 1 版第 1 次印刷
开本：710 × 1000　1/16　印张：12.75
字数：200 千字　定价：48.00 元

前言

根据国家教育中长期发展纲要和实践教育发展大趋势，实践平台建设需向信息化方向转变，实践项目开发需向精品化方向发展。针对传统科技创新实践教学存在信息化技术运用不足、内容脱离工程实际、开放共享机制匮乏等问题，作者在“跟踪新技术发展，自主研学实践”的教学理念指导下，把科技创新能力培养融入实践教学的各个环节，建立随信息技术发展的开放式科技创新实践平台，学生通过实践平台进行探究性学习，提高学生的创新能力、工程能力和综合素质。

本书以培养学生科技创新能力为目标，从实践教学项目开发入手，构建了基础类、设计类、综合类三层次递进式的实践教学项目，通过对开放式实践教学管理系统、数字创新实训教学基地、大学生科技创新孵化器等资源建设的介绍，形成培养目标引领、实践教学项目配套、优质资源支撑的实践育人体系。基础类实践教学项目：注重基本实验知识、方法和技能的教学与训练，注重工程、分析和实践等基础能力的培养。设计类实践教学项目：通过学习典型实验项目的设计思路和设计方法，给出一些对应的实验要求，让学生去探寻掌握实验设计的创新途径。综合类实践教学项目：结合实践教学平台，通过大量具有创意性的科技训练，激励学生进行复杂系统工程的研究与设计，通过实践培养创新意识和创新能力。

本书以杭州电子科技大学电工电子国家级实验教学示范中心的课外科技创新相关工作为实践基础，参阅了大量实践案例，希望能为相关学科的大学生或对此领域感兴趣的青年朋友开启创新之门。本书涵盖了科技创新实践的内涵及意义、数字创新实训教学基地建设、大学生科技创新孵化器建设、开放式科技创新实训教学管理系统建设、科技创新实践教学项目开发、大学生课外科技创新活动等内容，并突出介绍了孵化创新性技术、孵化创新性产品、孵化创新性企业三个科技创新项目实例。本书共六章，具体如下：第 1 章为科技创新实践的内涵及意义，主要介绍了科技创新教育的内涵和特点、科技创新实践教学现状、科技创新实践途径，让读者了解科技创新的重要性，掌握科技创新的途径和方式。第 2 章为数字创新实训教学基地建设，通过介绍数字创新实训教学基地的建设概况、数字创新实践教学资源建设、数字创新实训教学基地管理体系建设等内容，对当前实践教学的信息化建设给出了看法和建议，为科技教育工作者如何建设好信息化科技创新实践教学基地提供解决思路。第3章为大学生科技创新孵化器建设，通过大学生科技创新孵化器介绍、大学生科技创新孵化器制度、大学生科技创新孵化器3X培养计划等内容介绍，对学生科技社团的建设和运行给出了看法和建议，为科技教育工作者如何建设学生科技社团提供解决思路。第4章为开放式科技创新实训教学管理系统建设，围绕开放式科技创新实训教学管理系统概况、实践教学管理系统功能设计、实践教学管理系统教学建设等内容介绍，为如何打造全方位开放式教学管理系统，实现“处处能学、时时可学”的泛在学习提供一定的借鉴。第5章为科技创新实践教学项目建设与实践，通过介绍电子技术综合性实践教学项目和电磁散射及隐身特性分析实践教学项目的实验原理、实验方法、步骤要求、考核要求等内容，加深学生对理论知识的理解和掌握，强化学生实际动手能力和实践技能的培养，实现从科学知识型向实用技能型转化。第6章为大学生课外科技创新活动，介绍了大学生课外科技创新活动形式、专利申请的基本知识、大学生科技创新实践项目实例，并重点分享了创新型技术、创新型产品、创新型企业三个学生参与科技创新活动的实例，展现科技创新活动缤纷多彩的魅力，激发学生科技创新兴趣。

本书第2章、第3章、第5章、第6章的第6.3.1部分由马学条编写，第1章、第4章、第6章的第6.3.2和6.3.3部分由郑雪峰编写，第6章的第6.1节和6.2节由王永慧编写。在素材整理方面得到了孵化器实验室王超、马翔龙、廖芊芊等同学的帮助，在此一并表示感谢。编写过程中，还引用了许多学者的观点和成果，在此一并致以敬意。

限于编者水平，书中难免有欠妥、疏漏和错误之处，恳请读者指正。

著　者

目　录

第1章　科技创新实践的内涵及意义

1.1 科技创新教育的内涵和特点

1.1.1 科技创新教育的内涵

1.1.1.1 科技创新教育的概念

“科技创新教育，是指教育者在教育中通过传播科学前沿知识，传播科学精神和理念，促进被教育者在接受教育过程中培养起对科学的兴趣，提高被教育者学科学、用科学并且具备自主开发和研究的积极性和创造性，从而推动科学的发展和社会的进步。”

“科技创新教育，是指在教育实践中运用科学艺术的形式和创新的教学方法，全面培养学生的创新意识、创新精神和创新能力。创新教育是培养学生创造力的教育。”

“科技创新教育是指通过学术科技活动着重培养学生创造力的教育，它是反映时代精神的一种新的教育思想、教育理念，是奠定文化创新、技术创新等的基础性工程。”

上述语句虽然表述不尽相同，但我们可以发现，差异之中不乏共性。无论哪种表述，都强调学生的创新意识、创新精神和创新能力的培养，这是科技创新教育的目的。

1.1.1.2 科技创新教育内涵表述

科技创新教育的内涵主要体现在人才培养、科技创新、经济发展、文化传承和社会进步等方面，具体阐述如下：

① 从人才培养的角度来看，科技创新教育是一种重要的教学实践活动，是创新教育、素质教育的重要载体和平台。高等教育以高深、专门、实践性区别于其他教育类型，其教学过程实际上是一个教学科研和社会实践多种活动形式相结合的过程；教育的成效以大学生这一主体的科技创新能力提高与否和提高程度为标志。这是大学生科技创新教育最基本的内涵。

② 从科技创新的角度来看，大学生科技创新教育是整个大学科技创新体系乃至国家创新体系的重要组成部分，教育活动的积极有效，可以有力地、直接或间接地促进科技进步与发展。

③ 从经济发展的角度来看，大学生科技创新教育取得的成果，应用到生产、建设的实践中，可以推动生产力的发展，产生直接的经济效益。因此，科技创新教育在知识经济条件下占有越来越显著的地位。

④ 从社会进步的角度来看，大学生科技创新教育可以引导和推动社会的发展和进步，可以有效地促进科技创新，可以对社会的创新创业起到示范、启示和推动作用。因此，社会的内涵是一种潜在的功能。

1.1.2 科技创新教育的特点

科技创新教育是由科技学术活动来体现的，并具有多样性和系统性。由于大学生自身各方面条件的限制和大学生所在学校不同而受到的教育和影响不同，导致大学生科技创新教育既有一般科技创新的共性，又有自身的特性。

1.1.2.1 教育的层次性

首先，大学生群体有不同的学历层次，包括专科生、本科生和研究生。即便是同一学历层次，高年级学生与低年级学生之间的科技创新能力也是有差别的。

其次，从客体来说，不同地域的高校，所在地的人文环境、社会环境、经济环境的不同也会导致学生科技创新能力的不同。不同学校的教师教育水平、科研水平不同，对学生科技创新能力也会产生重要影响。

最后，文科院校和理科院校之间的差异，也是影响学生创新能力的一个重要因素。

1.1.2.2 教育的宽广性

随着教育体制的改革和学校、社会、家庭育人体系的完善，学生科技创新教育不再局限于校园，已经延伸到广阔的社会，教育的空间越来越大、范围越来越广。特别是随着高校教育理念的转变，尤其是创新教育、素质教育的蓬勃开展，课内与课外的界线逐渐模糊，形成了课堂内外紧密结合的整体培养体系。

此外，教育的内容也越来越丰富，不单单局限于学术讲座和交流，已逐渐扩大到科学研究、发明制作、撰写学术论文，进而延伸到科技咨询、技术开发等科技的推广应用方面，使得教育的内涵越来越丰富。

1.1.2.3 教育的多样性

教育目的是与教育内容紧密相连的，教育目的的多样性，必然导致教育过程的复杂性。科技创新从学习到创新再到应用，其本身就是一个复杂的过程。

育人的目的性，即通过培养大学生的创新意识、创新精神和创新能力，引导大学生关注社会、了解社会、进入社会、服务社会。

应用的目的性，即多出科研成果，并把科技成果转化为现实生产力，为国家的经济建设提供直接的理论和技术支撑，创造出更多的经济和社会效益。

文化的目的性，即将科学与人文统一起来，营造浓厚的学术氛围和高层次的文化品位，造就学生将科学文化与人文文化相融合的理念，塑造具有时代特征的精神文化环境。

1.2 科技创新实践教学现状

1.2.1 科技创新实践教学存在的问题

当今社会已进入信息化时代，电子技术发展日新月异，人工智能、大数据、云计算等信息技术领域迅猛发展，为高校科技创新型人才培养带来了良好的发展机遇，同时也面临严峻的挑战。传统的科技创新实践教学存在以下问题：

① 信息化技术在科创教学过程和管理中的体现不足，实践模式单一、教学效率低下，难以适应新技术的发展需要。

② 实践教学内容围绕理论知识点设立，很少超越书本，脱离工程实际；学生分析研究空间不足，不利于多学科交叉复合型人才培养需要。

③ 创新实践环境和资源开放共享机制滞后匮乏，忽视能力培养和达成，难以满足学生自主研学和创新设计的需求。

普通省属高等学校电子信息专业人才培养应该具有多样性，既有学科型人才，更应该有大批能满足国家战略发展需求的科技创新人才。团队教师应基于这一理念，充分调研，以提高学生的科技创新能力和可持续发展能力为目标，依托本校大学生科技创新孵化器实验室，进行信息化实践改革，激发学生的科创兴趣，培养理论基础扎实、实践动手能力强、具有科创精神的电子信息类专业人才，更好地服务于省属高校电子信息类本科学生的创新能力培养。

1.2.2 科技创新实践教学意义

随着社会进步和现代科技的发展，培养大学生的科技创新意识和创新能力，已经成为新时期人才培养工作的重要内容。大学生科技创新活动作为课堂教学的重要补充和拓展，即作为第一课堂之外的第二课堂，已经成为提高大学生实践动手能力、创新意识和创新能力的重要环节。

科技创新活动是课堂理论知识的实践、深化与拓展，对课堂学习的促进作用首先体现在对所学知识的掌握和应用上。大学生在课堂上学习的知识不是用于死记硬背、纸上谈兵，其目的在于学以致用，在实践中修正对知识的错误认识，深化对知识的正确理解。同时，大学生在参与科技创新活动的过程中，会不断发现课堂知识的缺陷与不足，从而有意识地摄取更多知识，通过知识的反复实践、修正、深化、拓展，形成相对完整的、适用于解决实际问题的知识体系。

当代大学生成长成才，不仅仅依靠课堂文化知识的学习，更重要的是提升自身的综合素质。参加电子科技创新活动，要求大学生不仅要有严谨认真的科学态度、积极探索的专业精神，更需要有团结协作的能力、良好的沟通能力以及耐心细致、克服困难的心理素质。科学技术迅猛发展的今天，社会分工越来越明确，科学实践的道路上除了个人艰苦探索、不断创新，也需要团队的良好沟通、协作与支持，以达到个人无法完成的科学事业目标。而大学生在这种科技创新中经历的协作实践，将会使他们在学习科学知识以外收获更好的心理素质和更强的沟通能力。

1.2.3 科技创新实践教学探索

团队教师紧跟新技术发展步伐，积极探索将信息技术运用到科创实践的实施过程；充分利用既有的信息化平台，通过在网络教学平台上开设科创实践系列课程，在国家级虚拟仿真实验教学基地教学管理平台上开放共享虚拟仿真项目等，满足学生随时获取课程资源的需要，实现了线上线下混合式教学；依托科技创新实践基地，延伸了实践教学的时间和空间，实现了课内实验与课外实践环节相结合；通过组织学生积极参与全国大学生电子设计大赛、FPGA 创新邀请赛等学科竞赛活动，参与国家、省、校以及院级的大学生创新创业训练项目、企业项目等各类科技活动，使学生将掌握的理论知识更好地应用到创新实践中，实现了理论和实践教学相融合。

以满足国家战略需求和高质量学生培养为出发点，突破以往受条件限制只开设简单验证性科创项目的局限性，打破跨学科的技术壁垒，以多学科交叉融合和综合能力素养培养为目标，设计综合性科创实践项目。

1.3 科技创新实践教学途径

1.3.1 大学生科技创新实践能力的培养原则

加强大学生科技创新实践能力培养，既是对高校人才培养现状深刻反思的结果，也是实施科教兴国和建设创新型国家的客观要求。大学生科技创新实践能力培养旨在提高学生科学文化素养，增强科技人才服务社会能力，同时为区域经济社会发展贡献智慧。大学生科技创新实践能力培养是一个复杂的系统工程，各大高校的教育工作者进行了大量的研究与探索，取得了不少的成绩。大学生科技创新实践能力培养要遵循教育规律和人才成长规律，培养工作应遵循以下原则。

1.3.1.1 坚持“一切为了学生的发展”原则

发展是教育的永恒主题，教育的目的从根本上说是要促进人的发展。社会面临生存型向发展型的转型，绝大多数社会成员的聚焦目标由物质的追求向对发展的追求转变，大学生对发展与自由、权利与义务的追求更加强烈。大学生科技创新实践能力培养工作只有坚持把学生的发展作为开展工作的基地，才能提高教育的针对性、增强实效性。也只有实现了学生的发展，才能推动经济社会的发展，体现教育的价值。大学生科技创新实践能力培养提升工作要做到“一切为了学生的发展”，最重要的是服从并服务于“帮助大学生实现全面、协调、可持续的发展”。

1.3.1.2 坚持整体性与重点论相结合的原则

强化和提升大学生科技创新实践能力，既要讲整体性，也要讲重点论。大学生科技创新实践能力培养的整体性与重点论可以从两个方面来理解。一方面是教育对象的整体性与重点论相结合。大学生科技创新实践能力培养的目标是大学生总体科创水平的全面提升，在培养内容、培养方式、培养具体目标的制度上要考虑到教育对象的整体性特点，同时，在教育投入的配置上，应该对大学生和社会迫切需要的实践资源进行重点性倾斜投入。另一方面是教育内容的整体性和重点论的结合。大学生科技创新实践能力培养工作的重点是面向全体学生、促进学生全面发展，同时又要侧重提高学生服务社会的责任感，勇于探索的创新精神和善于解决问题的实践能力。

1.3.1.3 坚持自我教育与学校教育、社会教育的有机统一

内因是变化的条件，外因是变化的依据。学生是学习的主体，教师起的是导向作用。要使大学生科技创新实践能力得到切实的提高，必须激发学生的内在动机。当前的部分大学生自我意识比较突出，以自我为基地，缺乏高远的追求和脚

踏实地的意志品质，如果不激发他们提升自我的内在动力，单纯的外部努力难以达到期望的教育效果。由此，在教育中必须把激发他们提升自我的内在动机放在重要位置。其次，要研究学校教育和社会教育在提升他们科创能力中扮演的角色，要创新教育方式方法，采取能被他们普遍接受的新方式、新方法进行教育。

1.3.2 大学生科技创新实践能力的培养的具体举措

1.3.2.1 重构适应新技术发展的科技创新系列课程体系

对《智能物联科创实训》《创新性实验》《数字系统课程设计》等课程大力实施教学改革，优化课程内容，注重理论与实践的融合；采用“自主设计论文答辩”等全新实验考核模式，激发学生自主学习的兴趣，培养和启蒙学生的创新意识，使学生在自主创新设计、团队协作、语言表达及论文写作等各个方面均得到训练。通过重构适应新技术发展的科技创新系列课程体系，让学生提前进入理论与工程实际相结合的训练阶段，鼓励和帮助学生尽早进入实验室完成自主性、创新性实验项目的设计，完成大学生电子设计、智能汽车、机器人、FPGA 创新设计、“挑战杯”等竞赛培训，积极参加各种课外科技活动，培养学生的实践创新能力。

1.3.2.2 创建适应新技术发展的三元融合实践教学模式

以提高学生的自主学习、工程实现、创新设计能力为核心，培养学生的研究探索、团队协作、创新思维能力为目的；创建“线上自学与线下实践相混合、课内实验与课外实践环节相融合、理论课程教学和实践教学相互结合贯通”的三元融合实践教学模式，以适应新技术的发展需求。团队教师将课程内容提前制作成视频或者多媒体课件形式，包括设计要求和功能指标、教学平台的操作使用、典型案例举例、调试注意事项等内容，通过信息化教学平台及时发布，让学生提前搜集资料并预习，完成创新性实验设计；学有余力的学生通过参加国家、省、校以及院级的竞赛活动，参与国家、省、校以及院级的创新创业训练项目，达到工程创新和科研能力的提升。

1.3.2.3 校企共建创新实践基地，建设适应自主研学的开放式虚拟仿真平台

依托电工电子国家级实验教学示范中心，与 TI、NI、Microchip 等一批国际高科技企业联合共建创新实践基地；校企联合实验室采用学生完全自主管理模式，以研发企业资助项目为载体，以参加企业培训及工程师进校讲座等，系统化实现校企协同培养新模式。

依托电子信息技术国家级虚拟仿真实验教学基地，构建集虚拟仿真实验教

学、实验室管理、门户网站管理等功能于一体的开放式在线虚拟仿真教学系统，如图 1–1 所示。开发了软件共享、仪器共享和远程控制三大类虚拟仿真实验，用户只需连接网络，通过该教学管理系统，即可在寝室、图书馆或自习室等区域远程共享实验教学资源；突破地域空间的限制，进行虚拟仿真实验在线操作，远程提交仿真结果，达到“处处能学、时时可学”的泛在学习。

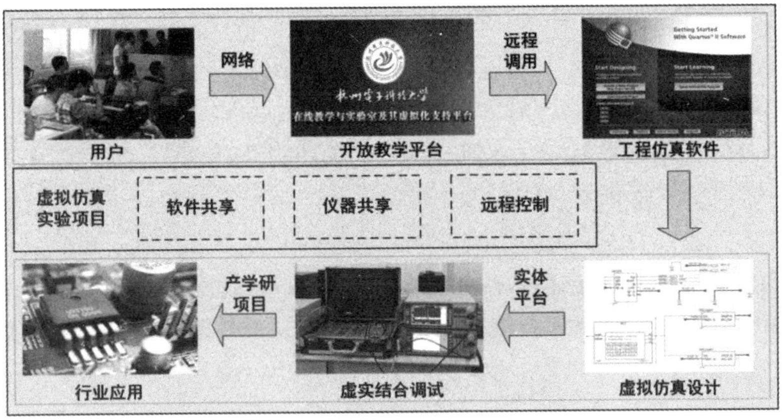

图1–1　开放式在线虚拟仿真教学系统

1.3.2.4 精心设计多学科融合实践项目

结合科学研究和行业需求，教学团队采用持续动态更新的模式完成实践项目库的建设，如图 1–2 所示。将企业工程实践创新项目、教育部协同育人项目和科研项目等应用于实践教学，学生将实践教学项目进行功能拓展后用于创新创业训练，经传承培育后孵化为产学研合作项目。

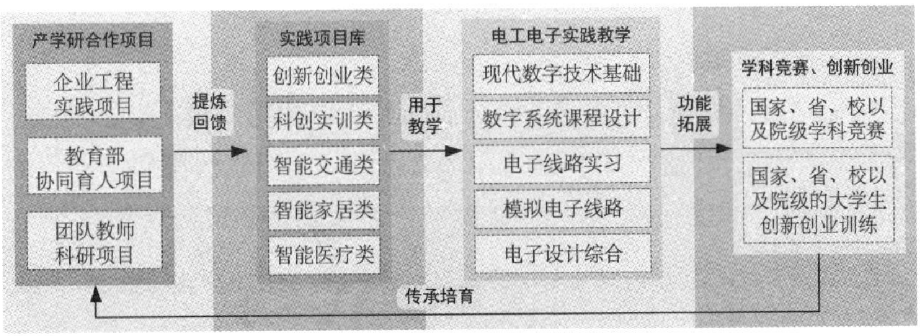

图1–2　动态更新实践项目库建设

1.3.2.5 加强教学团队建设，建设支撑教学模式的优质资源平台

始终注重教学团队建设，建立一支年龄、学历、职称结构合理，学术水平高，思想道德素质好，热心于实践教学的专职教师队伍。团队教师基于“资源开放与共享机制协调、硬件平台与软件资源协调、自主研学与质量监管协调”的实践资

源建设理念，建设优质资源平台及其管理系统，可实现教务管理、开放预约管理、实验结果提交和自动批改、实验过程监控与指导等功能，为教学模式实施和质量监控提供保证。

1.3.3 科技创新设计实践

科技创新设计必须根据应用的具体要求，考虑应用对象、技术指标、应用环境及对功耗、成本、体积、可靠性的要求等，进行综合的考虑。设计通常基于单片机进行应用系统设计，包括硬件设计和软件设计。

应用系统设计通常采用软件和硬件分开设计的方法。其设计指导思想是在总体设计的过程中，根据任务的需求，提出系统的基本功能的技术要求，根据技术分析和经验，把功能的实现分配到硬件和软件两部分中，在此基础上分别进行硬件设计和软件设计。在设计过程中有可能发现有改进的地方，可以再对硬件和软件功能的分配进行调整。在硬件设计和软件设计分别实现后，进行整个系统的集成调试，如果出现问题，可以根据需要返回修改，直到系统功能在单片机完全实现为止。

在软件和硬件开发设计中，可以采用先设计硬件，后设计软件的方式，这是单片机应用系统开发过程中常用的方式。根据在总体方案设计中硬件、软件功能的划分，首先完成硬件设计。硬件设计的完成，为软件的设计制定出约束条件和有关规定。这种方式中，硬件系统是整个设计的重心，软件用来进行系统的支持，对硬件功能进行完善和补充。在单片机应用发展的历程中，由于有相当多的各个不同技术专业人士的参与，他们对本专业的知识推动了单片机应用的推广，因此“先硬件、后软件”的设计成为应用系统开发中非常实用的方式。这种方式也有其局限性，如果设计中发现问题，需要返回修改或重新设计，特别是与硬件和软件功能的分配和开发者的经验水平有一定关系。因此，比较适用于系统规模小的应用系统开发。

由于应用系统开发中，软件设计对硬件电路的依赖性很强，“先软件、后硬件”的方式在单片机应用系统的开发中很少使用。“先硬件、后软件”的应用系统设计过程主要包括总体方案设计、硬件系统设计、软件系统设计、系统仿真调试和系统运行维护。设计过程列出的这 5 个部分不是孤立的，而是相互关联、相互依靠、互相制约的。

第2章 数字创新实训教学基地建设

2.1 数字创新实训教学基地建设概况

2.1.1 数字创新实训教学基地建设简介

杭州电子科技大学是一所以电子信息为特色的高等院校。学校以“应用型、复合型、创新型”人才培养为目标，秉承“重视工程教育”的治校传统，遵循“以学生为本、面向未来发展”的教育教学理念，造就知识、能力和素质协调发展的未来工程技术精英。

21 世纪是电子信息的世纪，数字技术迅猛发展，为高校电子信息人才的培养带来了千载难逢的机遇，但同时也为高层次电子信息人才的培养带来了严峻的挑战。

① 人才培养成本大：以集成电路人才培养为例，集成电路作为电子产品的基础，各国均大力发展，我国芯片进口额甚至超过石油。然而由于芯片设计流片费用之高，尤其进入深亚微米级工艺以后，远远超出高校所能承受范围，学生几乎没有实际芯片设计经验。

② 软硬件资源欠缺：随着电子信息技术不断朝高频化和微型化发展，电子系统设计辅助仪器软硬件设备也朝着精密化和复杂化演变，成本骤然提高。高校在有限的教育经费下只能购买一定数量的仪器设备，学生在校期间接触机会有限。

③ 在国防、军工、化工、能源等领域涉及高危或极端环境，以及不可及或不可逆操作，高成本、高消耗和大型系统中，进行系统检测、控制等工业自动化方面的实验教学已不可能采用真实设备完成实验教学，因此，虚拟仿真成为唯一或必不可少的选择。

④ 实践机会不足：由于受到地域环境、仪器设备和安全性等因素的限制，学生不能深入生产一线进行实践锻炼。

在此背景下，数字技术应用而生。数字技术使电子产品设计与系统应用的手段和思想发生质的飞跃。数字创新实训教学基地教师团队在“跟踪新技术发展，自主研学实践”的教学理念指导下，把创新能力培养融入实践教学的各个环节，建立随信息技术发展的数字创新实践平台，学生通过数字化平台进行研究性学习，提高学生的创新能力、工程能力和综合素质。

数字创新实训教学基地建设包括实体数字化实践教学平台和虚拟数字化实践教学平台建设。实体数字化实践教学平台以远程控制项目对外共享开放，满足学生随时获取教学资源的需要，达到“处处能学、时时可学”的泛在学习。虚拟数字化实践教学平台基于三维仿真技术搭建原景式工程实践环境，学生通过真实硬件控制 3D 仿真模型，实践教学对接行业需求，着重培养工程实践创新能力。数字创新实训教学基地组织框图如图 2–1 所示。

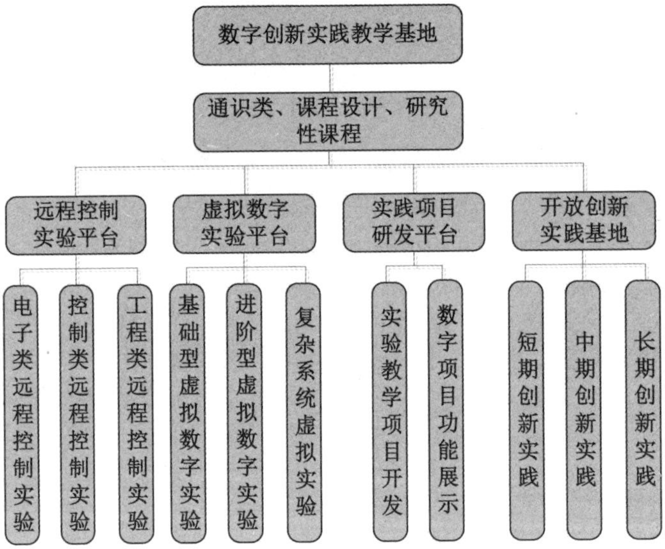

图2–1　数字创新实践教学基地组织框图

① 远程控制实验平台：以远程实验教学为主，平台包括电子类远程控制实验、控制类远程控制实验、工程类远程控制实验。

② 虚拟数字实验平台：采用虚实融合实验教学模式，学生采用真实仪器设备控制 3D 仿真模型；平台包括基础型虚拟数字实验、进阶型虚拟数字实验、复杂系统虚拟实验。

③ 实践项目研发平台：设计和开发各类实践教学项目，满足数字创新实践教学需要；同时承担新技术实验项目功能展示需要。

④ 开放创新实践基地：依托杭州电子科技大学电工电子国家级实验教学示范中心开放实验室进行创新实践基地建设，同时吸收国内外优质教学理念，建立全方位开放式实践教学基地。

2.1.2 数字创新实训教学基地建设任务

杭州电子科技大学是教育部“教育信息化——面向工程人才培养模式创新的智慧校园”试点单位，拥有先进的信息网络软硬件支撑平台，为开放式数字创新实践基地建设提供有力保障。结合数字技术特点，充分发挥远程控制技术，支持和鼓励教师和学生自行研制开发了电子设计自动化技术、电子系统集成虚拟实验技术、单片机与嵌入式虚拟实验系统、计算机控制技术仿真与实验、虚拟现实技术、流程工业检测与控制仿真实验等数字化实验系统。以国家级示范中心为依托，建立视频教学资源库和基于物联网技术的实验管理平台，使得专业课数字化实验和实际实景教学相结合。

基地的任务是通过数字化教学，改变以往受实验条件限制只能开设简单硬件实验的局限性，打破跨学科的实验屏障，以电子信息类实验为基础，支撑复杂的多学科交叉的系统性实验，提升实验教学效果，降低教学成本。不仅使电子信息专业的学生成为数字化实践教学的受益者、实践者，也肩负着培养未来数字创新技术开拓者、创造者的重任。

在数字化教学中，以学生为主体，采用集中与分散、本地与远程、课内与课外多种形式相结合，虚拟现实、多媒体、人机交互、数据库和网络通信等多技术融合的多元化虚拟仿真实验教学模式，实现虚实互补，相互促进，把能力和素质培养渗透到数字化实践教学的各种形式、各种技术和各个环节之中。

2.1.3 数字创新实训教学基地建设思路

① 优化数字化教学资源。依托基于物联网技术的智慧校园，实现对象的感知、定位与控制功能，采用虚拟场景和虚拟漫游等数字技术，重构实验硬件；实验资料存放在数据库中，虚拟实验通过超链接与虚拟场景联系，生成交互式虚拟实验室数据文件，输出网络浏览格式。学生可以使用如同实体的虚拟实验台，配置、连接、调节和使用仪器设备。教师利用虚拟器材库设计实验和案例，虚拟实验室为学生提供映像，在云终端上使用，不需要在终端上安装特定服务、解决方案堆栈或数据库。依托校虚拟现实研究所的技术力量，进行三维可视化虚拟场景开发，让用户身临其境地参观浏览实验室。

② 完善数字创新实训教学基地开放式教学管理平台的社区互动模块建设。一是开发实验社区开源项目。部分开放项目源代码，为师生提供学习与研究空间、素材；学生可以申请立项，组建团队，参与开源项目开发，教师可以招聘同学参

与开源项目开发。二是开发工程化实验社区群实验项目。在虚拟服务器端建立实验资源数据库，它不是传统意义的习题库或案例库，而是由大量单项实验构成，按课程知识点设置，建设群实验开源社区管理空间。三是建立互助共享式虚拟社区。为实验项目开发、设计创新、科研竞赛提供实验资源、竞赛专题、积分排名、精英论坛等交互式网络实验教学环境。引导同学自主性、个性化、研究型、开放式、协同化学习；探索实验资源精品化、网络化、远程化，让学习无所不在。

③ 科学研究与实践教学良性互动。科研反哺实验教学，以高素质人才培养作为科研工作的出发点与落脚点；将学科建设的成果转化为人才培养优势。促进实验教学与科学研究的紧密结合，从科研项目中提炼具有工程应用背景的数字工程实践项目，培育原创性实验，持续提高设计性实验、研究创新性实验的比例。紧密结合工程实际，数值仿真、虚拟实验和实体实验并举，利用实验方法解决工程问题。为学生提供各种科研实践的途径，吸引学生参与教师的科研项目，激励学生的学习动力和创新潜能。

④ 实现教学资源优质化与可持续性。从科研项目和解决工程实际问题出发，仿真与实体实验相结合，提炼综合设计型实验项目，解决将工业系统引入实验教学的难题，研制和推广结合学科前沿、专业与行业特色鲜明的虚拟仿真教学设备，扩大基地影响力。与国际著名公司建立联合实验室，与国内知名企业建立实习实训基地；积累与更新网络实验教学案例库，确保数字教学资源的优质化和可持续性。

2.2 数字创新实践教学资源基地建设

2.2.1 建设原则

基地本着数字化教学与传统教学相互结合、优势互补的指导原则，合理设计实践内容，开发和建设了一系列可靠、安全、经济、传统实验难以实现，有利于学生设计、综合和创新能力培养的实践教学资源。应用虚拟现实、多媒体、人机交互、数据库、计算机仿真和网络通信等技术，实现课内与课外、校内与校外、网上与网下、现实与虚拟的融合的科创实践教学方法改革与创新。

数字创新实践教学基地拥有“基本实验教学”“科研成果转化”“企业合作共享”三大类科技创新实践教学资源，见图 2–2。

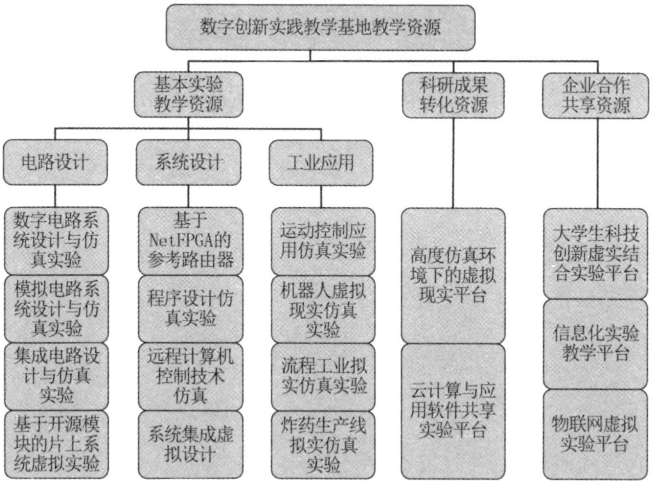

图2-2 数字创新实践教学基地教学资源组成架构

2.2.1.1 基本实验教学资源

基本实验教学资源包含电路设计、系统设计和工程应用三部分科技创新实践内容，注重学生基本技能的培养。电路设计由“数字电路系统设计与仿真实验”“模拟电路系统设计与仿真实验”“集成电路设计与仿真实验”“基于开源模块的片上系统虚拟实验”四部分组成。系统设计由“基于 NetFPGA 的参考路由器”“程序设计仿真实验”“远程计算机控制技术仿真”“系统集成虚拟设计”四部分组成。工程应用主要由“运动控制应用仿真实验”“机器人虚拟现实仿真实验”“流程工业拟实仿真实验”“炸药生产线拟实仿真实验”四部分组成。

2.2.1.2 科研成果转化资源

实践教学资源由“高度仿真环境下的虚拟现实平台”和“云计算与应用软件共享实验平台”两大部分组成，注重学生新技术及应用能力的培养。依托电子科学与技术和电子信息工程等国家级优势特色学科，将科研成果转化为实验教学资源，科研反哺实验教学，以高素质人才培养作为科研工作的出发点与落脚点；将学科建设的成果转化为人才培养优势。

2.2.1.3 企业合作共享资源

注重学生工程应用综合创新能力的培养，主要从解决工程实际问题出发，采用工程通用仿真软件进行电路仿真设计、虚实结合调试、产学研项目开发等逐级深入的实践培养环节；与行业应用实现无缝对接，满足电子信息技术人才培养需要。让学生达到在实验室所学所见即工业现场所用的高度，在建立现代工业自动化的宏观概念同时，实现仿真系统、真实过程控制系统的组态调试。

2.2.2 实践课程教学资源建设

2.2.2.1“数字系统课程设计”实践教学资源

“数字系统课程设计”包含了基本数字电路验证性仿真、简单数字系统仿真、复杂数字系统 HDL 仿真、系统级仿真与硬件实验等数字系统设计相关实验项目。构成了完整的从简单到复杂、从仿真到硬件验证的数字电路系统设计与仿真实验课程。

数字化实践教学资源是基于自行研制的数字技术综合实验开发系统这个硬件实验装置，结合 Multisim、QuartusII、ModelSim 和 Matlab/Simlink 等软件，使用 SignalTapII、In-SystemSourcesandProbes、MatlabSimlinkHIL 等软硬件协同仿真技术，构建完善的数字系统设计综合虚拟仿真与硬件验证实验。

（1）数字化教学目标

实验包括从简单数字电路虚拟仿真到复杂数字系统的系统软硬件验证。通过多种 EDA 软件实现不同复杂规模数字系统的仿真验证。

通过 Multisim 软件主要实现简单数字逻辑电路、简单数字模拟混合系统的虚拟仿真验证，通过直观形象化的视图元件，模拟数字实验室的仪器，可以让初学数字电路的学生有直观认识。

通过 QuartusII 和 ModelSim 软件可以实现较为复杂的数字系统的原理图设计与 HDL 设计，并且进行仿真验证，通过搭建专业测试平台，模拟实际数字系统中的输入激励。采用 SignalTapII 和 In-SystemSourcesandProbes 技术实现硬件上的仿真调试。QuartusII 和 ModelSim 仿真软件可以让学习 EDA 技术课程的同学对所学的 HDL 进行实验验证，并使用 HDL 建立较为复杂的数字系统。基于 QuartusII 仿真软件进行复杂数字系统设计如图 2–3 ~ 图 2–5 所示。

Matlab/Simlink 工具主要是建立高层次的、复杂的数字系统，通过 HIL 技术（HardwaIn-Loop 硬件回环）做到虚拟仿真与实际硬件仿真相结合，进行复杂数字系统的功能验证。

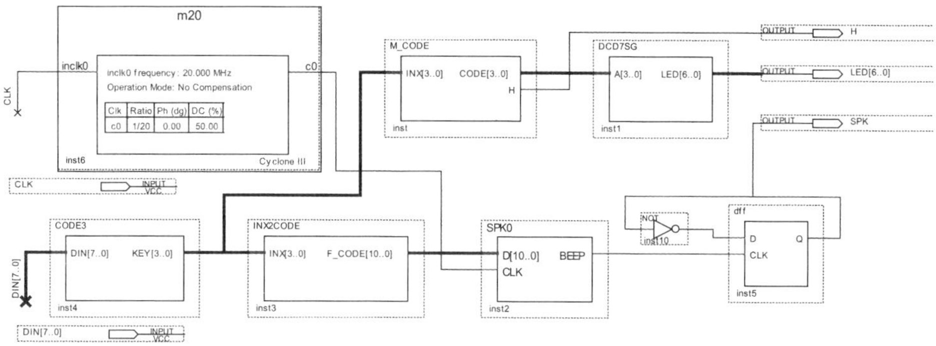

图2-3　基于QuartusII设计的电子琴电路

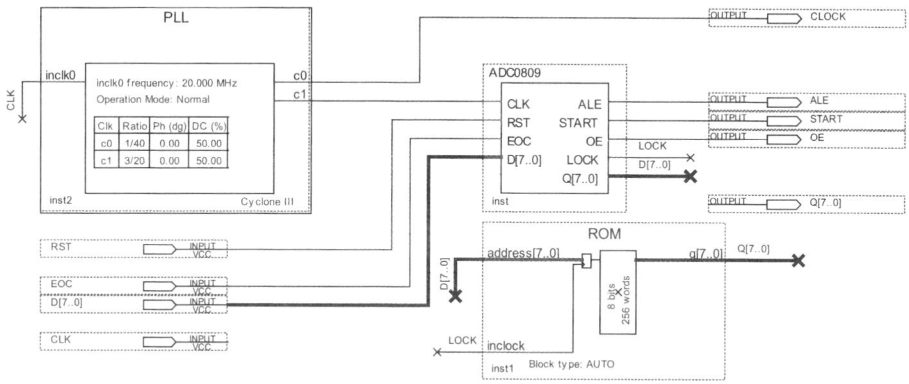

图2-4　基十QuartusII设计的数字电压表

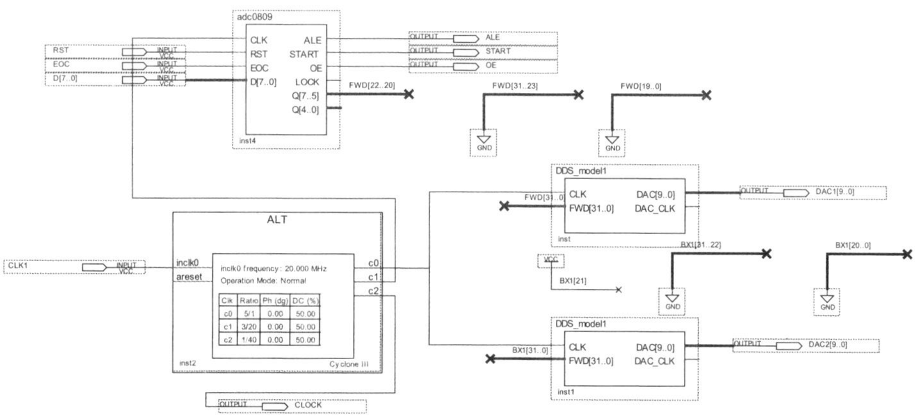

图2-5　基于QuartusII设计的李萨如图信号发生器

（2）效果与特色

在计算机上用 Multisim 建立虚拟仿真实验，可以方便地搭建各种电路，以及对电路进行仿真与测试，弥补了传统实验教学中存在的设备紧张、仪器陈旧、元器件损耗等不足，激发了学生的学习兴趣。基于 Multisim 的仿真实验作为一种电子技术实验教学方式，从培养学生运用基础理论知识和提高实际操作能力出发，把 Multisim 仿真实验和传统的实验教学有机地结合起来，取长补短，如学生在进行复杂电路设计时，可以先采用 Multisim 软件进行设计，验证设计方案的可行性，再搭建硬件电路进行调试，可达到事半功倍的效果，更好地满足现代电子技术实验教学的要求。实践证明，以 Multisim 等为代表的 EDA 软件，在电子技术课程教学和实验教学中发挥着重要的作用，这种新的实验方式是电路实验教学的一种很好的辅助手段，并且为学生进行综合性、创新性实验提供了一个很好的平台，在改进实验教学方法、提高实验教学质量、培养学生创新能力和动手能力等方面发挥着非常重要的作用。

比如，数字电子钟计时系统实验中涉及比较复杂的逻辑电路连线，在以往的非虚拟仿真实验中，需要学生手工去连接，费时费力，而且在规定的时间内，往往完不成实验任务。而修改为在 Multisim 上实现虚拟仿真实验，可以快速修改连接线，直观获得实验结果。

通过 QuartusII 和 ModelSim，可以方便地对数字系统进行仿真，这种仿真形式是虚拟的，并不是实际的硬件结果。通过采用 SignalTapII 嵌入式逻辑分析仪，可以在软件上通过 JTAG 下载调试对实际硬件进行操作，在软件上重现实验结果，可以做到虚拟与实际的对照，让学生有更为直观的认识。

2.2.2.2 “模拟电路系统设计”实践教学资源

“模拟电路系统设计”是满足各电子信息类专业培养跨世纪一流人才需要，独立开设的模拟电路实践教学课程、创新实验等。采用电路设计与仿真软件，使学生在不同的学习阶段，从直流、低频、高频的物理概念，电路设计、分析等，逐步学习、仿真、设计，并满足部分高年级本科生和研究生有关课程实验，不断探索实验教学改革，提高学生的创新能力，促进本校及外校电类专业学生的相关应用能力的提高。

（1）数字化教学目标

该数字化教学资源可满足各电类专业基础课程设计实验教学需求，为加强学生课外科技活动指导，开展电子设计竞赛、工程训练等提供良好的硬件平台。数字化教学采用“基础性实验→验证性实验→设计性实验→综合性实验→创新性实验”这种循序渐进、由浅入深的方式，培养学生的自主学习、钻研问题、探究创新的兴趣和能力。基于仿真教学软件设计的电磁曲射炮控制系统如图 2–6 所示。

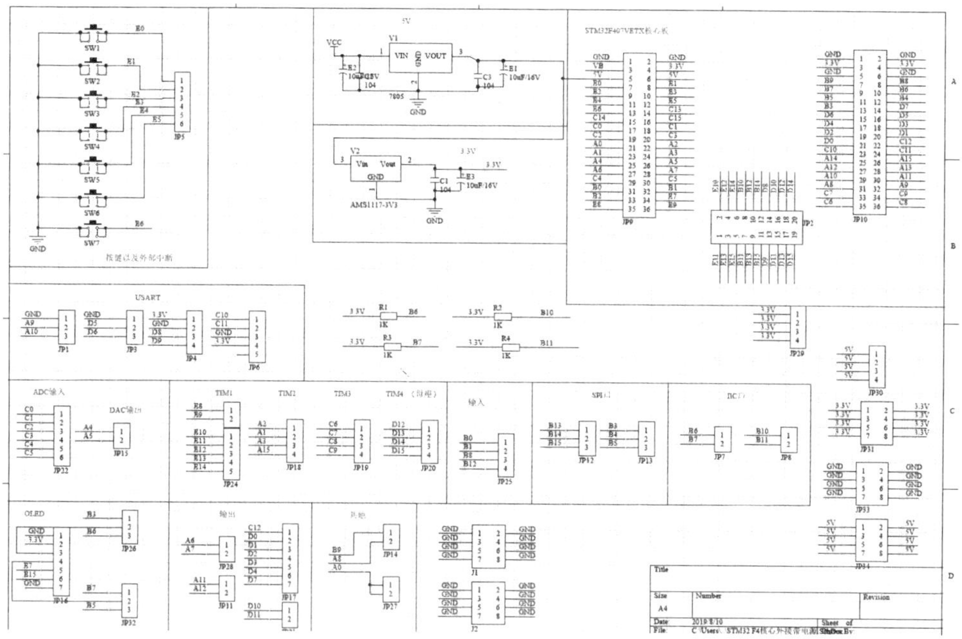

图2–6　电磁曲射炮控制系统设计图

（2）效果与特色

数字化教学资源中不仅配备了原理性、基础性的验证性实验，还可以让学生根据个人兴趣，自行设计电路，涵盖了验证性、设计性和创新性三大门类的实验内容，如为期半个月的短学期课程设计实验教学、电子大赛等实验性教学需求。

实验系统采用智能控制与智能家居设施结合，加上视频监控，使学生能够在实验室以外的任何地点设计电路，经仿真后，通过网络和远程控制，在实验室内实验装置上进行实验验证，并实时获得实验数据和性能曲线，使实验教学打破了时间和空间的限制。

2.2.2.3“片上系统”数字化教学资源

随着集成电路制造水平的不断提高，设计者可以在单芯片上集成几百万门的复杂系统，即片上系统（System-on-Chip）。近年来，SoC 已经成为当今集成电路设计的主流方向，成为嵌入式系统的基础和微电子学的核心，片上系统设计的教学成为高校集成电路人才培养一个不容忽视的环节。然而片上系统设计教学资源投入巨大，高校教学资源匮乏等原因使得高校目前 SoC 设计人才的培养与企业的需求之间存在很大的鸿沟。

面对片上系统设计人才培养的迫切性和教学困难之间的矛盾，数字技术教学基地以 OpenCores 的开源共享 IP 模块为基础，采用开放网络环境构建了基于开源模块的片上系统虚拟实验平台，作为集成电路科研与教学的有效平台，用于培养高层次集成电路设计人才。首先，根据学生选课情况给学生分配实验账户（VNC 账户和密码），学生采用 VNC 终端可以在任何地方登录服务器进行 SoC 设计实践。实验平台以 OpenCores 的开源 IP 模块为基础，学生实践过程开发的 IP 和 SoC 为扩展，不断积累资源；工作服务器安装有一定数目的常用 SoC 设计仿真软件，学生通过“分时复用”共享软件。

（1）教学目标

片上系统设计以 IP 为基础，以软件为灵魂，所以 SoC 设计实例分为三个层次：IP 模块层、SoC 系统层和软件开发层。按照一般 SoC 设计的步骤，实验内容主要分为三个阶段 :IP 模块开发、SoC 集成和驱动开发测试。鉴于 SoC 设计开发周期长、实验资源有限等特点，实验训练项目以分组形式，采用课堂课余结合方式进行，课堂用于基本知识讲解与疑难解答，课余学生通过远程网络可以在学校任何地方借用实验平台协作完成相关开发。

①基础 IP 开发：组内学生根据本组设计的片上系统 (SoC) 功能需求，讨论确定开发 IP 模块的功能或者现有 IP 模块中所增加的功能，根据功能完成说明书，分工合作采用 HDL 完成 IP 的开发。通过本阶段实验可以巩固学生掌握的 HDL 语言，提高学生对需求的分析能力、资料查找能力及合作能力。

② SoC 集成：根据功能确定 SoC 架构，从开源 IP 库、实验室研究成果和历届学生开发的 IP 中选择合适 IP 模块，协作完成 SoC 系统的集成。本阶段实验可以使学生掌握片上系统概念、片上系统设计步骤、常用 EDA 工具适用以及增强学生的工程实践能力。

③驱动开发与 FPGA 验证：基于仿真环境，完成自主开发 IP 模块驱动开发，完成 SoC 功能仿真测试和驱动验证；利用 XilinxFPGA 综合工具，完成设计 SoC 的 bit 文件生成；分批在实验室 FPGA 板子上完成 SoC 测试，由于在 FPGA 板子测试前，已经完成相应仿真实验，SoC 功能、测试程序等均已相对稳定，能够利用课堂时间快速完成FPGA测试。本阶段实验能够培养学生软硬件协同设计意识、基于 FPGA 设计能力以及工程实践能力。基于 Xilinx 仿真软件进行复杂数字系统设计如图 2-7~ 图 2-10 所示。

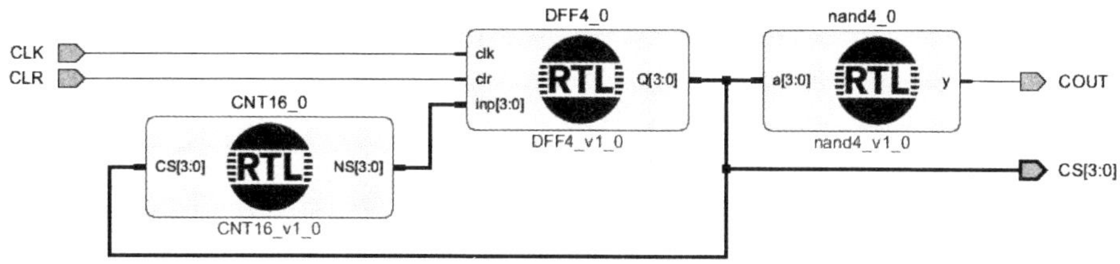

图2-7　基于Xilinx设计的带进位的计数器

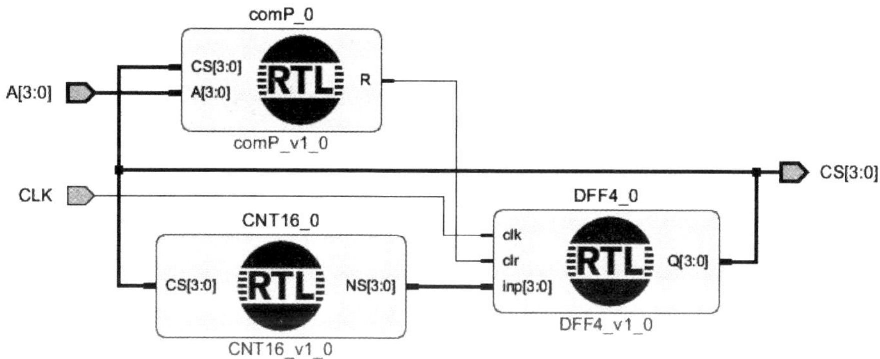

图2-8　基于Xilinx设计的一般模型计数器

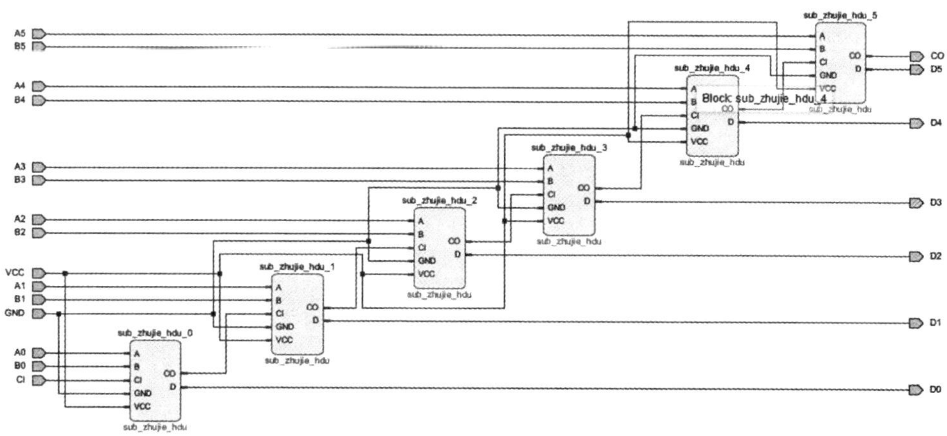

图2-9　基于Xilinx设计的串行进位加法器

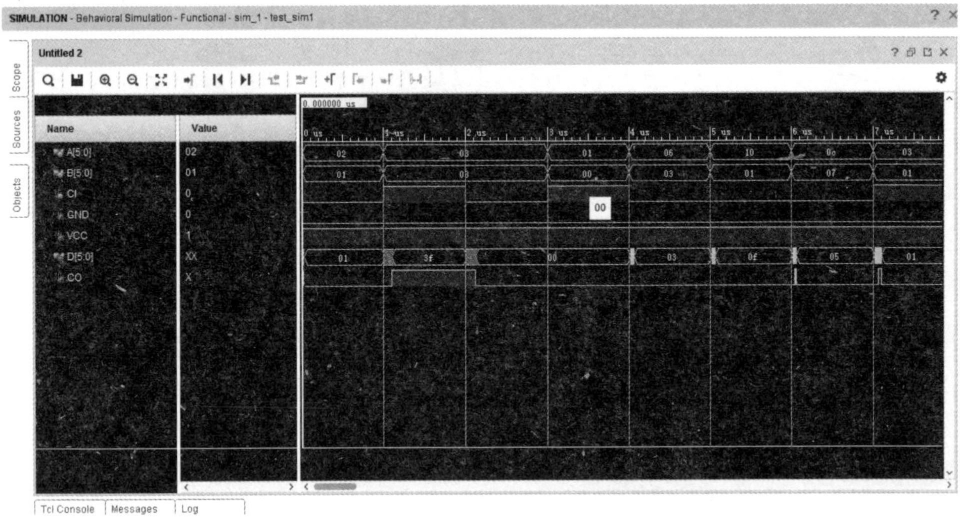

图2-10　基于Xilinx的串行进位加法器仿真结果

（2）效果与特色

片上系统设计虚拟平台采用开放网络环境，具有“开放、共享、积累”的特性：

①共享性：共享 OpenCores 上丰富的 IP 模块和开源处理器 OpenRisc，以此为基础开发片上系统 (SoC)；

②开放性：利用开发网络环境，使学生在寝室、教室、实验室均能登录服务器共享 SoC 设计 EDA 工具进行仿真实验；

③积累性：从历届学生设计的 IP 中挑选优秀作品，逐渐丰富 IP 模块库，逐步提高 SoC 设计复杂度。

2.3 数字创新实训教学基地管理体系建设

2.3.1 组织保障

数字创新实训教学基地依托电工电子国家级实验教学示范中心和电子信息技术国家级虚拟仿真教学中心建设而成。校实验室与设备管理处负责基地的规划、建设和管理工作；由校内外相关学科具有丰富实践经验的专家、教授组成的示范中心指导委员会负责基地的教学体系建立、教学模块设置、教学计划制订、教改项目、成果的评审工作以及基地发展规划制订、实验室建设、科研和社会服务功能实施等工作。

基地实行主任负责制，基地主任全面负责基地的实验教学、实验室建设和日常管理工作，统一规划经费使用，有效避免了重复购置，提高了实验仪器设备的利用率。基地采用固定编制、流动编制及聘用制相结合的用人机制，基地人员包括实验课程负责人、实验教师、实验技术人员和技术工人等，实行公开招聘、竞争上岗、定期考核的管理机制，形成了一套科学、合理、规范、高效的管理体系。

基地下设实验教学部、信息部、创新教学部、设备管理部和基地办公室 5 个工作机构。实验教学部负责日常实验教学工作，信息部负责基地信息平台建设、实验资源库建设及各学科网络协同实验等工作，创新教学部负责创新实践工作、强化实验教学与科学研究的紧密结合、培养学生的“三创”能力，设备管理部负责仪器设备维护、大型仪器设备共享等工作，基地办公室负责基地制度制定、队伍建设、对外交流和服务工作。基地与各部门之间实施高度集中管理，既各负其责，又互相协作，建立了一套具有现代化管理水平的运行模式。

2.3.2 制度保障

管理制度是基地规范化运行的保障手段。制定了基地管理、实验室管理、仪器设备管理和实验实践教学四大系列管理制度，在实践中严格贯彻执行，不断总结经验并加以完善。

管理制度有效地规范了师生的教学行为，提高了师生的责任心。重要的规章制度上墙，学生进实验室前进行培训，并在实验教学运行中切实加以落实。

制度化的管理保证了师生和设备的安全，提高师生的“做人、做事”的基本素质，培养高尚的学术道德和养成良好的实验工作行为规范。

基地通过“实验室安全考试系统”，对于新招录的实验室工作人员和新入学的研究生全部进行上机考试，持有合格证书者才被允许进入实验室工作和学习，基地将此项制度逐渐推广至本科生。

系统性的规章制度和管理措施有力保障了实验教学的正常秩序和教学效果。为了强化实验实践教学质量，学校还出台了实验教学工作规范、实验室开放、实验室工作量核算、实验教学质量考核、大学学科竞赛、创新学分认定、大型仪器共享等实验室管理的相关政策，促使虚拟仿真实验教学的新理念和新模式探索。

2.3.3 管理规范

2.3.3.1 开放管理

实验室开放可以最大限度地利用实验室资源，充分发挥实验室在实施工程实践教育中的重要作用，培养学生的创新意识和现代工程动手能力。学校和基地采取以下举措：

① 实践项目的开放可常年申报。实验室根据自身条件设计一定数量的、切实可行的、具有创新性的开放实验项目。

② 各开放实验室根据学生人数和实验内容做好实验准备工作，并配备指导教师和实验技术人员。

③ 实验室开放形式分为：自主实验项目、学生科研课题、学生科技竞赛等。

④ 开放实验纳入学生实验教学环节，支持学生参加课外实验室开放活动。

⑤ 鼓励实验技术人员和教师积极开展开放实验工作，并发放相应津贴。

⑥ 鼓励实验室通过不同方式、渠道为教学、科研和社会服务，创造良好的办学和社会效益。实验室管理工作量中增加虚拟仿真实验室开放和大型仪器设备共享工作量的计算，以调动教师积极性。

2.3.3.2 过程管理

实施数字化教学资源有效配置与利用、共享开放与反馈评价的全过程管理机制。根据岗位职责、课堂听课、学生评教和改革创新等结果进行年度业绩考核。定期组织资深专家和领导为首、骨干教师参加的教学质量评估专家组，综合评价实践教学的内容、方法、水平和效果等。为保证实践教学质量，基地制订了完整的教学质量保证体系。

① 教学规范：制定实验课教学规范，强化实验教学的主要环节，规范教学程序。如入室教育、课前预习检查、多媒体使用、课中成绩记录、实验报告、仪器使用记录等。规范实验室开放程序，制定相关制度。

② 质量监控：建立系统化的质量监控措施，包括阶段交流、预习抽查、过程监控、学时检查、期中检查、期末考试、操作考试、学评教、督导、听课制等。

③ 成绩考核：分为实验理论与操作考试（方案，仿真，电路设计、调试，仪器设备和数据的测试、处理、分析），平时考核（实验态度、能力、学时、报告和自选实验）和科技竞赛考核（完整性，规范性，熟练性，创造性）。

2.3.3.3 各项制度实例

开放实验室教师守则

为加强开放实验室的管理和保证开放实验教学的质量，特制定本守则。

（1）开放实验室值班教师职责

① 每个值班教师负责 1 ～ 2 个开放实验室的管理、仪器设备维护、现场指导和答疑等工作。值班教师要挂牌值班。

② 开放实验室值班教师值班期间必须按时进入值班岗位，不得擅离工作岗位。如有特殊情况需要离开时，必须向负责开放实验教学的教师汇报，在安排好替班的教师后方能离开，并将情况作记录。

③ 值班教师在值班期间要与指导教师配合，解答学生的有关问题，对于共性的问题，不需直接回答，而应该向学生指出自行解决问题的思路和方法。

④ 值班教师要全面检查学生的实验预习情况，检查结果要作记录，并将记录在值班日志上登记。对无预习报告或实验方案者，要求其完成预习或实验方案后放开允许进入实验室。

⑤ 值班教师要认真做好开放实验室的管理，随时检查相关开放实验室学生的实验情况，检查是否存在违反“开放实验室学生守则”的现象，对违规者要及时教育和处理，并把违规情况记录在值班日志上。

⑥ 值班教师要及时检查实验室仪器设备状况，对实验中出现的故障要及时处理，对仪器损坏情况要及时记录，必须把设备名称、损坏原因、损坏状况、组次在值班日志上登记，并要求学生签字。

（2）开放实验室指导教师的职责

① 开放实验室指导教师负责责任班级的实验指导、批改实验报告和成绩评定。

② 开放实验前对学生集中辅导一次，主要进行管理指导、知识指导、重点讲解共性的问题，宣布开放实验室学生守则。

③ 指导教师要认真履行职责，加强开放实验室管理，及时解答学生提出的问题，指导学生完成实验。

④ 指导教师要及时检查和记录学生的实验情况，客观地评定和记录学生的实验成绩。对未按期完成规定实验者，应向负责统计开放实验教学情况的教师提交书面报告。

开放实验室学生守则

为加强开放实验室的管理，提高开放实验的教学质量，特制定本守则。

① 进入开放实验室前，学生必须接受安全教育，了解开放实验室的有关规定，必须自觉服从指导教师的管理，严格遵守开放实验室的各项规章制度和规定。严格遵守仪器设备的操作规程，对违规者指导教师对其进行教育，并有权停止其实验。

② 进入开放实验室前，学生必须认真预习实验，写出预习报告或实验方案，明确实验目的、原理、方法和步骤。无预习报告（实验方案）或预习报告（实验方案）不合格者不得进入开放实验室进行实验，并作违规处理。

③ 进入开放实验室时，学生必须持本人校园卡（或其他形式）按规定的操作规程进行登录，按照管理系统或教师安排的位置进行实验。

④ 开放实验的项目，包括规定的实验项目、自选实验项目、课程设计项目、工程训练项目、毕业设计项目、科研项目等。

⑤ 在实验过程中要注意安全，严格按照实验室的规定和仪器操作规程进行实验。如发现仪器设备存在故障或损坏等异常情况，应立即切断电源，保持现场，并报告值班指导教师处理。

⑥ 实验中学生不得随意调换或拆卸实验仪器设备，严禁私自拆卸仪器设备。因违反操作规程而造成损坏仪器设备者，应按规定酌情赔偿，并作违规处理。但对于实验过程中出现的常见问题，应尽量自行寻求解决问题的办法，也可以请指导教师知道。

⑦ 对规定的实验项目，学生不得擅自改变实验的基本要求，但在完成规定的实验内容外，鼓励学生增加实验内容，或自行设计实验，有创意者，可额外加分。

⑧ 实验中必须如实记录实验数据，按时完成实验报告，不得抄袭他人的实验结果；实验完毕，必须切断自己实验所需的所有仪器设备的电源并整理好实验桌面上的仪器设备，将个人物品和废纸杂物带离实验室。

⑨ 实验室内不得乱扔杂物、纸屑，不得大声喧哗，严禁吸烟。保持室内文明整洁。

⑩ 实验期间不准将与实验无关的人员带入实验室，不得玩游戏或做与实验无关的事，严禁修改、删除、复制计算机的系统软件与应用软件。一旦发现将作违规处理。

⑪ 进入开放实验室的学生必须严格遵守以上各项规定，所有违规均将由管理教师记录在案。如果一个学期内累计违规达到 2 次或 2 次以上者，将对其进行批评教育，对严重者将取消本学期该实验课程的考试资格。

实验室仪器、设备管理制度

为加强实验室仪器、设备的管理，保证仪器、设备处于正常的完好状态，提高仪器、设备的利用率和完好率，特制定本规定。

① 仪器设备要由相应实验室专人保管，做到账物相符、账卡相符，附配件、相关资料和配套软件齐全。

② 对新进仪器、设备要认真进行验收，检验其是否正常运行，是否达到出厂时规定的指标，所有配件（硬件、软件）是否齐全。验收完毕后要填写验收单，并及时对其登记编号。对于验收中出现的问题，要及时与设备处或厂家联系，使其尽快得到处理。

③ 各实验室之间需借用仪器的，要经实验室负责人批准，并严格执行借用、登记、验收手续（包括仪器技术资料），说明质量情况，清点随机附件，并做到按时归还。如出现损坏、丢失须按照仪器设备损坏、丢失赔偿制度处理。

④ 贵重仪器、设备由实验人员专责分管，专管人应熟悉该仪器的正确操作方法，并有责任指导和监督他人正确使用该仪器。贵重仪器一般不出借，要对其建立技术档案，登记使用、维护、运行情况。

⑤ 为充分保证教学和科研需要，实验示范中心的仪器设备原则上不对外出借，如有特殊情况，须按照仪器设备及软件管理和借用制度，由基地主任、副主任批准后才能办理出借手续。

⑥ 使用人员应爱护仪器设备，严格按照规程操作，轻拿轻放，切忌野蛮操作和搬运。仪器设备出现故障，应立即切断电源，使用者会同实验管理人员检查原因，排除故障，严禁擅自拆修。

⑦ 仪器设备要保持清洁，应采取防尘、防光、防潮等维护措施。每年通电测试两次，保持完好备用状态。要做好仪器、设备的防盗工作。

⑧ 仪器设备损坏应及时报告实验室负责人和管理人员。分析原因，如属自然损坏，应按学校规定办理报损、销账手续，如属责任事故，应根据具体情况按规定处理。

⑨ 闲置的多余仪器以及报废仪器、报损仪器，由实验室主任组织有关人员进行鉴定，提出处理意见，汇报上级，由设备处进行回收和利用。

⑩ 本制度的执行情况每半年检查一次。

仪器设备检修制度

① 对于仪器设备在使用过程中出现的故障，实验室管理人员或实验教师应

现场进行检修，排除故障。如不能维修，可填写“仪器设备检修单”送实验基地维修室进行维修；如实验基地维修室不能维修，可送校维修室或校外维修。

② 送修仪器应由经办人填写“仪器设备检修委托单”，如送外单位检修，应持有校仪器设备维修室的修理计划申请单，才办理填表、送修手续。

③ 送修仪器应自备技术说明书和主要附配件，对于修理用的稀、缺或贵重器材原则上应由委托单位设法提供。

④ 送修仪器一律按规定标准收检修费。

⑤ 仪器修复后应由检修人填写“检修记录”“器材使用卡”及“检修委托单”上的有关内容。

⑥ 从委托单位取回仪器时，应通电开机验收，应在“检修记录”和“检修委托单”上填写验收日期和验收姓名。

⑦ 仪器修复取回后，如再出现原来故障，应在取回后三天内返修。

⑧ 送修仪器原则上按送修日期先后及轻、重、缓、急情况安排。

2.3.4 实践教学和管理队伍

2.3.4.1 教师队伍建设的要求

重视数字化实践教学师资队伍的建设，建立一支年龄、学历、职称结构合理，学术水平高，思想道德素质好，具有丰富工程实践教学经验，热心于实验教学的专兼职实验教师队伍。基地负责人与骨干教师要求学术水平高，教学能力强，实验教学经验丰富，教学特色鲜明。

① 以教授为基地主任，专职教师为主，专兼职教师结合，按照“工程基础、工程应用、实训及技能、综合创新”的层次构建实践教学队伍。

② 按学校制定的引进人才条件，进一步吸收副高职称和博士学位以上的高层次人才进入工程实验基地，建立一支竞争力强的创新团队。

③ 工程实验基地专兼职人员，高级专业技术职称人数达 60% 以上，博士 40% 以上，硕士以上学位 90% 以上。

④ 在职培养：对教师尤其青年教师进行在职培养，有计划地攻读硕士、博士学位，有计划地安排教师参加相关学术活动，以提高学历层次和业务水平。

⑤ 实验教师都需参加教学研究，包括教学研究项目、教学研究论文、教材编写、自制仪器、实验室建设等；60% 以上的教师参加各级科研项目的研究，30% 的青年教师主持校“青年教师科研基金”。

通过实践教学师资队伍的规划和建设，建成一个实践教学与理论教学互通，教学、科研、技术相结合，热爱实践教学、勇于创新的实践教学队伍。按照“基础课程、新技术及应用、实训及技能、综合创新”的能力培养模块，设置了四个对应的实验课程、实验室模块，并由此构成了四个相应的教学团队。

优化多元化的工程教育教师团队。面向工程教育，创建由“团队带头人—教师—研究生”组成的“金字塔”型、“教练式”“多元化”的团队结构。与“师傅带徒弟式”的“一对一”的传统培养模式相比，团队更适应于全面培养学生综合素质的工程教育要求。团队带头人把握人才培养方向，协调教学活动。团队的中坚力量由教学、研究、工程（含企业工程师）、实验等各种系列的人员组成，职称、知识和年龄结构不同。研究生为本科生提供大量基础性的辅导。本科生参与工程训练和科研，得到团队所有教师指导，既能克服教师个体知识和能力的局限，又能培养学生的竞争、创新和合作精神，以适应现代社会对工程人才的需求。

2.3.4.2 教师队伍建设相关政策

建设一支高水平的实践教学队伍是提高实验教学质量的根本保障。基地坚持“培养与引进相结合，以培养为主；专职与兼职相结合，以专职为主”的原则，组建一支“知识广、能力强、素质高、一专多能”的师资队伍。

① 制定和完善《实验室队伍建设规划》《实验队伍编制核算办法》《实验室人员聘任和考核办法》《实验室管理工作量核算办法》等系列相关政策，采取多种途径和举措来加快实践教学队伍建设步伐。

② 贯彻实践教学与理论教学等同、教改项目与科研项目及其成果等同、实验技术系列职称评聘单列的政策。

③ 设置实验系列校聘关键岗位、专职实验技术人员与相应级别的教学科研人员具有相同的岗位津贴级别。

④ 继续实施“实验人才引进”政策，引进教授、高级工程师等从事实验教学和实验室管理工作，发挥拔尖人才的引领作用。

⑤ 以专业为模块，理论课和实验课的教师组建实验教学创新团队，理论课教师参与实验过程，实验课老师跟班参与理论课教学，共同探讨提高学生实践能力的培养途径。

⑥ 在校人才基金中拨专款用于实践教学队伍建设和人员培训，有计划、有目的地选送优秀实验教师到国内外重点高校、科研院所、著名企业进行访问、进

修和合作研究。

⑦ 实施“青年教师工程能力培养计划”和“青年教师上岗导师辅导计划”，加强对青年教师工程实践能力和实验教学水平的培养；鼓励教师在职攻读博士、硕士以及进修；新进青年教师需进入基地从事实验教学 2 ~ 3 年，在稳定核心骨干的情况下，形成实验教学队伍的动态平衡。

经过建设，实验教学基地拥有一支核心骨干相对稳定，年龄、学历、职称等结构合理，学术背景多样，研究领域开阔，教学与实践经验互补的实验教学团队。

第3章　大学生科技创新孵化器建设

3.1 大学生科技创新孵化器介绍

十载漫漫，未来可期。杭州电子科技大学大学生科技创新孵化器是杭州电子科技大学与美国微芯（Microchip）公司联合共建的、着眼于物联网和智能家居的科研组织。该孵化器的宗旨是孵化创新型技术、孵化创新型产品、孵化创新型企业。在“三个孵化”的引导以及数届成员的努力奋斗下，孵化器于 2016 年获得全国大学生“小平科技创新团队”称号。历经十年，实验室盈亏自负，自力更生，逐渐形成了以人才培养为宗旨，科技研发为载体，项目与竞赛为辅助的运营模式。

3.1.1 大学生科技创新孵化器发展历程

依托杭州电子科技大学国家级实验教学示范中心、国家级虚拟仿真实验教学中心，致力于物联网、网络数据和智能设备的研究。大学生科技创新孵化器实验室面向校内外开放，接纳毕业设计、科技创新能力训练等相关的教学实践任务。

实验室采用学生完全自主管理模式，每年资助 20 多名优秀本科生进驻孵化器，从一年级开始着手产品的学习和设计能力培养：一年级以自学为主，二年级进行实践培训，三年级开展自主设计，并参与科研和承揽第三方设计，四年级能够出专利、论文和创新技术产品等成果，直到培育完成。

（1）培养模式

针对大一新生，高年级学长定期授课并制定详细的暑期实验版学习计划，帮助其共同成长；大二阶段，依据兴趣划分并成立 PC、数字、模拟、网络开发等多个兴趣小组，分享学习心得，进行实践锻炼；大三阶段，开展自主设计，参与科研并组织参加全国大学生电子设计大赛、全国大学生“挑战杯”大赛、全国大学生机器人大赛等课外科技活动；大四阶段，孵化出专利、论文和创新技术产品等成果。

（2）运营模式

采用企业化运营管理模式，实验室成立采购部、后勤部、财务部等部门；采购部负责实验室的器件与日常用品的申购，后勤部负责实验室内部生活用品与规章制度的维持，财务部负责实验室的经费管理，实验室秘书负责实验室的日常事务和科研项目的统筹。

（3）自成立以来取得的成绩

① 2015 年获得杭州电子科技大学“七色花”五四青春榜样，2016 年获得中国共青团和全国少工委颁发的全国“小平科技创新团队”（全国 50 个，浙江省 2 个）称号。

② 发表科技论文 8 篇，申请专利 9 项，获得省级以上科技项目 29 项。

③ 学科竞赛获得国际奖 1 人次，国家奖 36 人次，省级奖 81 人次。

④ 郑祥谱同学 2017 年获得浙江省国家特别奖学金（全省 10 个，杭电 1 个），周航、孙兴哲等 8 位同学获得 2016 年“Microchip 大学奖学金”。

⑤ 28 位同学考取浙江大学、杭州电子科技大学、西安电子科技大学、上海交通大学、东南大学等硕士研究生；23 位同学在华为技术有限公司、海康威视、浙江大华技术股份有限公司、腾讯计算机系统有限公司等著名 IT 公司任职。

⑥ 先后为台湾松瀚公司、浙江省中医院等企业和社会单位开发人体经络分析仪、自组网灯控等 25 项产品，实现产学研结合。

⑦ 连续 9 年参加美国微芯公司“精英技术年会”，紧密跟踪产业界技术发展动态，并在 2016 年获得美国微芯公司颁发的大学教育杰出奖。

3.1.2 大学生科技创新孵化器开放资源

（1）孵化器基础实验室

主要承担大一、大二等低年级学生创新能力的培养，孵化创新型技术。实验室配备了 3D 打印机、3D 扫描仪、3D 激光雕刻机、AnalogDiscovery2 口袋实验室、Basys3 开发板、PIC18 开发板、DSO7104A 示波器、N9320A 频谱仪、数字可调电源、8840A 示波器等仪器设备。可开放的实验项目有：

① 基于 FPGA 的贪吃蛇设计。

② DDS 信号发生器的设计。

③ 气象预报员。

④ 任意波形信号发生器设计。

⑤ 多功能无人机控制系统的设计。

⑥ 基于陀螺仪遥控的智能小车。

⑦ 手势识别及灰度处理系统的设计。

⑧ 基于无线自组网协议的分层储物柜设计。

⑨ 视觉追踪系统的设计。

（2）孵化器创新实验室

主要承担产学合作项目和科研项目的开发，孵化创新型产品。实验室配备了频谱仪、1GHz 安捷伦示波器、贴片焊接设备、逻辑分析仪等仪器设备。在开发的项目有：

① 立体图纹织机电机阵列控制系统。

② 自组网灯控系统的开发。

③ 基于 ADRC 的自主路径规划无人绘测机研发。

④ 智能楼宇照明系统的研发。

⑤ 基于手势控制的汽车人机交互系统开发。

⑥ 基于 ROV 的一站式智慧渔业管理系统。

⑦ 基于毫米波雷达的智能安检系统。

⑧ 投影仪人机交互增强系统。

⑨ 电子科技创新共享生态圈的研发。

（3）孵化器训练实验室

主要承担实验作品课后制作、学科竞赛训练、创新创业项目申报，孵化创新型企业。实验室配备了数字可调电源、信号发生器、示波器、数字万用表、四旋翼飞行器训练模型、智能车训练模型、电子综合设计实验箱、大学生科技创新智能实训平台等仪器设备。承担学科竞赛、创新创业项目的类型有：

① 中国杭州大学生创业大赛训练。

② 全国大学生电子设计大赛高频组训练。

③ 全国大学生电子设计大赛控制组训练。

④ 全国大学生电子设计大赛四旋翼飞行器训练。

⑤ 国家级大学生创新创业项目孵化。

⑥ 浙江省新苗计划孵化。

⑦ 全国大学生 FPGA 创新设计邀请赛训练。

⑧ 全国大学生智能互联创新大赛训练。

3.2 大学生科技创新孵化器制度建设

春树桃李，秋可得其实。传与承，是孵化器薪火相传的动力；培养人才，是孵化器一以贯之的宗旨。经过十年的积累，孵化器不仅拥有完备的项目开发档案、全面的培养计划、完整的实验室文件，也有标准化的存储与管理体系。在孵化器的服务器中，储存着的是世界顶尖的软硬件设计与学习资料，也是对于未来的期许。无论硬件还是嵌入式软件，无论射频通信还是信号处理，无论网络开发还是人工智能，都有大量的人才需求，也精心准备了详尽的培养计划。同时，每周一次的例会、经常性的分享会、研究生或已入职学长的指导，每位成员都是孵化器精神的传承者。

3.2.1 大学生科技创新孵化器章程

（一）总则

第一条

名称：杭州电子科技大学大学生科技创新孵化器

第二条

性质：大学生科技创新孵化器实验室是由杭州电子科技大学老师和学生组成，以“自由自愿”为准则、以“诚实诚信、服从管理、科技创新”为细则、以“企业管理”为模式的科研性质组织。坚持四项基本原则，注重思想性、学术性、知识性、趣味性和实践性，符合社会发展要求，有利于“四有”人才培养，有利于学生身心健康发展。

第三条

宗旨：为杭州电子科技大学老师和学生提供技术交流的平台，以“三个孵化”（孵化创新型产品，孵化创新型思维，孵化创新型人才）为宗旨，以“一个中心、两个平台、三项前提、四种观念”为指导思想（“一个中心”：把创新同学的理念作为我们开展一切工作的中心思想；“两个平台”：给学生锻炼自我提供平台，给学生展示自我搭建平台；“三项前提”：以学习为前提，以自我约束为前提、以客观条件为前提；“四种观念”：开展组织活动要有合理观念、反馈观念、大局观念、荣誉观念），为社会培养及输出有理想抱负、有技术实力、有创新思维的优秀人才。

第四条

准则：孵化器必须在宪法和法律范围内开展活动，不得从事与宗旨无关的活动。以“制度化管理，人性化服务”为理念，把握好孵化器的发展方向，了解孵化器，服务孵化器；监督好孵化器的活动开展。务必做到放管结合、统筹兼顾、职能明确、密切配合、服务大局，真正做到全心全意服务于孵化器的全面发展与老师学生的成长成才。

第五条

任务：组织管理好孵化器，不断培养成员的兴趣、爱好、特长。让越来越多的同学能够创建或拥有一个符合自身兴趣的、能够锻炼和提升自我素养的平台，鼓励“百家争鸣，百花齐放”。致力于孵化面向新时代的创新型技术和人才，共同为高校学生“创新、创业”第二课堂的建设做出应有的贡献。

（二）组织机构

第六条

孵化器组织原则是民主集中制，理事会是最高决策机构，理事会由孵化器主席和学生干部组成，理事会实行例会制，定期举行例会，负责审查和商讨孵化器工作。

第七条

孵化器设立理事会、办公室、后勤部、宣传部等行政部门，各部门设立一个部长及若干干事，具体负责日常事务。

第八条

孵化器实行主席责任制，主席负责组织孵化器开展活动，并积极根据计划等开展活动和项目研发。

第九条

孵化器主席及各部门部长任期为一年，换届时间为每年 4 月。

（三）职责

第十条

理事会：领导、团结和管理孵化器会员，有计划、有步骤地指导各部门开展工作，制定总的方针和审批活动方案。

第十一条

办公室：辅助理事会进行各项规章制度起草；安排各种会议和活动；报告整理、送审、监督等；财务支出记录、报销等。

第十二条

宣传部：对外宣传与联络；网站、服务号等维护；活动策划。

第十三条

后勤部：实验室耗材采购与管理；仪器维护与保修；物品借记管理。

（四）成员

第十四条

孵化器是高校学生在自愿基础上自由结成的群众组织，可打破年级、系科以及学校的界限自由组成。孵化器管理实行主席负责制。以“孵化创新型产品，孵化创新型思维，孵化创新型人才”为宗旨，以“汇聚志同道合的朋友，培养提高会员的兴趣，并让会员有机会发挥和施展自己的才华”为目的，开展有益于学生身心健康的活动，为学生服务，为社会服务。社团的发展方向是为社员服务，找准各自的定位，能坚持长期担任研发工作，让会员在孵化器中学到知识，增强其爱好，做到入会时是兴趣爱好，走出去的时候成为特长。

第十五条

孵化器成员由杭州电子科技大学本科学生组成。

第十六条

孵化器干部由理事会指定产生，一般情况下按照能力考核。

第十七条

孵化器主席由理事会与指导老师共同推举产生。

第十八条

成员一经审批通过，孵化器尽快以公告、公开会议或网络形式宣布成立，以配合孵化器开展活动。

第十九条

孵化器成员享有以下权利：负责人（主席）是理事会成员；对孵化器工作有监督、建议和批评的权利；依照孵化器有关规定使用孵化器的设施与器材；参加孵化器组织的各种活动。

第二十条

孵化器成员必须履行以下义务：拥护本章程、支持各项活动；服从组织安排，完成计划任务；不得做任何有损于孵化器利益的行为。

（五）经费与活动

第二十一条

孵化器经费以项目申请为主，按照规划使用。

第二十二条

任何老师、学生在申请加入孵化器之前不得以孵化器的名义开展任何活动，不得以孵化器名义擅自收取费用。

第二十三条

新入会成员必须到孵化器备案后方可开始以孵化器的名义开展活动，必须严格遵守《大学生科技创新孵化器章程》及其他管理制度。

第二十四条

孵化器活动要做到：

① 以孵化器名义开展活动前要填写《大学生科技创新孵化器活动策划评审报告》并附《活动策划书》，须经主席签字负责老师审批后方可举办，重大活动

须经学校分管部门同意方可举办。

② 活动中有需要孵化器支持的可以口头或书面形式向孵化器提出。

③ 活动结束后要及时总结汇报活动的过程、效果，并上交活动总结报告（注明活动开展的时间、地点、参与人数、活动流程、效果、经验教训，若是比赛还需附上比赛结果）。

第二十五条

举办以下性质的活动须于活动开始时间 10 个工作日前报孵化器审批，经批准后方可实施：

① 群众性集会、沙龙及研讨会等活动。

② 邀请校外人员举办的讲座、报告等活动。

③ 设计出版发行报纸、刊物等印刷品的活动。

④ 收取费用的培训班、学习班等活动。

⑤ 与其他单位、团体或个人联合主办的活动。

⑥ 两个以上（含两个）社团共同举办的活动。

⑦ 其他重大活动。

（六）奖惩

第二十六条

孵化器实施公司化管理模式，采取奖惩制度保证组织内部的高效性。

第二十七条

对孵化器工作做出贡献或有突出成绩的团体和个人给予表彰和奖励。

第二十八条

凡有违反孵化器章程者，视情节轻重，给予批评或罢免职务。

（七）附则

第二十九条

章程的修改须由指导老师、孵化器理事会讨论决定。

第三十条

章程的解释权归孵化器理事会所有。

3.2.2 大学生电子科技创新孵化器人事管理制度

（一）总则

第一条

为提高本团队的工作效率，最大限度实现团队资源配置，保证日常学习工作的顺利进行，特制定本制度。

第二条

本团队的所有成员及预录用成员均适用本制度。

第三条

本团队的各成员均应遵守本制度的相关规定。

（二）录用

第四条

本团队的新成员面向本校在校大学生公开招选。

第五条

团队每学年定期对有意向加入本团队的在校大学生展开招新工作。

第六条

本团队成员分为预录用成员和正式成员。

第七条

预录用成员是指通过推荐、公开招选等方式进入本团队的本校在校大学生。预录用成员经过考核通过后可成为正式成员，预录用成员考核时间为四到六周。预录用成员比例与拟录用成员比例不超过2∶1。

第八条

预录用成员在试用时间段内若表现不佳、自己主动停止接受考核或考核未通过，不予录用为正式成员。

第九条

正式成员是在本团队学习工作一段时间后、经考核合格而被批准成为正式成员的预录用成员。

（三）休假

第十条

团队学习工作倡导自由轻松的氛围，即任何时间都可学习工作，因此不规定节假日。此休假制度为特殊情况而设立，如生病、私事等。

第十一条

生病、私事或需要放松，以病假或事假对待。

第十二条

病假应及时向组长报告并填写请假条方可暂停手头工作，组长需及时协调相关工作。事假则最好在做完所有工作或一阶段工作后，向组长提出请假要求得到允许后，方可填写请假条休假。组长休假则向总负责人或人事负责人说明并登记。

第十三条

如有特殊事情，则可视情况减少相应的请假步骤，由人事负责人做好休假记录。

（四）绩效

第十四条

团队实施公司化管理模式，对孵化器所有成员进行绩效考核。

第十五条

成员绩效考核由理事会执行，由各部门部长及各团队负责人辅助实施。

第十六条

绩效考核内容包括日常工作、项目开发、招新培养、对外推广等，考核周期为一个月，月绩效考核于每学期末进行汇总。

第十七条

在期末绩效考核中评定为优秀的成员，由组织进行表彰，并给予一定物质奖励。

第十八条

团队实施淘汰制度，保持每学期 10% ~ 20% 的淘汰率，作为绩效考核不合格成员的惩罚措施。

（五）迁出

第十九条

正式成员和预录用成员因故不能继续留在本团队，需提前向人事负责人提出申请，并填写相关的迁出团队申请表（正式成员需提前 1 个月，预录用成员可在试用期内任何时间）。

第二十条

迁出成员在离开团队前需要将自己正在进行的工作做好相关的交接。

（六）附则

第二十一条

与人事相关的其他项目，请参考相应的制度。

第二十二条

本制度修改由团队所有正式成员集体讨论进行，决议超过总人数 60% 方可修改。

第二十三条

本制度自颁布日起正式施行。

3.2.3 大学生电子科技创新孵化器经费使用制度

（一）总则

第一条

为规范本团队的资金使用情况，最大限度实现经费的合理配置，保证项目开发及日常运营工作的顺利进行，特制定本制度。

第二条

本团队的所有资金往来条目均适用本制度。

第三条

本团队的各成员均应遵守本制度的相关规定。

（二）经费组成

第四条

本团队的经费组成主要有项目开发经费、资料及耗材采购经费、活动经费、运营和宣传经费等。

第五条

项目开发经费包括项目开发、测试、生产过程中必要的成本费用以及开发人员的劳务补贴费用等。

第六条

资料及耗材采购经费包括学习资料采购费用、日用物品采购费用、易耗元器件采购费用等。

第七条

活动经费包括招新活动费用、年度聚餐费用、春秋游费用、羽毛球赛费用等。

第八条

运营和宣传经费包括宣传资料制作费用、广告费用等。

（三）经费来源及使用

第九条

本团队的经费来源由立项经费以及公司拨款两部分构成。

第十条

由本团队通过项目立项等方式自主取得的经费，全部归属团队所有；由公司渠道取得的经费，部分归属团队所有。

第十一条

本团队的经费由财务部门管理，由理事会进行合理调度。

第十二条

本团队的任何经费使用前必须填写经费使用说明，由理事会批准后方可使用。

第十三条

原则上不允许任何团队成员将私人资金作为团队经费使用。

（四）项目开发经费

第十四条

本团队的项目开发经费为流动经费，由本部财务处于项目启动时下拨。

第十五条

项目开发经费应于项目正式开始前进行预清算，附于立项书尾一同交由理事会审批。

第十六条

项目开发经费包括项目开发成本以及劳务费用，劳务费用一般为项目总报价除去开发成本后的 30% ~ 40%。

第十七条

项目开发经费最终交由项目负责人，由项目负责人进行支配。

第十八条

项目经费使用不合理的，理事会及公司有权收回经费使用权。

（五）资料及耗材采购经费

第十九条

本团队的资料及耗材采购经费为固定经费，由本部财务处于每个自然年年初下拨。

第二十条

团队须于年初进行当年资料及耗材采购经费预清算，交由理事会审批。

第二十一条

团队出现资料及耗材采购经费短缺的，可向公司提起经费补助。

第二十二条

资料及耗材采购必须开具发票（无发票场合除外）。发票抬头为公司的，交由公司保存；发票抬头为杭州电子科技大学的，由财务处保存。

（六）活动经费

第二十三条

本团队的活动经费为固定经费，由本部财务处于每个自然年年初下拨。

第二十四条

团队须于年初进行当年活动经费预清算，交由理事会审批。

第二十五条

团队出现活动经费短缺的，可向公司提起经费补助。

第二十六条

活动经费使用项目必须开具发票（无发票场合除外）。发票抬头为公司的，交由公司保存；发票抬头为杭州电子科技大学的，由财务处保存。

（七）运营和宣传经费

第二十七条

本团队的运营和宣传经费为固定经费，由本部财务处或公司于每个自然年年初下拨。

第二十八条

团队须于年初进行当年运营和宣传经费预清算，交由理事会审批。

第二十九条

团队出现运营和宣传经费短缺的，可向公司提起经费补助。

第三十条

运营和宣传使用项目必须开具发票（无发票场合除外）。发票抬头为公司的，交由公司保存；发票抬头为杭州电子科技大学的，由财务处保存。

（八）附则

第三十一条

本制度中“公司”指“杭州遥临科技有限公司”。

第三十二条

与经费使用相关的其他项目，请参考相应的制度。

第三十三条

本制度修改由团队所有正式成员集体讨论进行，决议超过总人数 60% 方可修改。

第三十四条

本制度自颁布日起正式施行。

3.3 大学生科技创新孵化器3X培养计划

Xplain：理论基础和知识体系构建阶段，科普关于嵌入式开发的基本流程和组成部分。主要形式为孵化器内部成员的对外授课。规模可覆盖 200 位左右学生。

Xplore：动手实践阶段，主要针对第一阶段接触的理论知识进行深化与实践。主要形式为动手实验，完成物联网（Internet of Things IoT）系统中的分立部分。面向第一阶段理论基础掌握较好的学生。

Xport：工程意识和项目思维培养阶段，通过已有技术储备实现完整的“项目设计—项目开发—后期测试“等流程。面向第二阶段实践效果较好的学生。

3.3.1 大学生科技创新孵化器软件培养计划

第一周

1. 考查范围

C 语言设计的基础知识、基本数据类型 (int、char、double) 及常用库函数（math.h)、算数表达式、控制结构与语句。

2. 重点考查内容

① 各个进制之间的相互转换。

② 熟悉运用（printf、scanf）函数和换行符等。

③ 学会给自己的程序写注释。

④ 学会调用常见的库函数。

⑤ 了解基本数据类型及其相应的数据格式。

⑥ 考查各个符号的优先级。

⑦ 学会运用 if、switch、while、for 等基本语句。

第二周

1. 考查范围

子函数的编写及调用、数组、复习控制结构和语句。

2. 重点考查内容

① 提升对 if、for 等语句的考查难度。

② 学会用子函数来实现相应的程序。

③ 初步了解递归函数的运用，可超出书本原题。

④ 了解全局变量和局部变量。

⑤ 掌握一维数组和二位数组。

⑥ 冒泡排序。

⑦ 了解字符串的相关知识。

第三周

1. 考查范围

编译预处理、指针。

2. 重点考查内容

① 学会指针在子函数里的运用。

② 学会指针与数组之间的关系运算。

③ 重点掌握指针与字符串之间的运用。

④ 初步了解多级指针的运用。

⑤ 简单了解编译预处理的相关知识。

第四周

1. 考查范围

结构体、指针。

2. 重点考查内容

① 提升指针的运用难度。

② 掌握最基本的结构体运用。

③ 重点掌握结构体数组和结构体指针。

④ 初步了解链表结构。

第五周

1. 考查范围

位运算、文件、综合性程序。

2. 重点考查内容

① 掌握位运算的相关知识和运用。

② 学会文件的读写、打开与关闭。

③ 综合函数的考察。

第六周

1. 考查内容

综合性程序、LED 灯。

2. 重点考查内容

① 提升综合的编程能力。

② 了解 51 单片机的相应 IO 口配置。

③ 了解高低电平和延时。

④ 点亮第一个 LED 灯。

第七周

1. 考查内容

数码管显示、按键及矩阵按键、蜂鸣器。

2. 重点考查内容

① 了解静态数码管和动态数码管的相关知识。

② 了解蜂鸣器及按键、矩阵按键的相关原理。

③ 学会按键与矩阵按键控制数码管或峰鸣器。

第八周

1. 考查内容

8 × 8LED 点阵、外部中断。

2. 重点考查内容

① 了解 8 × 8LED 灯的相关内容。

② 通过外部中断改变点阵的显示或数码管。

第九周

1. 考查内容

计时器中断、单片机综合小任务。

2. 重点考查内容

① 学会运用定时器中断控制数码管。

② 提升对单片机的整体运用。

第十周

1. 考查内容

C 语言复习，单片机综合任务。

2. 重点考查内容

① 复习 C 语言。

② 巩固片机的运用。

3.3.2 大学生科技创新孵化器硬件培养计划

第一周

1. 微电子定义及其与电子的联系

① 什么是微电子。

② 微电子与电子的关系。

2. 微电子的历史与故事

① 微电子的起源。

② IC 发展时间线。

3. 微电子行业的细分与前景

① 集成电路产业链。

② IC 设计。

③ IC 的生产与制作。

④ IC 产业公司分类。

⑤ IC 行业的国际分布。

⑥ IC 行业在中国的分布。

⑦ IC 行业的前景。

第二周

由小米智能插座引出的电子知识

① 电容基础知识。

② 电感基础知识。

③ 继电器基础知识。

④ 二极管的分类及用途。

⑤ 三极管的种类及原理。

第三周

1. 基尔霍夫定律

2. 电压与电流的参考方向

① 电流。

② 电压。

3. 电路仿真软件 Multisim 验证基尔霍夫定律

第四周

1. 电压源与电流源的等效替换

① 电压源。

② 电流源。

③ 电源的等效变化。

2. 电阻的等效变换

第五周

1. 电路的等效变换与化简方法

2. 电路的叠加原理

3. 支路电流法、节点电压法、网孔电流法

第六周

1. 受控源

2. 戴维南等效电路

第七周

常熟变易法求解电路方程，范围：含有电感的一阶电路。

3.3.3 大学生科技创新孵化器考核试题

（1）现有一个 12V 的电池，一个 LM324 运放芯片（内含四个独立运放），以及一个可以产生峰值为 0.1V、频率为 500Hz 正弦波（设为 u_1）的信号发生器。请设计电路，使 u_1 加至加法器的一端，另一端输入自制的，峰值为 0.2V，周期为 2000Hz 的用示波器观察基本不失真的三角波（设为 u_2），加法器的输出是 $u_0=10u_1+u_2$，u_0 经过滤波器滤除 u_2 的频率分量，使得滤波之后的信号为峰峰值为 9V 的正弦信号 u_3，u_3 经过比较器之后在 1000Ω 负载上得到峰峰值为 2V 的输出电压。

① 根据要求画出系统框图，明确各个部分承担的作用。

② 根据前一步的分析，分析每个运放所扮演的角色，并使用运放设计符合要求的电路。

③ 根据要求组合各个模块，完成题目。

④ 用仿真验证方案的可行性。

⑤ 用 Altium.Designer 绘制原理图和 PCB。

（2）现有一个处于 0.1 ~ 10Hz 频段的信号，有效值为 10mV，但是其湮没在市电干扰中（峰峰值为 1V 的 50Hz 正弦波），请设计电路，滤出这个有效信号，并使其有效值变得在 1V 以上（干扰信号的有效值至少是有用信号有效值的 1% 以内）。

① 参考《测量电子电路设计——滤波器篇》第三章的内容，给出方案，并使用软件仿真，验证可行性。

② 最后使用 Altium.Designer 绘制原理图及 PCB。可以使用的器件是：电阻（贴片）、电容（贴片）LM324 等运放（直插）。

（3）以三极管或者三端稳压器件为主，设计一个压控电压源。

① 要求：输入 18V 的电压，输出 0 ~ 15V 范围之内可调。输出电流要求大于 100mA，纹波电压不大于 50mVp-p。

② 调节的方式是，有一个控制电压输出端，通过在这一端加一定的电压，输出和这个控制端呈一定线性关系，比如 $V_0=3\times V_i$，或者其他的线性关系都可以，但是 V_i 要小于等于 5V。

③ 给出方案，并使用软件仿真，验证可行性，最后使用 Altium.Designer 绘制原理图及 PCB。

（4）设计一个可控增益放大器。输入与输出的增益是由一个控制端用电压进行控制，增益 A 为 1、2、5、10、50 五种，交直流都可以放大。增益可以用电压控制，比如 0 ~ 1V，A=1，1 ~ 2V，A=2 等，也可以自己设定。

① 给出方案，并使用软件仿真，验证可行性。

② 使用 Altium.Designer 绘制原理图及 PCB。

（5）请设计一个电机驱动（H 桥）电路。电路可以实现的功能为直流电机的正反转和调速，并且有死区保护等功能（这里需要注意的是，虽然没有明白地提出，但是现实中要考虑三极管的功耗问题）。

① 请再设计一个电源给电机供电。我们提供的是一个将 220V 交流电变为 18V 的变压器。即设计一个整流电路以符合要求。

② 给出方案，并使用软件仿真，验证可行性，最后使用 Altium.Designer 绘制原理图及 PCB。

第4章 开放式科技创新实训教学管理系统建设

4.1 开放式科技创新实训教学管理系统概况

4.1.1 实践教学管理系统简介

随着学校管理变革的逐步推进，学校的实验室管理工作逐渐囊括了数字创新实训教学基地、实验教学示范中心和虚拟仿真实验教学中心管理，实验室建设和管理进一步复杂化，实验室建设和管理的问题渐渐暴露出来，如图 4–1 所示。

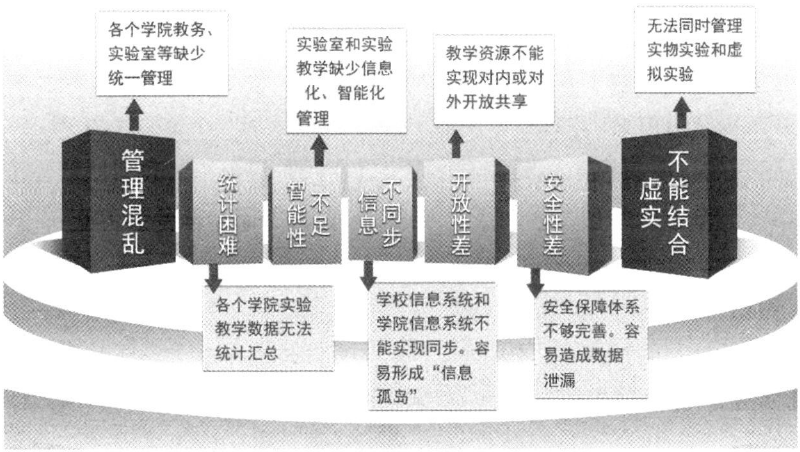

图4–1 实验室和实验教学管理目前存在的问题

① 管理混乱：高校实验课发展“学分制”，实验课不再以课程作业方式安排，而是将实验课从理论课中剥离出来，单独开设课程，并给予相应学分，传统的实验手工排课方式就变得异常艰难。实验室的信息化管理程度普遍不高，实验室及其仪器设备的开放、使用、购置、维护均缺乏统一化的管理。实验设备、仪器、低值易耗品等没有较好地建立信息库，实验设备、仪器和低值易耗品基本信息及

使用状态查询困难，不利于对这些实验设备的维护；对仪器设备的领用、借用、修理、报废的处理仍处于手工处理阶段，处理过程烦琐，容易出现纰漏，造成设备流失；实验耗材的管理也带有较大的主观随意性，容易造成耗材浪费。

② 统计困难：仪器设备信息统计过程复杂，占用大量工作时间，耗材消耗情况不能够得到很好的统计。实验室的利用率等教育部要求上报的信息使用手工统计，工作负担较重且容易出现统计差错。实验教学数据也无法快速地统计汇总。

③ 智能性不足：传统的实验室人工管理的模式，随着实验室开放工作和开展和实验课程的增多，人工管理难以做到实时，也难以实现对实验室施行有效监管控制，因此实验室信息化升级改造已经成为各高校实验基地不得不面对的问题。

④ 信息不同步：实验室信息智能化作为数字化校园工程的重要组成部分，需要实现各实验基地、实验室管理系统与教务管理系统等的有效数据对接，避免造成各管理系统之间的信息障碍。

⑤ 开放性差：由于实验模式局限于传统实物的实验方式，未能充分利用基于现代科技的虚拟实验方式，同时，由于受空间、人力、时间等限制，实验设备、实验工作、实验并没有得充分的利用，实验室资源浪费比较严重。

⑥ 安全性差：首先在硬件安全方面，实验室开放程度和使用频率的加大给实验室的管理带来一定的安全隐患，如仪器设备的管理、电源的通断电等。其次在软件安全方面，传统的实验室管理系统的安全管理机制和数据存储机制并不完善，容易造成数据泄露的问题。

⑦ 数字技术运用不足：随着数字技术的高速发展，高校的许多实验基地将同时推进实物实验和数字化实验，形成数字与实体相结合的实验教学模式，传统实验室管理软件缺乏虚实一体化的解决机制，造成一个基地多个管理软件的困境，给实验室及实验教学的管理工作带来很大的困难。

针对目前存在的问题，需要制定一套整体的解决方案。学校已建成覆盖整个校园的计算机网络系统，使用计算机网络进行实验室管理成为了必然，特别是实验室开放选课给传统的实验室管理提出新的挑战。建立开放式科技创新实训教学管理系统，实现对实验教务管理、实验室示范中心管理、虚拟仿真基地管理、实验室管理等方面的全方位的统一管理。实现网上辅助教学和网络化、智能化管理，减轻实验室管理人员的工作负担，提供工作效率和服务水平。加强实验室主管部门对设备和材料的计划、采购、维修和使用的宏观控制和管理，以节约成本，提高利用率，强化管理，并为本科教学评估、实验室评估、实验教学示范中心建设提供原始资料和翔实数据，有效推动学校的建设工作。

开放式科技创新实训教学管理系统以深化实验室教学改革为指导，以学校实验室管理流程和基本事务管理为核心，以规范实验室管理信息化为准则，在深入分析、研究实验室管理规律、实验教学特点及其相关软件的基础上，根据实验室全面开放运行体系，设计、搭建开放式实验室综合管理系统。系统依托校园网络构建管理模式，充分利用学校实验室资源，实现了集实验教学、实验室管理、实验室开放预约、实验室门禁考勤、网络电源控制、视频监控、耗材资产管理、虚拟实验教学系统、互动交流通知、大型仪器共享、信息门户管理等功能于一体的实验室综合管理系统。该系统能够实现对上述系统的数据进行统一化管理，形成实验基地或实验室信息化管理整体架构，系统设计思路新颖、运行稳定，在学校的实验室管理中发挥了很大的作用。

开放式管理系统是针对各学校实验教学和实验室管理信息化提供的 Web 化管理软件。采用 B/S 结构，突破地域空间的限制，整个实验数据放在服务器上，管理人员、教师在办公室、宿舍通过网络对仪器设备、实验项目、实验过程等进行管理监控，而学生则可以在机房或在能上网的地方进行实验预约、工位预约、仪器预约等。相对传统的手工管理，开放式管理系统有利于实验室资源的充分利用，有利于实验室管理的科学化和规范化。开放式科技创新实训教学管理系统的功能架构图如图 4–2 所示。

图4–2　开放式科技创新实训教学管理系统的功能架构图

4.1.2 实践教学管理系统功能概况

（1）综合信息门户管理子系统

采用符合基地实践教学需要的设计，设置符合实验室管理流程的栏目，如基地介绍、教师队伍、设备与环境、教学特色、通知公告等。门户网站后台管理方便，可自由编辑网站内容，支持多级拓展。

（2）实验教学与实验室管理子系统

系统分为实验教务管理和实验教学过程管理两个主要模块。实验教务管理包含实验课程库管理、培养计划管理、开课计划管理、开课管理、开课审核等功能。实验教学过程管理包含实验前理论知识预习、实物实验安排、虚拟实验安排、实验批改、考勤管理、成绩管理、实验报告等功能。

（3）实验室开放预约管理子系统

主要包括预约工位/实验室、设备外借、工位电源管理、实验室利用率核查等功能。

（4）实验室门禁考勤管理子系统

刷卡开门、工位供电、刷卡考勤签到签离。

（5）实验室网络电源控制

系统操作试验台供电、断电。

（6）实验室视频监控管理

在线查看实验室实时视频及历史录像。

（7）数字化实验教学子系统

数字化实验安排、实验指导、实验批改、查看成绩。

（8）互动交流通知子系统

实时答疑、在线留言、短信通知、邮箱提醒、搜索问题。

（9）实验室资产管理

资产建账、维修、报废、报失、调拨、负责人变更、总账、盘点。

（10）实验室耗材管理

耗材采购、入库、领用、报废、挂失、库存。

（11）实验室建设项目管理

项目申报、专家评审、主管审核、立项、检查项目进程、验收。

（12）实习实训管理

实习实训大纲、基地、单位、岗位、项目、工作汇报、学生成绩。

（13）大型仪器设备共享管理子系统

高效的管理功能可以将大型仪器进行分类、整合，向校内外公布仪器的基本资料，有效提高大型仪器的利用率，并增强其开放性和透明度，并通过虚拟仿真系统为用户提供大型仪器使用的培训考核，保障设备安全。

（14）移动智能 APP

基于实验室综合管理系统，实现实验室与实验教学管理、实验室开放预约等功能模块的功能，是系统的功能跨终端使用，满足现在智能手机逐渐成为管理工具的流行趋势。

整个系统由 14 个主要子系统构成，所有的子系统都是基于同一套基础数据，它们之间既实现了信息共享又拥有相互独立的功能。这种结构便于用户根据实际需求部署和使用其中一部分子系统，而随着实际需求的变化又可以随时扩展新的系统，所有的功能模块均基于同一管理界面，平稳过渡。这样用户就可以降低维护和管理风险，避免各个业务系统之间数据不能共享的问题。

4.1.3 实践教学管理系统设计原则

开放式数字创新实践教学管理系统设计原则主要从开放性、可扩展性、标准化、集成性、模块化设计等方面进行考虑，具体描述如表 4–1 所示。

表4–1　实践教学管理系统设计原则

平台设计原则	描述
开放性	系统是开放式、适应分布式和跨平台的计算机网络系统、具有先进的体系结构，能够实现更广范围内的开放，并且可以预留校际之间开放接口，以实现更广范围内的开放共享
可扩展性	系统具有灵活的体系结构和良好的可扩充性，所有功能模块都遵循一套完整而健全的协议，不仅将系统的各模块紧密地融合为一体，而且方便单个功能模块的添加、升级，同时能十分有效地与其他系统进行兼容和数据交换，以实现数据的充分共享
标准化	采用教育部最新高等学校标准信息子集，为各级管理部门之间的数据共享及数据交换奠定了良好的基础。数据报表完全按教育部上报格式，并保证同步更新
集成性	所有的软件系统集成在一起，形成一个统一的集成系统，用户使用统一的用户名和口令，各系统的资源实现充分共享，使整个数字校园给用户一个整体的感觉
模块化设计	采用模块化的设计方法，提炼工作流程中的最小单元，形成相对独立的功能模块，使得应用系统能独立于具体的组织机构，能够适应组织机构的变革
数据库集中管理	所有应用系统使用统一的数据库管理，这样既能够节省硬件投资，又有利于数据共享，并且对于做好数据备份与管理大有好处，将减少后续系统维护的工作量

续表

平台设计原则	描述
健壮性	具有高可靠性和高容错能力，保证局部出错不影响全系统的正常工作。应用系统对用户的操作顺序、输入的数据进行正确性检查，并以显著方式提示错误信息
安全性	本系统具有多级安全监控措施，保证系统的安全性。在应用层面上采用了一整套完善的授权体系，通过对角色、用户设置相应的机构权限、操作权限、指标项权限来保证业务操作的安全性；在数据层面上提供数据库日志备份、事务备份、数据库自动备份、灾难恢复等功能；系统层面的安全特性通过系统错误捕获、日志功能实现
可维护性	能够方便和快速地维护系统性能。基础数据代码化，便于数据维护
可监控、可回朔性	系统能实现业务流程中的回执确认，能实现业务流程的监控，记录流程过程
易操作性	窗口界面简洁、直观，菜单层次清晰，功能项（功能按钮）定义明确，通用性强、操作简单，功能按钮具有指向式说明，设计人性化
实用性	系统功能丰富，充分贴近具体业务，既能用于实验教学过程，也能解决实验室管理方面的实际问题。同时由于我公司具有众多院校实施的经验，并可在我公司现有平台基础上，结合学校的特殊要求，进行定制开发，确保系统实用可行

4.2 实践教学管理系统功能设计

4.2.1 综合信息门户管理子系统设计

综合信息门户系统主要是针对网络用户、学校教职员工、学生等提供信息资源以及相关信息服务的应用系统，是开放式实验室综合管理平台的信息展示窗口和平台的登录入口，系统主要分为前端门户网站和后台门户管理两部分。前端门户网站能够按照学校 / 学院 / 实验基地的需求定制网站的导航栏目和页面显示栏目，可发布新闻资讯、通知公告、实验室风采、实验课程导航、规章制度等信息，学校 / 学院 / 实验基地可通过后台的内容管理模块自行定义、灵活配置需要的网站：自定义一级菜单、二级栏目、标志、图片、底部版权以及首页需要显示的各种动态交互信息。该系统可以动态生成门户网站，所有门户信息可以动态添加。

综合信息门户系统的功能特点主要有：

① 兼容主流的浏览器，如 IE8.0 以上的浏览器、火狐浏览器、谷歌浏览器、360 浏览器等。

② 提供链接管理功能：对站点的链接进行统一管理，可无缝链接到国家级

实验教学示范中心（链接）、省部级实验教学示范中心（链接）、各个二级实验基地门户平台等，以扩大学校的知名度。

③ 门户网站界面设计理念先进，设计风格庄严大气。

④ 支持多媒体信息在线编辑发布。

门户网站通常展示的主要模块有：首页、实验室管理平台登录入口、基地介绍、教学资源、实践创新、成果转化、师资队伍、校企合作、快速链接等。具体的内容如表 4–2 所示。

表4–2　门户网站的显示主要模块

模块	介绍
首页	主要展示一些新闻动态、基地风采、通知公告、主要链接及登录入口等内容，给学生、教师及社会人士了解基地，从而留下总体、直观的最初印象
实验室管理平台登录入口	采用统一身份认证的方式，平台用户可以登录相应的后台，访问所需的资源
基地介绍	介绍教学实验基地的组织结构、基地状况
实验教学	介绍实验教学创新理念与改革思路、教学体系与教学内容、教学方法与教学手段、实验仿真教学资源、教学特色
实验队伍	介绍实验基地人员构成、队伍状况、名师风采
实践创新	集体活动、创新成果、获奖竞赛、获奖论文、获奖成果
管理体制	介绍实验室规章制度、运行体制、管理体制等
设备环境	介绍实验基地设备配置情况
成果转化	科研设备用于虚拟仿真实验教学情况、科研成果转化教学内容、科研成果促进创新
校企合作	合作思路、合作企业的概况、参与程度和合作成果
快速链接	通过网址后台编辑链接地址和名称，快速连接到重要的网站
基地新闻	发布实验基地最新的新闻、消息
基地公告	发布实验基地的公告、通知

网站的内容管理是通过虚拟仿真实验教学管理平台的综合门户信息管理后台进行管理。主要包括站点管理、栏目管理和文章管理三个部分。具体的内容如表 4–3 所示。

表4-3 门户网站的内容管理功能

模块	介绍
站点管理	可购置不同的网络站点数量。在数量允许范围内，网站管理人员可添加不同学院的站点，并指定相应的内容管理员
栏目管理	网站管理人员可自行对门户网站上的栏目进行修改、调整。可以对现有的栏目进行查看、修改、删除操作
文章管理	支持对门户资源内容进行编辑和管理，可对网站上文章内容在后台管理中进行查看、修改、删除操作

4.2.2 开放式实验室与实验教学管理子系统设计

开放式实验教学与实验室管理系统是针对各学校实验教学和实验室管理信息化提供的 Web 化管理软件。系统基于实验增强的教学环境（4E）建设理念，以服务大中专院校实验教学信息化管理，提高实验教学水平为宗旨，以实现更广范围内的实验教学管理一体化为最终目标。该系统有四类角色：教务、实验室管理员、学生、老师。本系统以实验教学为基地，提供了教学教务管理、教学资源管理、教学过程管理、实验室考勤管理、实验室管理、实验报告管理、实验指导和答疑等功能，可满足开放式实验教学业务需求和开放式实验室管理业务需求，有利于推进实验教学管理的信息化、规范实验室管理、扩大实验室的对外知名度、降低学生进入实验室的门槛、启迪学生的设计能力和创新能力、改进实验教学设计、积累实验教学成果。开放式实验教学业务流程参见图 4–3，开放式实验室管理业务流程参见图 4–4。

该系统的主要特点有：

① 本系统由于采用模块化设计，系统功能易于扩展。随着实验教学应用的不断开展，可针对各类学校的实际需求进行定制。

② 本系统可部署到校园网上。学生、教师、教务和实验室管理人员可通过浏览器参与实验的教学。系统的安装、部署、升级和维护比 C/S 架构的系统更简洁方便。

③ 具体教学过程的管理符合教学实际，提供多种先进的辅助功能，如：课前提供理论知识学习、预习功能；课中支持虚拟实验过程的智能指导；课后支持实验报告在线提交、在线批改、自动批改，实验成绩自动统计。

④ 可与系统的其他功能模块无缝对接，如实验室开放预约管理系统、互动交流通知系统、门禁考勤、电源控制、视频监控系统。

⑤ 提供先进的手机 APP，支持教师移动端预约实验室，实验室管理人员可在手机上进行审批。

⑥ 支持学生自选实验和实验开放预约功能。

⑦ 系统服务器采用 Linux 操作系统，安全、稳定且抵御病毒能力强。中间件和数据库采用开源技术。系统全部采用正版支撑软件集成，避免版权纠纷，是国家科技部倡导的教育信息系统架构方案。

⑧ 本系统可支持通过单点登录与学校现有的教学教务系统集成，也可以通过 WebService 与其他系统集成，以扩充本系统的功能。

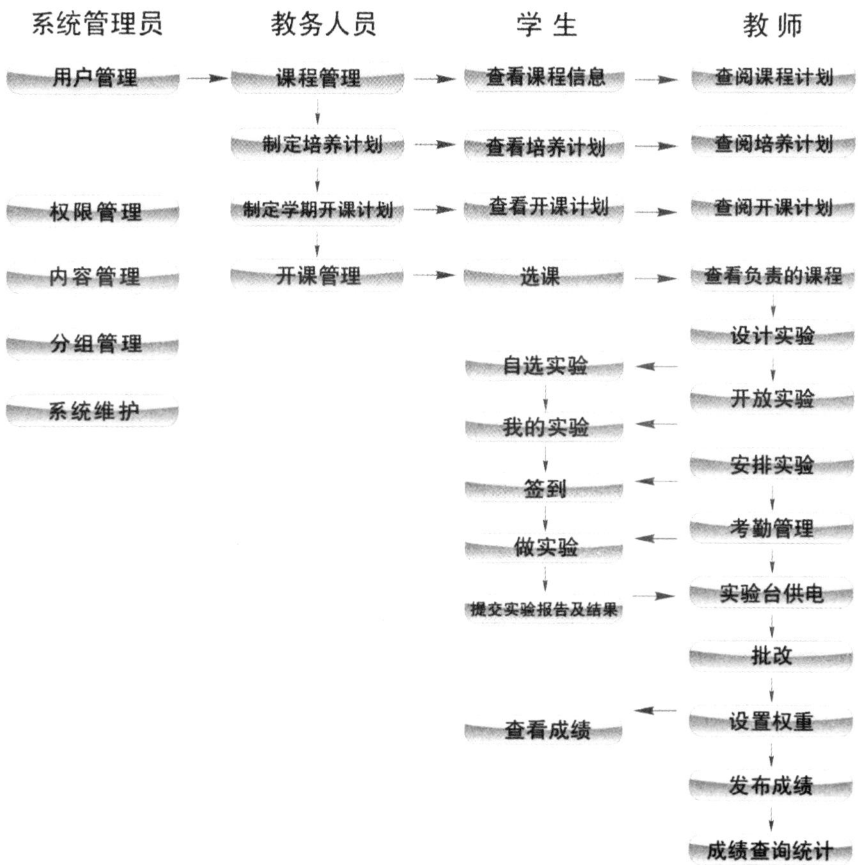

图4–3 开放式实验教学业务流程

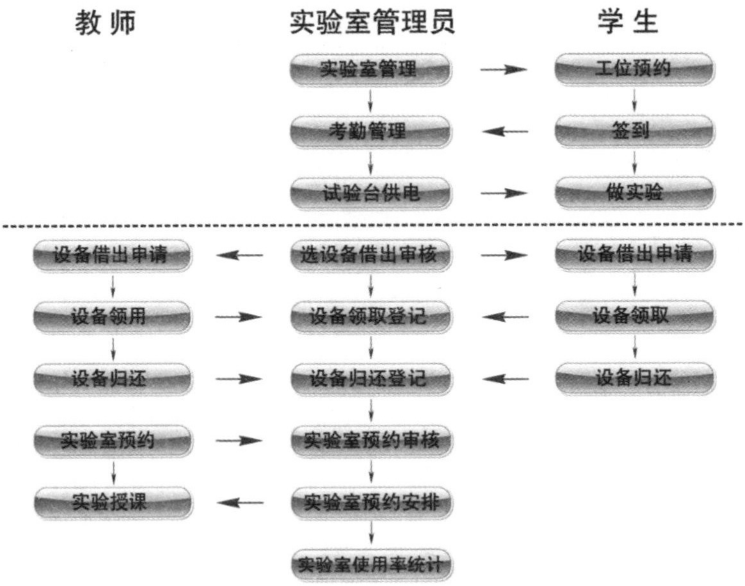

图4-4 开放式实验室管理业务流程

4.2.2.1 实验教务管理

实验教务管理子系统的功能架构如图 4-5 所示。实验教务管理负责具体的教学安排，包括制定培养计划、制定开课计划、排课管理、课程库管理。各实验室根据学院教务下达的教学任务安排实验项目的批次、指定教师和实验室管理员。学生登录系统后，可以根据自己的培养计划和学校的开课计划进行选课，并查看实验相关的课程表，了解任课教师和教学安排信息。

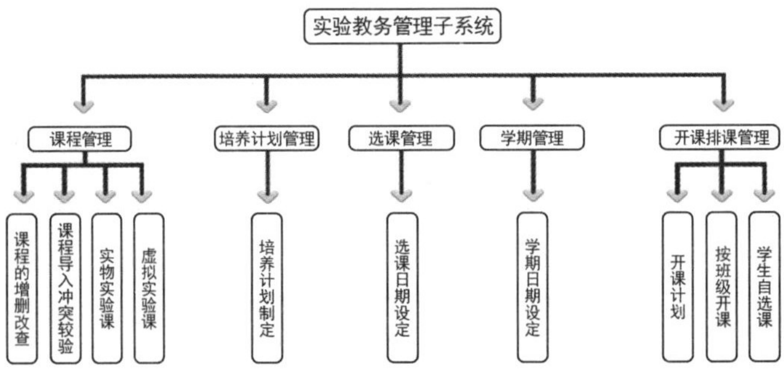

图4-5 实验教务管理子系统功能架构

本模块的具体功能如表 4–4 所示。

表4–4　实验教务管理子系统功能

模块	介绍
学期设置	学期设置：设定每个学期的开始时间及截止时间 选课日期：设置每学期的选课日期 上课时间设置：设置每天的上下课时间
课程管理	主要包括课程库管理和培养计划的制定
开课管理	制定每个学期需要开设的课程，在选课日期内，发布开课，并审核以及发布最终开课信息
学生选课	根据自己的培养计划和学校的开课计划进行选课
课表管理	导入课表、查看学校总课表，提供个人、行政班、任选课、教室等多种方式打印相关的课程表
实验室数据统计	将系统的实验室管理数据整合生成上报所需的两个综表。综表一：高等学校实验室综合信息表(SZ1)；综表二：高等学校实验室综合信息表二(SZ2)

4.2.2.2 实验教学管理

实验教学过程管理包括实验预习管理、实验考勤管理、实验准备管理、实验过程考核、实验报告管理、实验成绩管理等。实验教学管理功能架构如图 4–6 所示。从图中可以看出，实验教学管理模块的功能涵盖实验教学管理的各个环节，贯穿实验前预习、实验安排、考勤管理、实验报告管理、实验批改、成绩管理等整个教学过程，能够确保实验教学的质量和秩序。

通过该实验教学管理系统，实验前教师将根据教务处的开课计划进行实验库的维护、实验安排、上传实验资源等。实验中教师能够利用该系统进行考勤管理、查看学生实验进展、现场给学生实验打分，实验后能够在线查看学生的实验报告、批改实验结果、导出实验报告，并能够统计并发布实验成绩。通过信息化的手段，教师的教学过程实现了很大的便利。

通过该实验教学管理系统，实验前学生课程查看实验的相关资源和习题，根据任课教师的要求，进行实验前的预习，并记录自己的预习情况，通过考核后才能进入实验室进行实验。实验过程中，能够借助系统的智能指导和互动交流功能获得实验帮助，提升自己的实验能力。实验完成后，可在线提交实验报告，省去了线下交实验报告的麻烦。

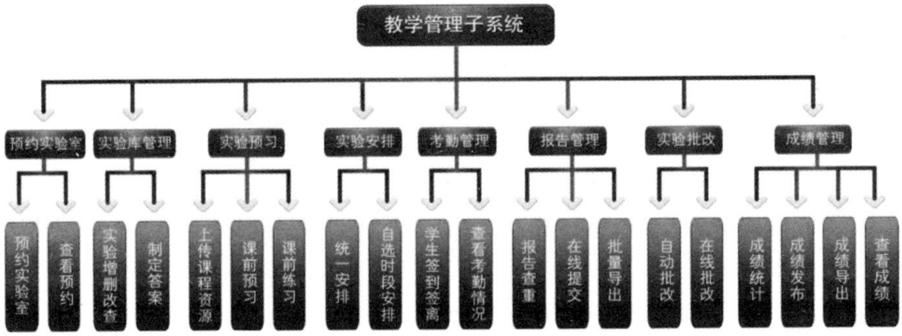

图4-6　实验教学管理子系统功能架构图

该系统的功能如表 4-5 所示。

表4-5　实验教学管理子系统功能

功能	介绍
实验室预约	教师可在网上直接查看实验室开放信息，并预约实验室
实验室库管理	维护各门课程实物实验和虚拟实验的典型实验，提供增、删、查、改操作
实验预习	学生可在实验前查看实验要求并进行课前练习
实验安排	进行相应课程的实物实验的教学安排和虚拟实验教学安排
考勤管理	对参与实验的学生进行签到签离，考查学生的出勤情况
虚拟实验	实物实验开展前，先用虚拟实验进行预习
实物实验	根据教师的实验要求，完成相应的实验任务并提交实验结果和实验报告
实验批改	针对实验结果和实验报告进行相应的批改并给出评语
成绩导出	按照实验课程汇总成绩并输出，或提供数据接口给教务成绩管理系统

实验教学管理系统提供了一套完整的实验教学流程，贯穿了教务排课、教师安排实验、学生进行实验的整个过程，其中该系统具有两大特点，一是学生在进行虚拟实验过程中可以使用系统的智能指导。二是学生提交实验报告后系统会自动进行智能批改，如果老师对批改的分数有异议的话，可以继续进行人工批改，大大减轻了教师的工作量。

① 通过网上实验预约让学生在实验前充分直观了解并掌握本次实验的实验目的、实验步骤及实验注意事项等，有助于学生掌握实验原理等基础知识。

② 结合智能物联网终端系统可以实现学生实验考勤管理，自动生成学生考

勤记录，方便教师管理学生的考勤情况。

③ 整个实验教学流程都保留了开放式接口，可以集成虚拟仿真教学软件，保证了虚实结合的教学方式。

4.2.2.3 实验前理论知识学习

实验前理论知识学习，目的是让学生在做实验之前，对实验所用到的理论知识提前做一个了解和熟悉，能进一步在实验的过程中运用好理论知识。该模块提供了交互式练习、自测、模拟考试等功能，实现了师生之间的及时交互，满足了教学及其管理的需要，有助于提高学生的实验学习效率，减轻教师的负担。理论知识管理子系统的功能结构如图 4-7 所示。

系统将每个实验涉及哪些知识点及需要考核的对应习题进行统筹管理。教师只需安排实验，系统将对应的习题自动安排给学生，无须重复安排每一项内容。

模块可对题库学科结构知识体系进行配置与维护。题库以学科、知识点进行组织，为树形结构。

系统围绕交互式练习、用覆盖全部教学内容的大量题目对学生的知识掌握情况进行检查，遇到问题通过课件点播、答疑等方式解决，通过自测和考试进一步检查学生实验课程理论知识掌握情况。

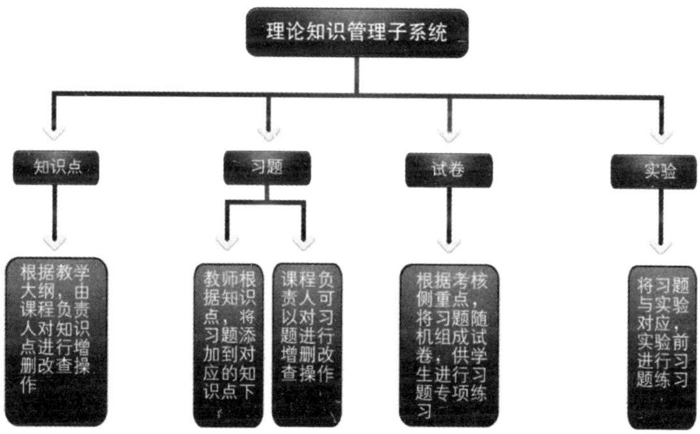

图4-7 理论知识管理子系统的功能结构

系统特点如下：

① 系统支持以下题型：单选题、多选题、判断题等客观题。

② 试题支持以下格式内容：图片、音频、视频、表格。

③ 能够独立地组织试卷对学生进行指定的知识点考核。

④ 也可以让学生在实验前先进行理论习题的练习，然后再进行实验。

⑤ 系统支持试卷自由组卷功能，教师可根据知识点、题型等抽取试题，组成试卷，方便教师安排测试和学生在线答题。

4.2.2.4 实验过程智能指导

智能指导可以监测学习者的实验过程。当学生在实验过程中遇到问题时学生可以通过该系统寻求指导帮助，系统会根据学生当前的实验操作给出对应的提示，指导学生分布式地完成实验操作。系统架构如图 4–8 所示。

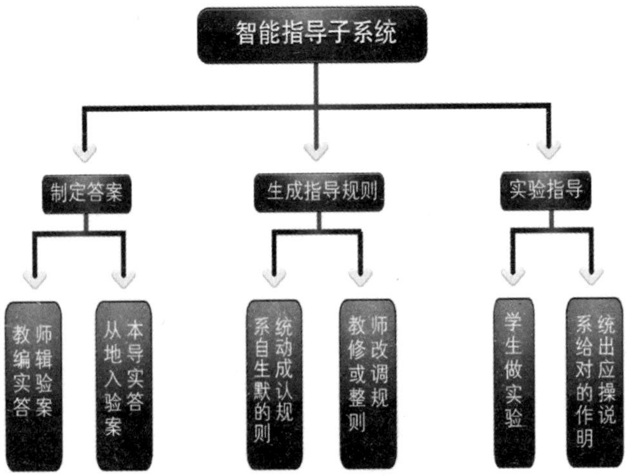

图4–8 智能指导子系统的功能结构

学生在自主完成实验的过程中，系统可根据学生目前的实验操作，自动完成对学生递进式的指导。

4.2.2.5 实验结果自动批改

学生做完实验提交结果后，系统从实验平台中获取学生所做的实验结果状态数据，进行数据处理，将有用信息提交评价推理机。评价推理机利用教师在知识库中预先录入的样例对学生的实验结果信息进行鉴别。发现匹配样例后评价推理机继续利用教师在知识库中预先录入的批改规则对学生的实验结果信息进行推理分析，最后得出结论。评价结果反馈给实验平台，评价结论呈现给学生，并把成绩和相关信息汇总到成绩管理模块。

教师可以设置每个实验不同部分的成绩所占权重，最终统计出实验成绩。系统架构如图 4–9 所示。

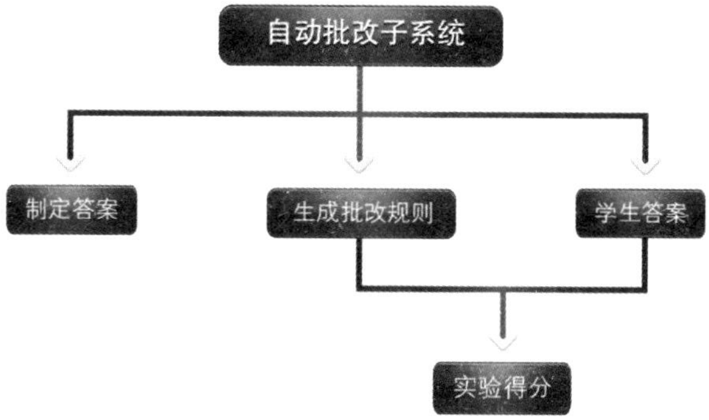

图4–9　自动批改子系统的功能结构

系统特点如下：

① 按照系统生成的批改规则和分数，自动将学生的实验操作给出评分。

② 教师可以查看系统给出的评分细则。

③ 教师可以手动设置实验成绩所占比例；可以修改系统自动给出的实验分数。

4.2.2.6 身份认证系统

应用系统在经历了直接面向部门需求的开发阶段后，积累了大量的业务系统、信息服务系统，极大地提高了学校的信息化水平。随着校园信息化、数字化建设的进一步发展，校园网上的网络应用系统越来越多，为广大师生员工提供了丰富的网络服务。然而不断增加的应用系统数量，以及应用系统独立开发、离散运作的状态带来了各种问题，如：用户信息在网上明码传输，受黑客攻击的可能性非常大（尤其是一些敏感数据）；各个应用系统之间互相基本上是独立的，都有各自独立的用户管理和认证模块，这样就导致了应用系统之间的用户信息可能不同，给用户在使用上带来了极大的不便，使用户面对多个系统要重复输入账号、口令等信息，不仅烦琐，更重要的是容易出现口令丢失，而一旦口令丢失就会造成不可估量的损失；亦存在系统间数据冗余，维护烦琐等问题。这样的状态既给校园网用户带来了众多不便，也使技术支持单位不堪重负，更甚者存在严重的安全隐患。因此，本系统支持多种标准接口与统一身份认证系统无缝集成，以保证数据一致、安全、使用和管理方便。系统提供多种标准支持满足校园统一认证接口集成。

4.2.3 实验室开放预约管理子系统

学生可根据自己的兴趣爱好，提交实验预约以及工位预约，进行个性化实验。也可以向实验室提出设备借出申请。

教师也可以组织兴趣小组预约实验室来开展课外实验，同时也可以向实验室提出设备借出申请。

实验室开放预约管理系统包括预约开放设置管理、用户预约及审核管理、智能物联网实验室开放过程管控、物联网终端设备远程管理以及仪器借用管理。系统架构如图 4–10 所示。

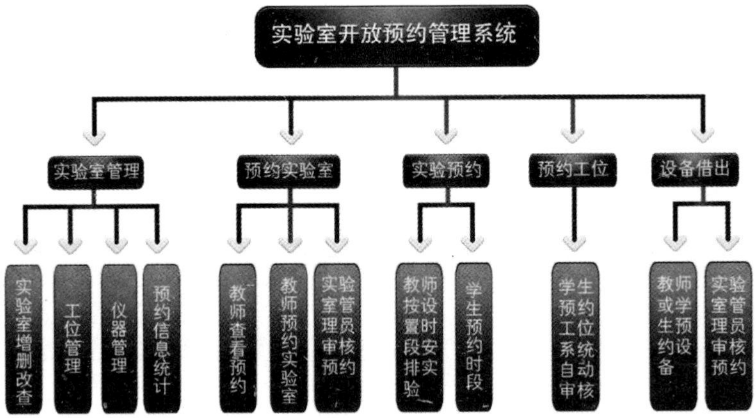

图4–10　实验室开放预约管理系统架构

① 实验室管理：将现实中的实验室情况转移到系统里进行管理，包括对布局的设置及工位数的调整。从系统里可以统计每个实验室的具体情况，方便实验室管理员对实验室的管理，也方便教师或者学生随时了解实验室的空闲情况。可以灵活的一次性设置实验室多个开放时段；对所添加的实验室进行按名称搜索时，可提示输入的实验室名称工位的排列布局可以根据实际的布局进行排列；工位上所包含的仪器设备，可以根据实际情况添加，也可以批量添加，并且支持搜索提示功能。

② 预约实验室：实验室的开放空闲节实时更新；教师根据自己的实验安排，需要对使用的实验室提前预约，由实验室管理员进行审核，使实验室的利用率能达到最大。

③ 实验预约：学生根据自己的上课时间，灵活地预约老师安排的实验时段，避免了学生上实验课的时间冲突。

④ 预约工位：主要针对学生的一些自发性的实验，需要用到实验室的工位及配套仪器。系统将空闲的工位情况详细地反映给学生。实时显示每个实验室的工位占用情况。学生预约，系统自动审核。

⑤ 仪器设备借出：实时显示实验室可借用设备的情况。对实验室里可借出

的设备进行管理，学生或教师在完成自己设置的实验时，可以对实验室的设备进行借用，来完成自己的实验或研究。系统详细记录此仪器当前所处的状态。方便实验室管理员跟踪仪器设备的去向。

⑥ 实验室数据统计：在进行了上述的预约操作后，系统会对预约的数据进行统计，包括实验室使用率、工位使用率、仪器使用率。将平时预约的零碎数据进行统计处理，作为实验室管理员管理实验室的一个参考。

4.2.3.1 实验室管理

将现实中的实验室情况转移到系统里进行管理，包括对布局的设置及工位数的调整。从系统里可以统计每个实验室的具体情况，方便实验室管理员对实验室的管理，也方便教师或者学生随时了解实验室的空闲情况。

① 可以灵活地一次性设置实验室多个开放时段；对所添加的实验室进行按名称搜索时，可提示输入的实验室名称。

② 工位的排列布局可以根据实际的布局进行排列。

③ 工位上所包含的仪器设备，可以根据实际情况添加，也可以批量添加，并且支持搜索提示功能。

4.2.3.2 预约实验室

教师根据自己的实验安排，需要对使用的实验室提前预约，由实验室管理员进行审核，使实验室的利用率能达到最大。实验室的开放空闲节次实时更新；教师根据自己时间，选择预约合适的实验时段。

4.2.3.3 实验预约

学生根据自己的上课时间，灵活地预约老师安排的实验时段，避免了学生上实验课的时间冲突。开放的实验分为教务部立项的实验和学院自己的实验；教师在安排同一个实验时，可设置多个不同时段供学生选择，使学生的自由实验时间更灵活。

4.2.3.4 预约工位

主要针对学生的一些自发性的实验，需要用到实验室的工位及配套仪器。系统将空闲的工位情况详细地反映给学生。实时显示每个实验室的工位占用情况。学生预约，系统自动审核。

4.2.3.5 仪器设备借出

对实验室里可借出的设备进行管理，学生或教师在完成自己设置的实验时，可以对实验室的设备进行借用，来完成自己的实验或研究。系统详细记录此仪器当前所处的状态。方便实验室管理员跟踪仪器设备的去向。实时显示实验室可借用设备的情况。

4.2.3.6 实验室信息统计

在进行了上述的预约操作后，系统会对预约的数据进行统计，包括实验室使用率、工位使用率、仪器使用率。将平时预约的零碎数据进行统计处理，作为实验室管理员管理实验室的一个参考。可提高实验室使用率、工位使用率和仪器使用率。

4.2.4 实验室门禁考勤管理子系统

门禁考勤管理系统是根据高校实验室的考勤管理和数据监控要求而研制的，通过智能硬件实现了对进出人员身份识别、进出记录数据采集、统计和信息查询过程自动化的一套管理系统。该系统和实验室管理系统结合使用，将会使实验室的管理更加科学化、规范化、智能化和开放化。门禁考勤系统的功能原理如图 4–11 所示。

学生对实验进行预约后，在实验的允许时段内，通过刷卡自动打开实验室，并且会自动记录此次实验该学生的签到签离信息。配合实验室管理系统的门禁考勤模块，教师能够方便地查看学生的考勤记录。

（1）系统功能

学生通过 IC 卡或磁卡验证学生信息，进出实验室大门。

开放实验教学与实验室管理系统统一管理学生 IC 卡或磁卡绑定、禁用、启用、删除等操作。

安排了实验或预约了实验的学生可通过刷卡进入实验室签到做实验，同时可以做完实验后刷卡签离，系统自动统计记录学生签到签离情况。

学生刷卡考勤时，可看到学生信息，包括学生姓名、学号、所在班级、照片。

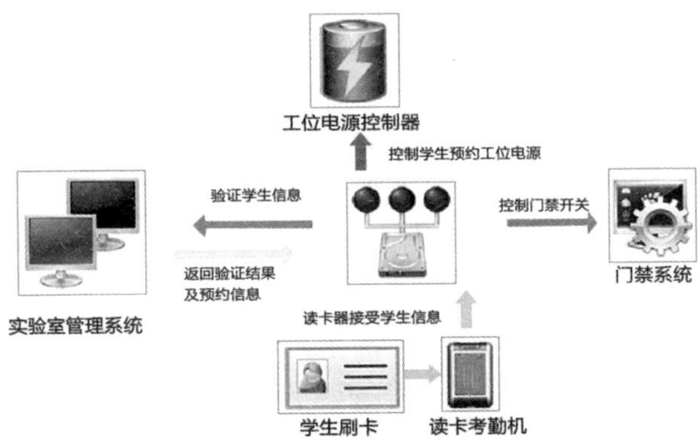

图4–11 门禁考勤系统功能原理图

（2）功能特点

专业外观设计——精工制作，安装便捷。

大屏幕彩色液晶显示——3.5 英寸 TFT 高清液晶显示，图像清晰、色彩鲜活。

设备稳定可靠——采用先进的 Linux 嵌入式操作系统、ARM9 硬件平台，可 24 小时不间断长时间工作。

独有的考勤拍照功能——130 万像素高清彩色微型摄像头，考勤瞬间完成拍照，有效防止替代考勤。

可视门禁功能——创新式启用门铃功能键，实现在室内察看来访人员，安全、实用、便利。

多种识别方式——射频卡、密码、摄像拍照，可任意组合识别，满足用户个性需求。

跨网段数据传送——内置 TCP/IP 协议、100M 高速网络，可实现跨网段数据传送。

脱机信息传输——远距离不便联网状态下，可采用 U 盘传输，实现人员档案、考勤记录、考勤拍照等信息的上传下载。

考勤数据实时传送——利用稳定的网络平台，实现考勤数据实时传送，大大提高了考勤数据的可靠性。

高清晰语音反馈——采用语音还原技术，具有高质量、高清晰的操作语音提示。

高效率的管理软件——可以对学生进行分组别、分班级管理，提高管理人员效率，减少考勤统计时间和人力投入。

自助式记录查询——考勤者可通过管理软件查看个人考勤记录、报表，随时掌握自己的考勤状况。

断电数据保护功能——考勤数据不会因断电而丢失，考勤成功后，数据将被安全地记录到系统中。

门禁管理功能——自配继电器输出，也可选配外置门禁控制器，实现安全型门禁功能。

具有韦根接口——可外接韦根读头，组成双读卡器同时工作。

电子硬盘存储——内置 256M 电子硬盘，存储介质可动态分配和扩充，可支持 1 ~ 16GB 的 SD 扩展卡。

4.2.5 实验室网络电源控制子系统

网络电源控制系统实现了实验室工位电源的智能化控制。学生通过刷 IC 卡，可开启预约的实验工位电源。教师通过开放实验教学与实验室管理系统的相关页面进行各个实验室的工位电源的开和关。通过实现各实验室内工位电源的智能化控制，减少实验室管理人员的工作量，节省电能，优化实验管理流程。

电源控制系统的一代功能可实现通过门禁卡直接打开对应工位的电源。教师通过开放实验教学与实验室管理系统为学生安排工位，学生到实验室后，刷 IC 卡进入实验室，同时为其开启预约的工位电源。电源控制系统的功能原理如图 4–12 所示。

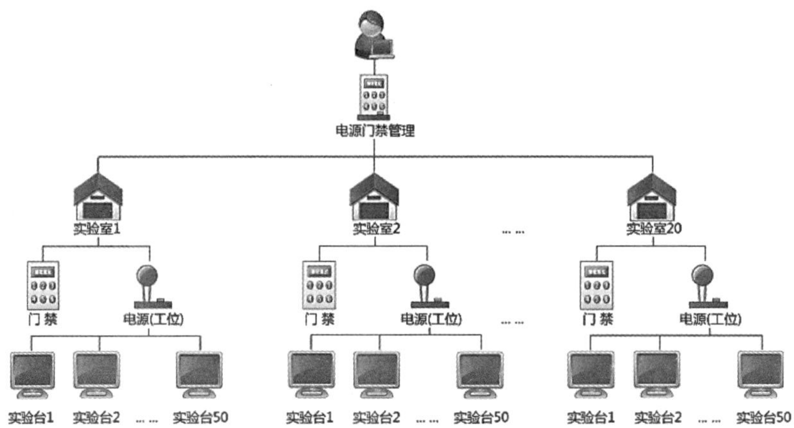

图4–12　电源控制系统功能原理图

实验室的电源控制涉及实验室的整体安全问题，因此采用门禁 + 工位电源刷卡的二级控制机制，增加工位电源控制的安全性。学生刷卡进门后，再次刷预约工位上电源控制刷卡器，才可以开启预约的工位电源。

4.2.6 视频监控管理子系统

① 视频实时监控功能：视频监控管理子系统与开放式综合管理平台相结合，通过管理平台点击实验室名称，可实时查看当前实验室的视频画面，方便管理人员浏览实验室设备运行状况及学生的实验过程等，同时也可查看以往实验室监控的录像。

② 视频定期存储功能：配置不同容量规格的服务存储器，可定期存储实验室的视频监控内容，方便后期的视频归档和查询。

4.2.7 实验室资产管理子系统

主要是针对学校各实验室资产进行统一管理，不仅可以简化、规范日常操作，降低成本，同时也提高了管理的效率和质量。对于加强固定资产管理，避免资产流失具有良好的辅助作用。系统中包括各实验室的资产采购、资产信息管理、资产的状态监控、资产盘点。系统业务流程如图 4–13 所示。功能主要包括：

① 资产建账管理：为了系统内信息的同步更新，需要对建账进行管理。系统中的建账入库分为资产主管直接建账入库和设备负责人先建账申请，审核后再入库。

② 资产信息管理：每个角色都能够根据自己的权限对相应的资产现状进行查看，还能够根据实际资产情况进行报修、报废、报失、负责人变更等资产信息的更新。

③ 资产报表管理：系统采用饼形图和柱形图的形式展示资产的情况；还提供了资产报表导出功能，方便管理员存档。

④ 资产盘点管理：制定资产盘点计划，根据详细计划进行实地盘点，系统自动给出状态不符的资产，方便设备管理员根据实际情况做出相应调整，最后给出盈亏表。

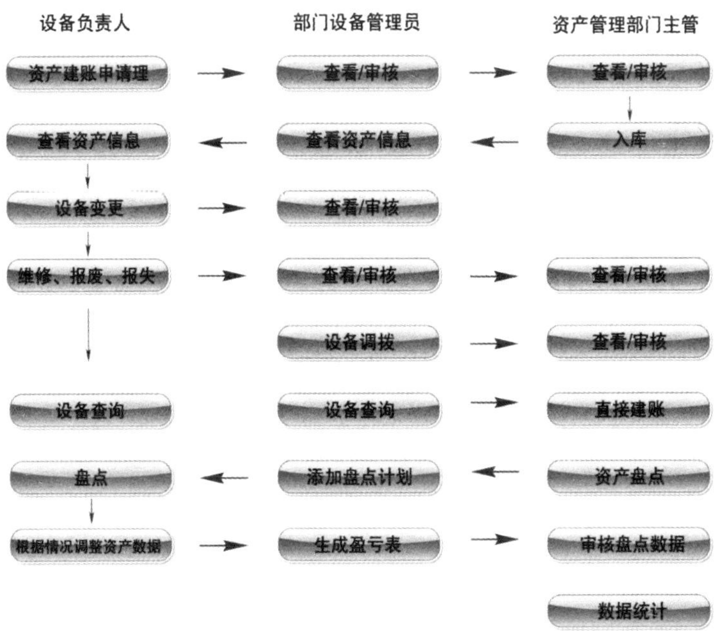

图4–13　实验室资产管理系统业务流程

系统功能架构如图 4–14 所示。

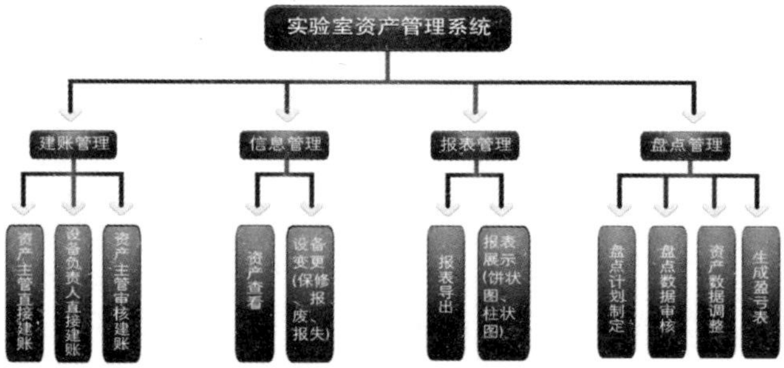

图4–14　实验室资产管理系统功能架构

4.2.8 实验室耗材管理子系统

低值易耗品管理在实验室日常管理工作中是一项量大且烦琐的工作。设备资产管理是针对学校以及学院的办公耗材使用情况开放设计的，通过系统的管理可以详细地看到每样耗材的使用、库存、耗材申请等状况，对来年耗材的采用提供相应的信息。设备耗材管理中角色分为仓库管理人员、耗材管理员、耗材领用人员，人员的工作安排任务分明，流程简洁顺畅，提高耗材处理工作中的效率。本系统提供耗材购置计划管理、实验耗材管理，包括入库、领用、使用统计、库存查询等工作。系统业务流程如图 4–15 所示。

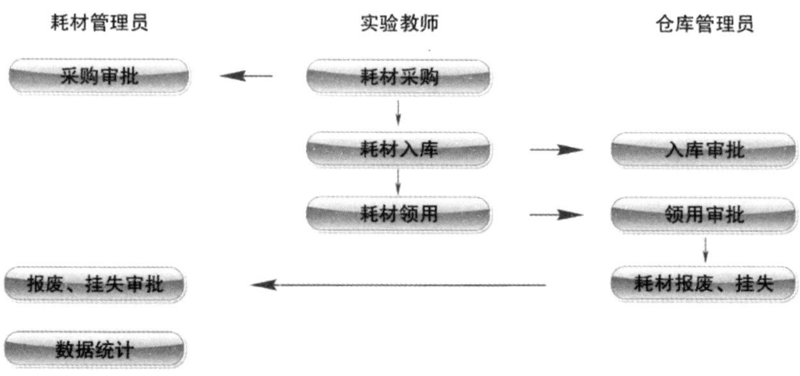

图4–15　实验室耗材管理系统业务流程

4.2.9 实验室建设项目管理子系统

实验室建设项目管理系统贯穿从项目申报立项管理到相关部门对建设项目申

请计划按流程进行审核，并且包含任务书执行情况跟踪、项目验收及项目汇总管理的具体内容。通过实验室建设项目管理系统，实验室建设项目的管理日常工作井然有序，并且可以实现具体数据备份及统计工作的有效展开，从而符合国家级实验教学示范中心实际需求的信息化建设，也能满足学校实验教学基地的信息化软件建设的需求。

流程中涉及四个角色，分别是：项目主管、申报人、申报单位直接领导、评审专家。

① 申报人的职责：申报项目——提交立项申请；项目实施——提交实施申请；项目验收——提交项目验收申请。

② 申报单位直接领导的职责：审核项目申报者的项目申请。

③ 项目主管的职责：入库可申请的项目；审批申报的项目（包括退回不符合要求的申请、将项目分发给评审专家、根据专家评审意见处理申报的项目）；跟踪项目的实施（包括审批实施申请、中期检查）；跟踪项目的验收（包括审批验收申请、实际验收）。

④ 评审专家的职责：对项目审核者分发的项目进行评审。

4.2.10 实习实训管理子系统

主要是对实现学校实习实训工作管理的科学化、信息化和规范化，协助高校构建高效的信息化管理平台，增强学校、企业、指导教师（校内、校外）和学生参与实习实训过程和相互交流的力度，形成从实习实训规划、工作安排、过程控制再到统计、评价管理的系统。

4.2.11 互动交流通知子系统

该系统主要包括问题库搜索、在线留言、短信通知等功能模块，旨在建立一个方便教师和学生的交流环境，快捷有效地帮助学习者解决在实验过程中遇到的问题。

4.2.12 实验室信息上报子系统

信息上报系统是基于实验教学管理、实验室开放预约、实验室资产管理等系统模块进行收集实验室管理相关数据信息，汇总、填报成符合教育部指定数据格式，以完成学校对教育部的数据上报。用户以教务和实验室管理员、资产主管身份登录，可对资产统计、实验项目及其人员统计、综表统计、实验室及其经费统计，包括形成上报数据、维护与修改数据、数据导出。

系统通过数据库中的数据进行分析及整理形成教育部要求的上报数据表，管理员可根据实际情况分析表中数据并有效地调整系统数据，通过信息数据调整达到最终符合教育部要求的数据报表，报表共七张，包括教学科研仪器设备表 (SJ1)、教学科研仪器设备增减变动情况表 (SJ2)、贵重仪器设备表 (SJ3)、教学实验项目表 (SJ4)、专任实验室人员表 (SJ5)、实验室基本情况表 (SJ6)、实验室经费情况表 (SJ7)。下面分别做介绍。

① 教学科研仪器设备列表 (SJ1)：可收集仪器设备管理员、资产主管设备建账时提交的数据结果。

② 教学科研仪器设备增减变动情况表 (SJ2)：可收集上学年和本学年引进设备的增减情况以及贵重仪器的增减情况。

③ 贵重仪器设备列表 (SJ3)：可收集设备管理员、资产主管添加的贵重仪器信息；可收集贵重仪器添加的效益情况 (效益包括论文、获奖、专利、使用机时、培训)。

④ 教学实验项目表 (SJ4)：可收集教师布置的实验项目信息 (包括木偶实验项目编号、实验所属学科、实验人数等)。

⑤ 专人实验室人员表 (SJ5)：可收集实验室管理员的个人信息，如国外 / 国内教育程度、文化程度、专业职称等。

⑥ 实验室基本情况表 (SJ6)：可收集实验室管理员建设实验室时的实验室信息，如实验室面积、实验室类型、学生和教师的获奖情况等。

⑦ 实验室经费情况表 (SJ7)：可收集系统所有实验室的统计信息，如实验室个数、实验室总面积、总投入金额等。

4.2.13 大型仪器共享在线服务子系统

大型仪器通常比较昂贵、紧缺，普及率低，因此高校都非常重视对大型仪器的管理。如何在保证仪器安全使用的前提下实现仪器资源共享，是高校共同关注的问题。

针对这些问题，在技术层面上，平台可集成软件技术、硬件技术、物联网技术以及多种基础支撑平台，实现多种管理要素的有机结合，保障设备安全，构建大优质设备管理体制的新模式。

平台是基于网络的开放共享信息平台。通过对仪器的虚拟仿真，让用户全面掌握仪器的基本情况和操作步骤，提高实物操作安全性。系统高效的管理功能，可以将大型仪器进行分类、整合，向校内外公布仪器的基本资料，有效提高大型仪器的利用率，并增强其开放性和透明度。

平台的操作流程主要包含课题组管理、仪器设备管理、用户管理、仪器预约、送样检测预约、预约审核、效益统计等环节。

4.3 实践教学管理系统教学建设

4.3.1 模拟电路实践教学建设

模拟电路系统是针对高校《模拟电路》实验课程配套开发的可在网上开展基于 B/S 架构的数字化教学系统，系统模拟真实实验中用到的器材和设备，提供与真实实验相似的实验环境。模拟电路实践教学运行界面如图 4–16 所示。

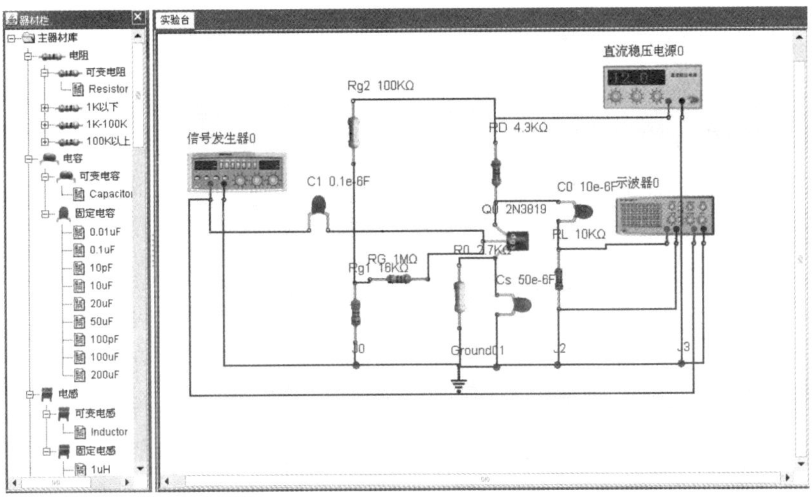

图4–16 模拟电路实践教学运行界面

（1）课程实验仿真平台提供了 120 种实验器材模型

① 电阻：57 种常用阻值的电阻、1 个可自定义阻值的电阻和 1 个滑动变阻器。

② 电容：9 种常用电容值的电容和 1 个可自定义电容值的电容。

③ 电感：2 种常用电感值的电感和 1 个可自定义电感值的电感。

④ 二极管：6 种一般二极管和 5 种稳压管。

⑤ 结型场效应管：3 种 JFET—NJF 场效应管和 2 种 JFET—PJF 场效应管。

⑥ 双极型晶体管：7 种 BJT—PNP 晶体管和 17 种 BJT—NPN 晶体管。

⑦ 仪器仪表：数字直流电流表、数字直流电压表、数字交流电流表、数字交流电压表、万用表、信号发生器、示波器、直流稳压电源、功率计、简易信号发生器、泰克示波器、岩崎示波器、频率计、固纬示波器。

⑧ 集成运算放大器：μA741、OP37AJ、741。

⑨ 三端稳压器：LM7805CT 三端稳压器。

⑩ 线性变压器：TS_PQ4_10 变压器。

⑪ 桥堆：1B4B42 桥堆。

⑫ 开关：单刀单掷开关、单刀双掷开关。

⑬ 继电器：EDR201A05、CONTROL_NO。

⑭ 其他：电位器、滑动变阻器。

（2）课程实验仿真平台提供了 36 个实验

① 测量三极管电流放大倍数（β 值）。

② 二极管伏安特性的测量。

③ 二极管限幅电路。

④ 二极管桥式整流电路。

⑤ 单管交流放大电路。

⑥ 稳压二极管特性测试。

⑦ 应用稳压二极管的双向限幅电路。

⑧ 双极型晶体管主要参数的测量。

⑨ 晶体管共发射极单管放大电路。

⑩ 射极跟随器电路。

⑪ 差分放大电路。

⑫ 互补对称放大电路——单电源互补对称。

⑬ 结型场效应管放大电路——传输特性测量。

⑭ 结型场效应管放大电路。

⑮ 放大电路的频率特性——β 及 f_β 测试。

⑯ 放大电路的频率特性——共发射极。

⑰ 放大电路的频率特性——共集极。

⑱ 共射共基组合放大电路。

⑲ 负反馈放大器——两级电压串联负反馈。

⑳ 负反馈放大器——无内阻。

㉑ 负反馈放大器——电流串联负反馈。

㉒ 集成运算放大器指标测试——开环实验。

㉓ 集成运算放大器指标测试——闭环实验。

㉔ 集成运算放大器的基本应用——反相电路。

㉕ 集成运算放大器的基本应用——单电源反相电路。

㉖ 集成运算放大器的基本应用——积分电路。

㉗ 集成运算放大器的基本应用——微分电路。

㉘ 集成运算放大器的基本应用——同相加法电路。

㉙ 集成运算放大器的基本应用——加减法电路。

㉚ 集成运算放大器的基本应用——低通滤波器。

㉛ 集成运算放大器的基本应用——高通滤波器。

㉜ 集成运算放大器的基本应用——过零比较器。

㉝ 集成运算放大器的基本应用——窗口比较器。

㉞ 集成运算放大器的基本应用——RC 桥式正弦波。

㉟ 集成运算放大器的基本应用——方波发生器。

㊱ 集成运算放大器的基本应用——方波三角波振荡电路。

4.3.2 电路分析实践教学建设

电路分析系统是针对高校《电路分析》实验课程配套开发的可在网上开展基于 B/S 架构的数字化教学系统，系统模拟真实实验中用到的器材和设备，提供与真实实验相似的实验环境。电路分析实践教学运行界面如图 4–17 所示。

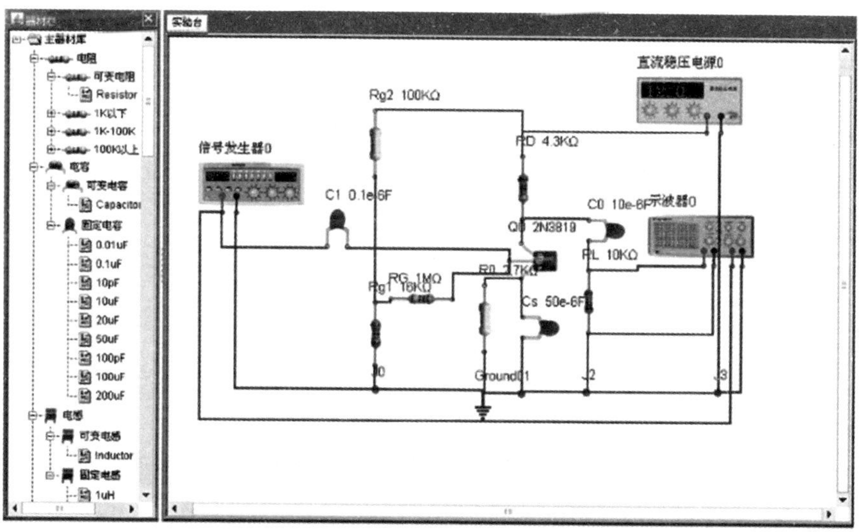

图4–17　电路分析实践教学运行界面

（1）实验平台提供 110 种器材模型

① 电阻：57 种常用阻值的电阻、1 个可自定义阻值的电阻和 1 个滑动变阻器。

② 电容：9 种常用电容值的电容和 1 个可自定义电容值的电容。

③ 电感：2 种常用电感值的电感和 1 个可自定义电感值的电感 。

④ 互感：顺串和反串互感、同位四端互感、异位四端互感。

⑤ 二极管：6 种一般二极管和 2 种稳压管。

⑥ 线性变压器：TS_PQ4_10。

⑦ 桥堆：1B4B42。

⑧ 三相电源：星形、三角形三相电源。

⑨ 仪器仪表：数字直流电流表、数字直流电压表、数字交流电流表、数字交流电压表、万用表、信号发生器、示波器、直流稳压电源、功率计。

⑩ 集成运算放大器：μA741、OP37AJ、741。

⑪ 开关：单刀单掷开关、单刀双掷开关。

⑫ 其他：电灯、日光灯、镇流器。

（2）课程实验平台提供 21 个典型实验

① 数字万用表的使用。

② 信号发生器与示波器的使用。

③ 伏安特性的测量。

④ 基尔霍夫定律的验证。

⑤ 叠加原理的验证。

⑥ 线性网络定理验证。

⑦ 戴维南定理的验证和应用。

⑧ 谐振电路的研究。

⑨ 正弦交流电路中 RLC 元件的性能。

⑩ RC 一阶电路的响应测试。

⑪ 二阶电路响应及其状态轨迹。

⑫ 受控源特性的研究。

⑬ 正弦稳态交流电路相量研究。

⑭ 电压源、电流源及其电源等效变换。

⑮ 三相电路功率的测量。

⑯ 三相电路的研究。

⑰ 三表法测量电路等效参数。

⑱ 开路互感电压测量互感参数。

⑲ 等效电感测量互感参数。

⑳ 典型电信号观测。

㉑ 日光电路及功率因数的提高。

4.3.3 高频电子线路实践教学建设

高频电子线路系统是针对高校《高频电子线路》实验课程配套开发的可在网上开展基于 B/S 架构的数字化教学系统，在系统模拟真实实验中用到的器材和设备，提供与真实实验相似的实验环境。高频电子线路实践教学运行界面如图 4–18 所示。

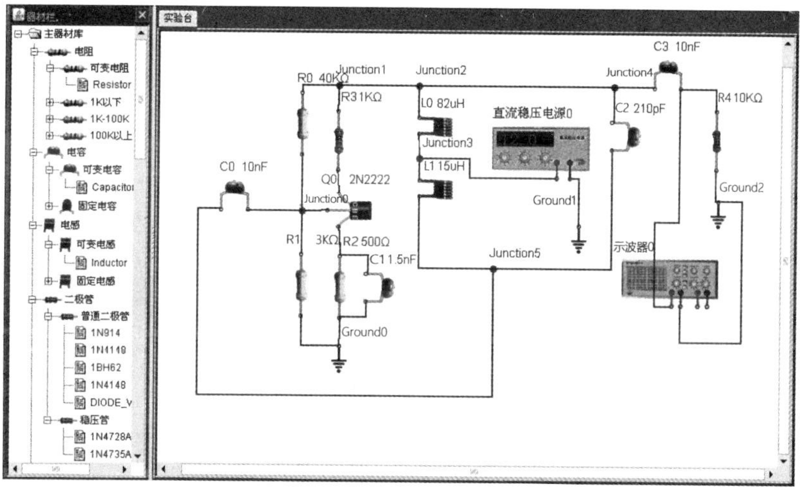

图4–18　高频电子线路实践教学运行界面

(1) 课程实验仿真平台提供 110 种实验器材模型

① 电阻：57 种常用阻值的电阻、1 个可自定义阻值的电阻和 1 个滑动变阻器。

② 电容：9 种常用电容值的电容和 1 个可自定义电容值的电容。

③ 电感：2 种常用电感值的电感和 1 个可自定义电感值的电感。

④ 二极管：6 种一般二极管和 2 种稳压管。

⑤ 结型场效应管：2 种 JFET—NJF 场效应管和 2 种 JFET—PJF 场效应管。

⑥ 双极型晶体管：7 种 BJT—PNP 晶体管和 3 种 BJT—NPN 晶体管。

⑦ 仪器仪表：数字直流电流表、数字直流电压表、数字交流电流表、数字

交流电压表、万用表、信号发生器、示波器、直流稳压电源、功率计 。

⑧ 石英晶体振荡器：HC_49U_3MHZ。

⑨ 信号源：AM 调幅信号源、FM 调频信号源。

⑩ 乘法器：模拟乘法器。

⑪ 集成运算放大器：μA741、OP37AJ、741。

⑫ 线性变压器：TS_PQ4_10 变压器。

⑬ 开关：单刀单掷开关、单刀双掷开关 。

（2）课程实验仿真平台提供 17 个典型实验

① 单调谐回路小信号选频放大电路。

② 双调谐回路小信号选频放大电路。

③ 丙类放大电路。

④ 电感三端振荡器。

⑤ 电容三端振荡器。

⑥ 克拉拨振荡电路。

⑦ 西勒振荡电路。

⑧ RC 正弦波振荡器。

⑨ 差分调幅电路。

⑩ 乘法器调幅电路。

⑪ 调幅信号的解调——二极管包迹检波电路。

⑫ 调幅信号的解调——乘法器解调电路。

⑬ 乘法器混频电路。

⑭ 晶体管差分混频电路。

⑮ 场效应管混频电路。

⑯ 晶体管压控振荡器电路。

⑰ 乘法器移相鉴频电路。

4.3.4 数字电路实践教学建设

数字电路系统是针对高校《数字电路》实验课程配套开发的可在网上开展基于 B/S 架构的数字化教学系统，系统模拟真实实验中用到的器材和设备，提供与真实实验相似的实验环境。数字电路实践教学运行界面如图 4–19 所示。

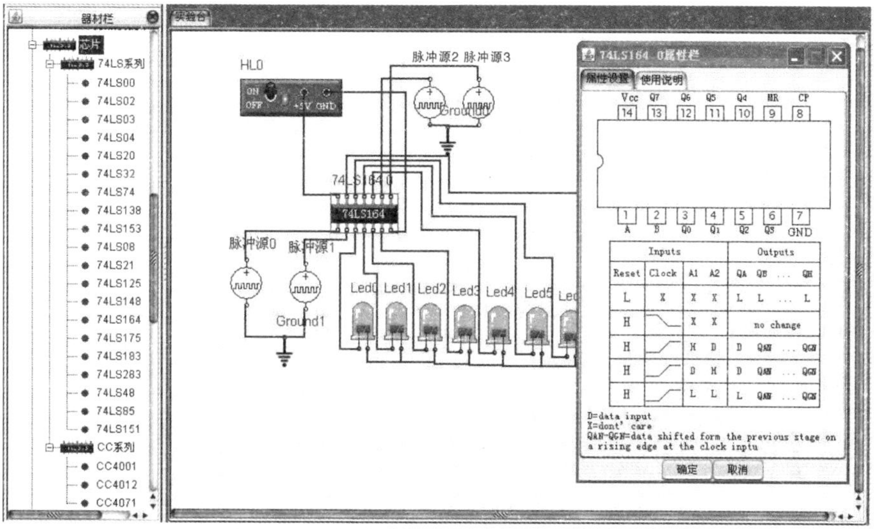

图4–19　数字电路实践教学运行界面

（1）课程实验仿真平台提供 130 种实验器材模型

① 电阻：57 种常用阻值的电阻、1 个可自定义阻值的电阻和 1 个滑动变阻器。

② 电容：9 种常用电容值的电容和 1 个可自定义电容值的电容。

③ 电感：2 种常用电感值的电感和 1 个可自定义电感值的电感 。

④ 二极管：6 种一般二极管、2 种稳压管、发光二极管和数码显示管。

⑤ 仪器仪表：数字直流电流表、数字直流电压表、数字交流电流表、数字交流电压表、直流毫安表、万用表、信号发生器、示波器、多宗示波器、直流稳压电源、功率计、脉冲笔、脉冲信号源、高低电平端。

⑥ 芯片。

⑦ 74LS 系列：74LS00、74LS03、74LS04、74LS08、74LS20、74LS21、74LS32、74LS48、74LS74、74LS85、74LS86、74LS90、74LS112、74LS125、74LS138、74LS148、74LS151、74LS153、74LS160、74LS161、74LS164、74LS169、74LS175、74LS183、74LS192、74LS194、74LS244、74LS283、74LS373。

⑧ CC 系列：CC4001、CC4012、CC4071。

⑨ 开关：单刀单掷开关、单刀双掷开关 。

⑩ 其他：连通板、电位器。

（2）课程实验仿真平台提供 19 个典型实验

① TTL 集成逻辑门的性能参数的测试。

② TTL OC 逻辑门和三态门的应用测试。

③ CMOS 集成逻辑门的性能特点。

④ 基本逻辑运算及其电路实现。

⑤ 小规模组合逻辑电路实验 1：多数表决电路。

⑥ 小规模组合逻辑电路实验 2：水位显示控制电路。

⑦ 中规模组合逻辑电路实验 1：比较器及其应用。

⑧ 中规模组合逻辑电路实验 2：译码器及其应用。

⑨ 中规模组合逻辑电路实验 3：选择器及其应用。

⑩ 中规模组合逻辑电路实验 4：加法器及其应用。

⑪ 触发器的基本逻辑功能。

⑫ 由 JK 触发器构成计数器。

⑬ 由 D 触发器构成的扭环计数器。

⑭ 异步计数器。

⑮ 中规模时序集成电路——计数器的应用 1 。

⑯ 中规模时序集成电路——计数器的应用 2 。

⑰ 中规模时序集成电路——计数器的级联。

⑱ 中规模时序集成电路——移位寄存器的应用。

⑲ 脉冲分配器的设计。

第5章　科技创新实践教学项目建设与实践

5.1 电子技术综合性实践教学项目

5.1.1 项目概况

当今社会已进入信息化时代，电子技术发展日新月异，以集成电路发展为原动力，嵌入式系统、计算机技术、工业控制等信息技术领域迅猛发展，为高校电子信息人才的培养带来了严峻的挑战和良好的发展机遇。

① 设计和实验成本高昂：例如，集成电路作为电子产品的基础，是世界科技强国激烈竞争的战略制高点。我国半导集成电路芯片进口额甚至超过石油，集成电路人才匮乏是根本原因。深亚微米级工艺渐成主流，其芯片设计与流片费用远超出高校所能承受范围，学生难以获得芯片设计与实践经验。

② 传统实体实验难以完成：例如，在工作频率为 G 赫兹频段的射频电路系统和数十万逻辑门的数字电子系统设计中，已不可能采用分立元器件搭建此类高成本、长周期的复杂系统。

③ 工程实践机会不足：由于受到地域环境、仪器设备、经费和安全等因素的限制，学生难以深入生产一线进行实践锻炼。

因此，将数字技术运用到科技创新实践教学中，解决高成本、不可及与长周期等实验教学难题，成为必不可少的选择。

电子技术综合性实践项目开发依托国家级电工电子实验基地、国家级电子信息技术虚拟仿真实验教学基地和国家级电工电子教学团队，以满足国家战略需求和高质量学生培养为出发点，突破以往受实验条件限制只开设传统简单硬件实验的局限性，打破跨学科的实验技术壁垒，以电子技术创新性实验课程为基础，支撑复杂电子线路系统性实验，提升实验教学效果，降低教学成本。

学生通过实验教学项目，使用工程软件进行电路虚拟仿真设计、虚实结合调试、联合企业进行项目开发等培养环节，做到实验教学与企业需求相接轨，满足复合型人才培养需要。实验教学培养流程如图 5-1 所示。

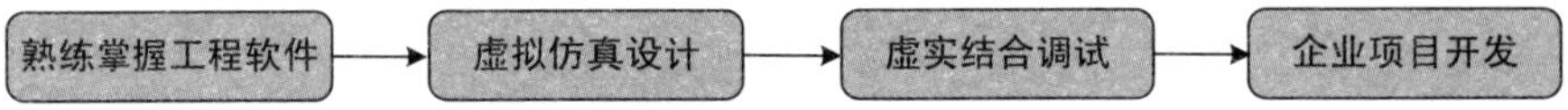

图5-1　实验教学项目培养流程

经过多年实验教学改革，电子技术创新性实验课程的教学模式和内容已在杭州电子科技大学及兄弟院校推广使用多年，团队教师开发了电子技术综合性实践案例库。电子技术综合性实践包含了基本电子技术验证性仿真、简单电子系统仿真、复杂电子系统仿真和虚实结合实验等与电子技术相关实验案例。本实验教学项目构成了从简单到复杂、从仿真到硬件验证，内容涵盖基础性实验、设计性实验和综合性实验三个层次并且包括软件共享、仪器共享和远程控制三大类共 23 项实验案例。可开放共享的电子技术综合性实践项目案例库如表 5-1 所示。

表5-1　电子技术综合性实践案例库

序号	实验类别	案例名称	实验层次
1	软件共享	8位串行进位加法器的设计	基础性实验
2		高频小信号单调谐放大器的设计	设计性实验
3		基于一般模型的计数器设计	设计性实验
4		太阳方位跟踪系统的设计	综合性实验
5		GPS轨迹记录系统的设计	综合性实验
6		基于心电信号的智能密码锁设计	综合性实验
7		自动胎压测试系统	综合性实验
8		振动能量回收系统的设计	综合性实验
9		调幅通信系统仿真	综合性实验
10		高频LC压控振荡器的设计	综合性实验
11	仪器共享	LED跑马灯的设计	基础性实验
12		按键消抖动电路设计	设计性实验
13		智能家居监控系统设计	设计性实验
14		两轮自平衡小车的设计	综合性实验
15		任意波形信号发生器设计	综合性实验
16		旋转LED时钟设计	综合性实验
17		人体生理信号测试仪	综合性实验
18		智能壁障小车的设计	综合性实验
19		无人机与智能车协同导航系统的设计	综合性实验
20		基于磁悬浮的音响系统设计	综合性实验
21	远程控制	步进电机控制系统的设计	设计性实验
22		射频微波远程实体实验	设计性实验
23		多功能电子琴的设计	综合性实验

如图 5–2 所示，本实验教学项目内容先易后难，由浅入深，逐步提升实验设计的广度和深度；通过基础性实验→设计性实验→综合性实验三阶段阶梯递进式的实验教学体系，激发学生的学习兴趣，增强学生的创新创造能力。

① 基础性虚拟仿真实验：注重软件参数的设置和电路参数的设计，注重基本实验知识、方法和技能的教学与训练，注重工程、分析和实践等基础能力的培养。

② 设计性虚拟仿真实验：通过介绍典型实验案例的设计思路和设计方法，给出一些对应的实验要求，让学生掌握设计性实验方法。

③ 综合性虚拟仿真实验：通过大量有创意的项目训练，激励学生参加较为复杂的电子技术课题；通过实验培养创新意识和创新能力。

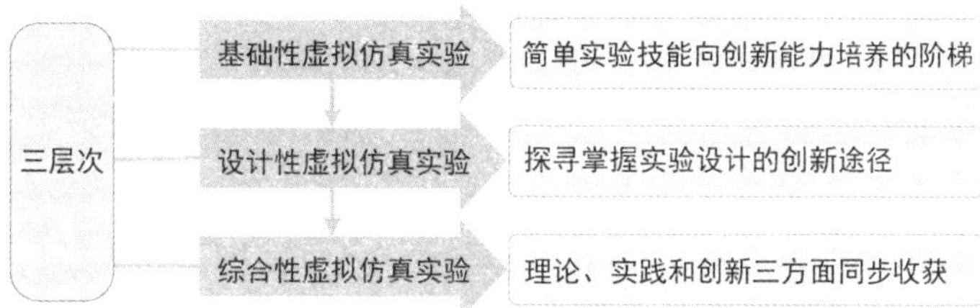

图5–2　电子技术综合性实践项目三层次框图

5.1.2 实验目的

5.1.2.1 学会观察和分析仿真结果，进行参数优化

通过 QuartusII、PSpice、ModelSim 等工程仿真软件，学生进行电路仿真，借助 SignalTapII 嵌入式逻辑分析仪，通过 JTAG 下载调试，对实际硬件进行操作，在软件上重现实验结果，做到虚拟仿真与实体实验相结合。特别是，对仿真波形结果进行深入分析，进行器件建模与参数优化，提高系统综合性能。

5.1.2.2 培养设计复杂电子系统的能力

大二学生采用分立元器件搭建电路，所能设计的数字电路规模仅为几百个逻辑门。本项目涉及多个有特色的复杂数字电子系统案例，如旋转 LED 时钟设计、多功能电子琴的设计、任意波形信号发生器等，规模达到 10000 逻辑门以上。通过实验教学，培养学生设计复杂电子系统的能力。

5.1.2.3 突出个性化学习，激发创新意识，提升工程实践能力

虚拟仿真实验教学案例多源于学生感兴趣的工程实践和学科竞赛内容，采用“自主设计论文答辩”的实验考核模式，激发学生自主学习的兴趣，使学生在自主创新设计、工程协作、语言表达及论文写作等方面得到训练，提升学生的工程实践能力。

5.1.3 实验原理

电子技术综合性实践项目共有23个实验案例，基本涵盖了电子技术理论课的核心技术内容，通过仿真设计，学生可以将碎片化的训练联结起来，构建相对完整的电子技术能力培养体系。

5.1.3.1 软件共享类实验

实验案例库中共有软件共享类实验10项，以调幅通信系统仿真为例。

超外差模拟调幅（AM）通信系统，开设实物整机实验电路模块多、硬件成本高、实验周期长、成功率低、管理和实施难度大。即便使用昂贵的高性能实体仪器，也难以观测某些瞬时现象，如检波电容的充放电过程、C类功放集电极电流波形变化、振荡器的起振过程等。某些电路参数的测量不仅需要专门仪器及操作经验，而且实验者须具备丰富的电路与系统调试能力，如混频前后的频谱结构测试。

鉴于此，传统上通常采用单元电路实验。采用仿真手段能够让学生突破电路思维的局限，建立“通信系统”的概念。单元电路采用“虚实结合”的实验形式，通信系统则采用“虚拟仿真”形式，不仅降低了实验成本，而且大大弥补了实体仪器的性能局限性，充分体现了“虚实结合、能实不虚”的原则。

该实验设计思路是：将AM通信系统仿真分为系统级、电路级和器件级三个层次，根据学生实际完成的层级和结果确定考核成绩。

系统级仿真只需要调用PSpice器件库中的ABM模型和一些基本元器件模型即可完成；电路级要求将系统级中的ABM库模型和信号源替换成实际电路，需要完成电路设计和仿真；最高要求的器件级至少需要设计优化两种基本电路元器件的模型参数，提升技术指标。

超外差式语音AM通信系统的原理框图如图5-3所示。其中每一方框内代表一个或多个单元电路模块。

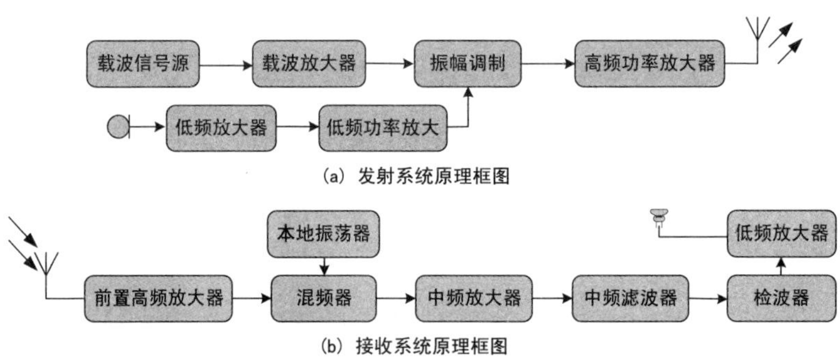

图5-3 AM通信系统原理方框图

发射系统由高频载波电路通路、低频调制电路通路和有相乘功能的振幅调制电路组成。接收系统经天线接收到微弱信号后，经放大、混频、检波，再经低频放大器输出。

通信系统中需要带通滤波器滤除带外信号，带通滤波器的幅频响应曲线和各参数指标如图 5–4 所示。在带通滤波器设计和电路仿真中会用到图中的 6 个技术指标。

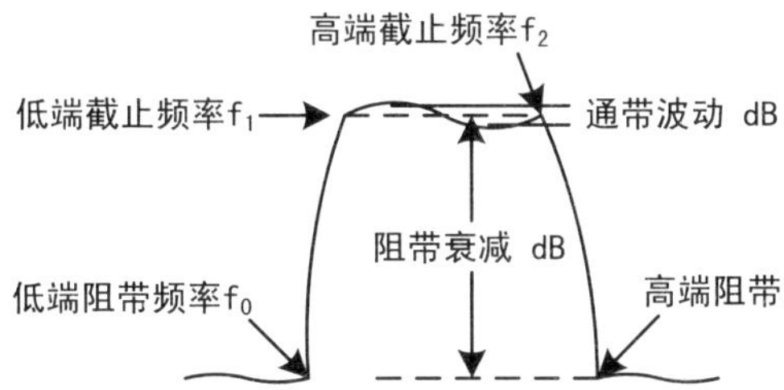

图5–4　带通滤波器技术指标

5.1.3.2 仪器共享类实验

实验案例库中共有仪器共享类实验 10 项，以任意波形信号发生器设计为例。

信号发生器可提供各种不同频率、波形和输出电平信号。在有限的实验教学课时数内，采用传统的分立元件进行实验设计，难度大，精度和稳定性都难以保证。FPGA 是专用集成电路（ASIC）领域中的一种半定制电路，具有设计灵活、周期短、高速和稳定等特点，是工业中广泛使用的器件。应用 FPGA 设计电路，需要先使用相关软件进行电路设计、综合、布局及仿真，经性能仿真后再烧录到 FPGA 实验平台进行测试。

使用 DDS 技术和 FPGA 实验平台，虚实结合，可以设计完成输出任意波形的信号发生器，且频率稳定，精度高，解决了将复杂电子系统应用到实际教学中的难题。

DDS 信号发生器原理框图如图 5–5 所示，由 32 位加法器 ADDER32B、32 位寄存器 DFF32、正弦波形数据存储器 SIN_DATA 和 ADC 采样控制状态机四个模块构成。在电路仿真设计过程中可以采用多种不同的方实现上述模块的设计。

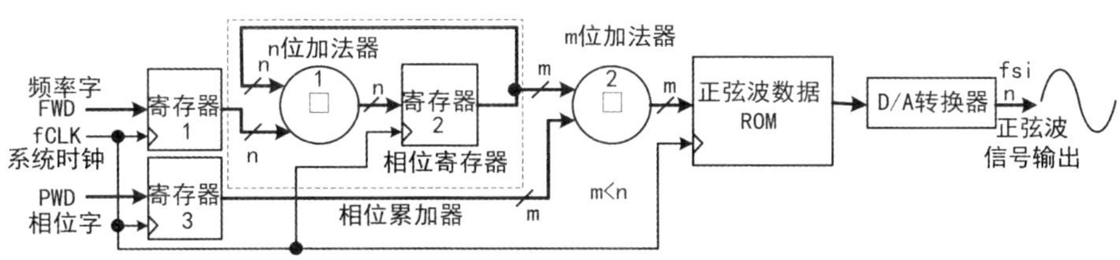

图5–5　DDS基本原理组成框图

加法器既可以采用门电路进行设计也可以调用各种模块进行设计。以调用宏模块、设置参数的方法举例。调用可定制宏模块库中 LPM 的加 / 减算术模块 LPM_ADD_SUB，设置流水线结构，使其在时钟控制下有更高的运算速度和输入数据稳定性。寄存器模块主要用于存放 32 位数据，实现方法也有多种，如使用宏模块 LPM_FF 或使用 32 个相连 D 触发器。寄存器模块与加法器 ADDER32B 组成一个 32 位相位累加器。其中高 10 位作为波形数据存储器的地址。波形数据存储器可由 LPM 的 ROM:1-PORT 构成，正弦波形数据 ROM 模块 SIN_ROM 的地址线位宽是 10 位，数据线位宽是 8 位，即其中一个周期的正弦波离散采样数据有 1024 个，每个数据有 10 位，输出的高 8 位接数模转换器 DAC0832 数据输入端。ADC 采样控制状态机电路可由状态译码器、控制译码器、状态寄存器和锁存器构成；状态译码器根据状态编码和来自 ADC 的转换状态信息，决定状态的走向;控制译码器负责向 ADC 输出控制信号;状态寄存器由 3 个 D 触发器组成。

利用 DDS 信号发生器、ADC 采样控制模块和锁相环模块，实现李萨如信号发生器系统框图如图 5–6 所示。

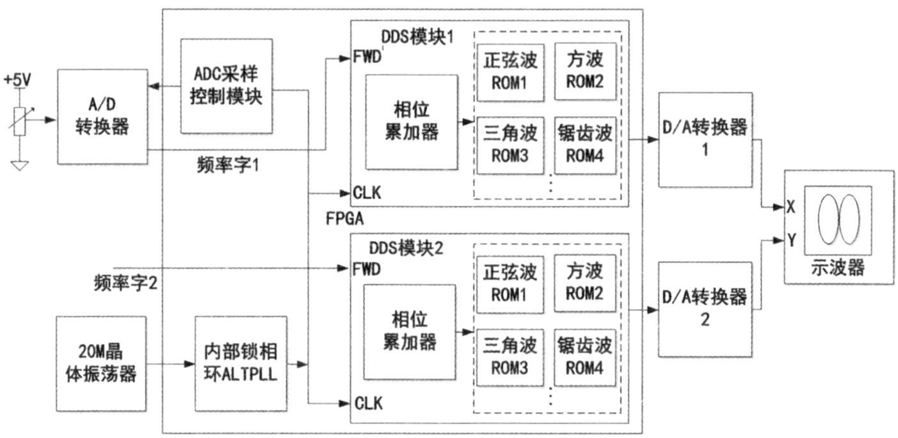

图5–6　李萨如图信号发生器系统框图

学生在电路设计成功后，数据下载烧录到 FPGA 实验平台，将信号输出到示波器，观察实际的李萨如波形，体会和理解李萨如信号的意义和应用。

5.1.3.3 远程控制类实验

实验案例库中共有远程控制类实验 3 项，以射频微波远程实体实验为例。

人工测试射频微波器件和电路，由于仪器设备昂贵、种类多，测试过程步骤复杂，按键烦琐易出错，测试数据不能即时通过电脑采集、处理和直观扫描显示相关曲线。射频微波实验成本高、测试难度大、测试数据易出错且难以采集和处理是主要实验难题。

为此，利用 AV3656 系列矢量网络分析仪、AV4037 系列频谱分析仪和 AV1441 系列信号发生器等新一代高性能射频测试仪器上的 GPIB 接口，将测试仪器通过 GPIB 接口卡及电缆与电脑上位机相连，在上位机上应用图形化编程平台 LabVIEW 开发的控制程序，实现仪器设备对 0 ~ 3GHz 频段内射频器件和电路的自动测试。

远程实体实验的设计思路是：通过远程控制软件对上位机进行远程控制与维护，实现射频器件和电路的远程自动测试，测试数据能在远程电脑上即时显示，并可根据测试数据及时生成报表和绘制所需曲线，提供灵活方便的综合查询。只要使用具有上网功能的电脑，即可在图书馆、教室或宿舍等区域远程共享实验室昂贵的射频微波仪器设备，进行远程实体实验，实时采集和处理测试数据，提高学生实验灵活性的同时大大节省了实验成本。矢量网络分析仪的自动测试系统框图如图 5–7 所示。频谱分析仪和信号发生器的自动测试系统框图如图 5–8 所示。射频微波远程实体实验平台连接图如图 5–9 所示。

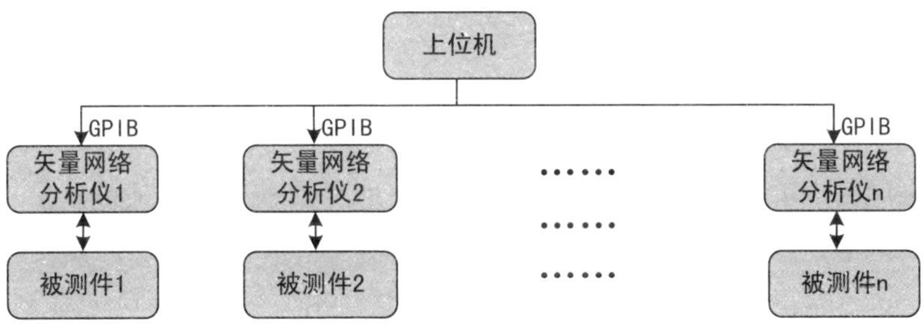

图5–7　矢量网络分析仪的自动测试系统

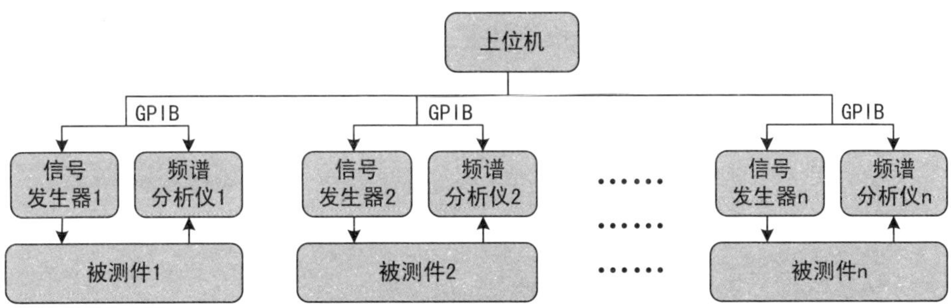

图5–8　频谱分析仪和信号发生器的自动测试系统

图5-9　射频微波远程实体实验连接图

该实验的主要内容是通过远程调用上位机上的自动测试程序，实现对射频微波低噪声放大器和倍频器主要性能指标的远程测试。

低噪声放大器是信号接收装置中射频接收机前段的主要部分，是提高信号接收系统小信号接收能力的线性放大器。它位于接收机的前端，具有很低的噪声系数。为了抑制后面各级电路噪声对系统的影响，低噪声放大器应具有一定的增益，但其增益需保证不使后级混频器电路过载而产生非线性失真。低噪声放大器的主要性能指标包括增益、频带、噪声系数和驻波比等。

倍频器是一种实现信号频率倍乘的装置，在不设置或设置晶体管低静态工作点情况下，使晶体管工作于非线性状态。输入信号经晶体管放大产生丰富的谐波分量，利用选频网络选择所需的倍频信号，而滤除基波和其他谐波分量，从而实现对输入信号的频率倍乘。倍频器的主要技术指标有频率范围、倍频系数和插入损耗等。远程实体实验的流程示意图如图 5-10 所示。

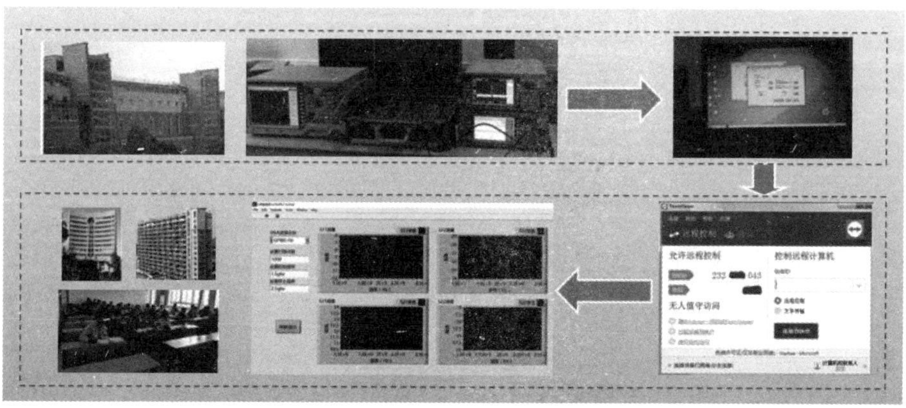

图5-10　远程实体实验的流程示意图

5.1.4 实验教学方法

5.1.4.1 实验目的

传统实验教学模式普遍存在以下三个问题：

① 实验教学方法单一，忽视能力培养和达成，导致学生工程实践能力、创新能力和灵活应用能力缺乏。

② 实验教学计划和项目内容脱离企业需求，实验步骤设置按部就班，难以激发学生的学习兴趣。

③ 信息化技术在实验教学过程和管理中的体现不足，实验教学效率低下。

针对上述问题，电子技术综合性实践项目的开发，紧密结合电子信息学科与虚拟仿真实验的特点；虚实统筹规划，虚实结合，以虚促实；把虚拟仿真实验教学作为创新能力培养的重要环节并融入实验教学体系之中。

实验教学项目采用混合式、案例式和研讨式教学方法，如图 5–11 所示，旨在调动学生实验兴趣，培养学生主动、严谨的实验习惯，切实提升学生的实验技能和学以致用能力，提高实验教学效果，达到实验育人的最终目的。

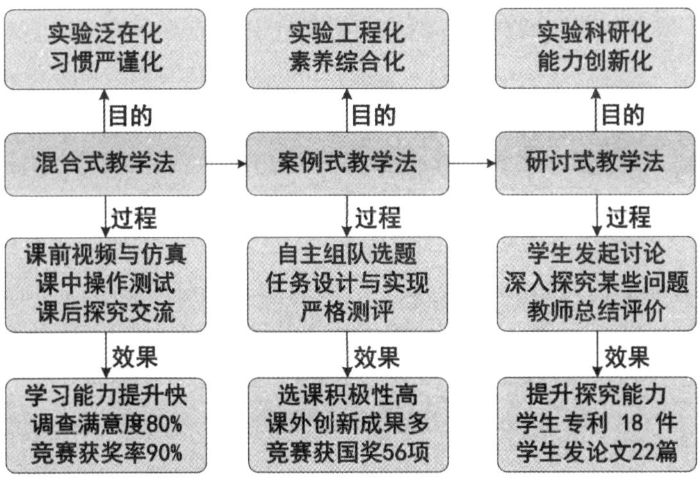

图5–11　实验教学项目特点

5.1.4.2 实施过程

电子技术创新性实验课程紧跟时代步伐，积极探索将信息技术运用到实验教学的实施过程。如图 5–12 所示，借助国家级电子信息技术虚拟仿真基地在线教学管理平台，远程调用云端服务器上的工程仿真软件，完成各类创新性实验设计，达到“处处能学、时时可学”的泛在学习。

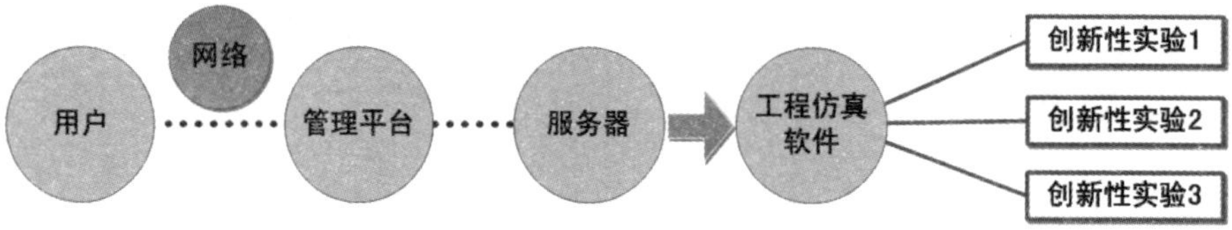

图5-12　在线虚拟仿真实验教学流程图

（1）混合式教学法实施过程

实验教学充分利用既有的“互联网 +”和教育信息技术，采用线上线下、课内课外、理论与实验融合的混合教学方式，调动学生实验兴趣，培养学生主动、严谨的实验习惯。

混合式教学法突破了实验的时空限制，增加师生、生生互动。将课程内容提前制作成视频或者多媒体课件形式，包括设计要求和功能指标、仿真平台的操作使用、简单的仿真举例、仿真注意事项等内容，通过第三方教学平台或者社交平台及时发布，让学生提前搜集资料并预习，完成电路设计。通过云端服务器软件进行仿真，遇到问题可以通过即时通讯工具，如微信或 QQ 及时与教师和同学线上互动。在实验室教学中，教师进行个别答疑辅导，针对共性问题组织讨论，评定平时成绩。开放式在线教学平台辅助实验教学如图 5–13 所示。

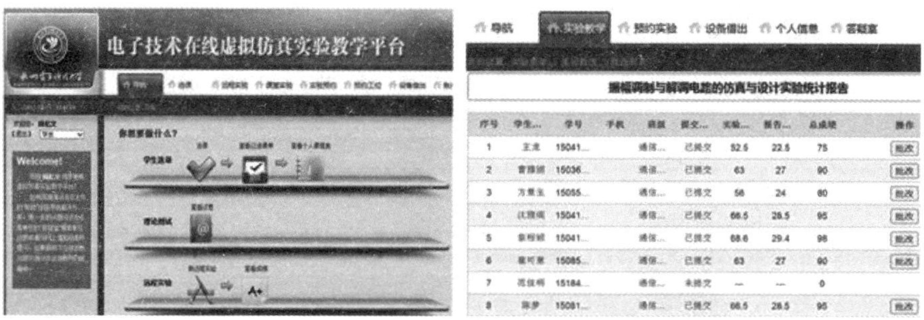

图5–13　开放式在线教学平台辅助实验教学图

教学实践和课堂调查表明，学生学习兴趣和探索积极性明显增加，学生对该教学方式的满意度超过 80%，实验课程成绩优良率超过 60%，教学效果明显。

（2）案例教学法实施过程

在实验教学中，所选实验项目可以是依据相关理论知识点设立的“虚拟”实验内容，也可源于工程实践和学科竞赛内容。同“虚拟”实验内容相比，工程实践和学科竞赛内容更具前沿性、系统性和创新性。以工程实践和学科竞赛内容作为案例驱动的实验课程教学，极大程度地提升了实验教学的趣味性、研究性及可研讨性，为实验课程的虚拟仿真教学的顺利实施起到了关键作用。一方面能提高学生针对实际问题进行研究探索、系统设计、工程实现的综合能力；另一方面能吸引广大学生积极参加课外研学活动，为优秀人才培养创造条件。

实验教学的目的是培养学生运用所学理论知识分析和解决实际问题的能力，而多数工程实践和学科竞赛项目设立的目的并非为了实验教学；对该项目内容要从实验教学角度进行衡量和梳理，从中寻找合适的切入点和结合点。内容的选取要遵守循序渐进原则，尽可能涵盖多学科的交叉知识点；同时充分考虑学生的掌握能力和接收能力，对内容的难易程度进行把握。例如，采用电子设计大赛题“可控数字电子钟”作为实验项目开展实验教学工作。该项目要求学生综合运用现代数字电子技术的知识设计相应的秒信号发生器、消抖动电路、计数器和整点报时等模块。

实验教学采用“自主设计论文答辩”模式，从选题申报、开题审核、中期汇报、项目验收答辩等环节均以学生为主体，让学生去探索和思考设计过程。

（3）研讨式教学法实施过程

传统的实验教学模式不利于调动学生的主体积极性，电子技术综合性实践项目融合了研讨式的教学方法；结合学科前沿发展，调动课堂氛围，激发学生探索实验创新途径。

为达到更好的实验效果，实验教学过程中对实验人数进行了一定的限制，每个实验班最多允许 20 名学生进行实验操作。实验主干内容以案例教学法结合讲授法的模式开展，探索性内容则以分组讨论模式进行。分组讨论主要围绕“交流、研讨、参与、动手”四方面展开，实验课上学生承担“讲解、补充、质疑”任务，教师承担“质疑、引导、归纳”任务。实验前学生分组确定实验设计方向；实验课上由主讲的学生在限定的时间内讲解设计内容、实验步骤，由其他学生对其设计内容提出质疑，之后所有学生就设计要点、难点展开讨论。学生的问题首先由学生进行解答和补充，教师对学生的设计做出归纳和点评，肯定学生正确的地方，补充不足的地方，对需要进一步提高的地方进行适当引申，实现知识点的有效承接。

5.1.5 实验方法与步骤要求

5.1.5.1 软件共享类实验

以调幅通信系统仿真为例进行说明，实验教学为 10 课时，分为 14 步操作步骤。实验操作流程如图 5–14 所示，具体步骤见表 5–2。

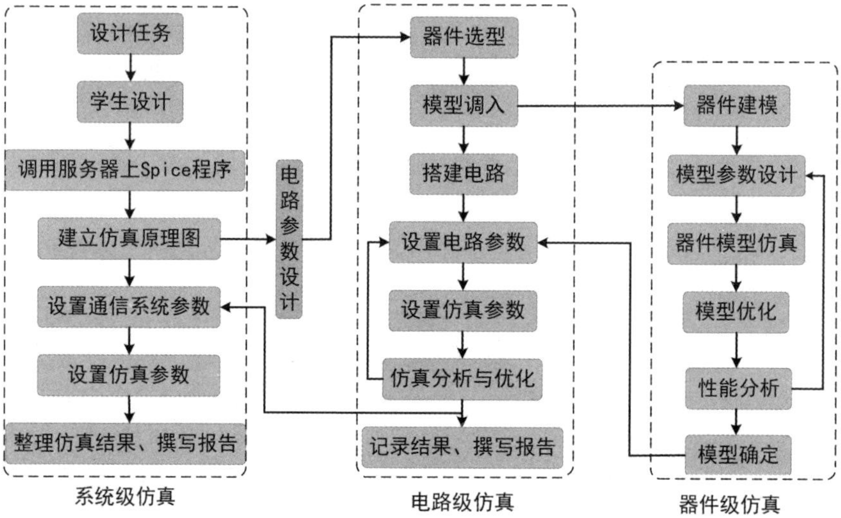

图5-14　调幅通信系统三级仿真操作流程图

表5-2　调幅通信系统仿真实验步骤

步骤	操作	结果	要点及难点
1	调用云端服务器PSpice仿真软件平台，新建Project	建立工程	建立有仿真功能的Project，否则无法进行后续的仿真操作
2	加入基础器件库ABM、ANALOG、SOURCE、DIODE和需要的元器件	调出仿真时需要的所有元器件	元件库导入错误或不熟悉元器件名称将导致无法找到需要的元器件
3	搭建AM通信系统仿真电路图	建立仿真电路	需要正确的接地和完整的直流通路
4	根据设计电路，修改元器件参数	生成完整正确的仿真电路图	设置元件参数需要理解元件属性，参数设置不当将导致仿真结果错误
5	执行时域仿真	计算出各节点电压，生成波形	参数设置不当将导致程序无法收敛或运行时间过长
6	在Probe窗口查看仿真结果	计算数据或者输出波形	数据窗口查看工作点和FFT分析结果
7	观察AM波形和频谱	包络波形和频谱分量位置	清晰显示波形，读取频谱分量需要局部放大

续表

步骤	操作	结果	要点及难点
8	观察混频前后波形形状和频谱位置的变化	波形和频率分量的变化	载波和中频频率影响显示结果，频谱相对位置与调制信号频率有关
9	观察检波输出波形和频谱位置	波形和频率分量	增加包络检波RC参数值可观测惰性失真波形
10	观测包络检波的充放电细节过程	载波峰值附近，检波电容的充放电曲线	需要反复调整并合理设置包络检波器的RC参数才可观测到较理想结果
11	观测包络检波输出频谱	调制信号频谱	频谱纯度和RC参数有关
12	电路级仿真	将ABM模型更换成具体电路后的仿真结果	须反复优化电路参数才能输出目标仿真结果
13	器件级仿真	使用自主建模器件替代厂家模型，比较仿真结果	器件建模需要综合数学和器件的物理知识，参数多，要反复仿真优化
14	其他仿真	波形或者数据	研究分析电路中各节点结果，需要清晰理解系统的每个设计细节，要求很高

该实验设计体现了实验过程的多样性，每个步骤都有多个可选的参数设置，改变电路参数或仿真设置，将影响仿真结果，有些设置甚至会决定实验成败。鼓励实验者积极探索尝试，得出有工程应用价值的实验结论。

该实验设计解决了大型实验的长周期、高成本问题。实验中的单元电路可用硬件电路实现，但采用分立器件的实物整机系统设计复杂、调试难度大、实验周期长、测试成本高、成功率低。采用虚拟仿真不但可以解决上述问题，还可以观察分析到实体仪器无法测量的结果，如振荡器起振过程、波形频谱分布、检波电容充放电过程等。用仿真工具弥补了实物实验的不足，体现了“虚实结合、能实不虚”的原则。学生可以熟练掌握当今工程界通用的软件平台进行仿真实验，毕业后可以直接从事设计工作，实现与工程应用的无缝对接。

5.1.5.2 仪器共享类实验

以任意波形信号发生器设计为例。实验教学为10个课时数，分为12步操作步骤。实验操作流程如图5-15所示，具体步骤见表5-3。

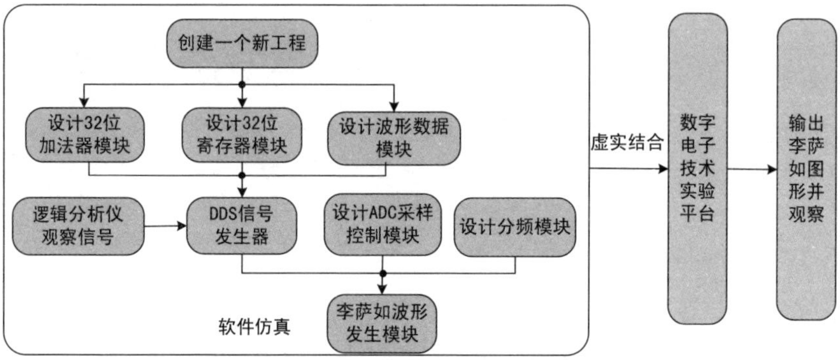

图5-15　任意波形信号发生器实验操作流程图

表5-3　任意波形信号发生器实验步骤

步骤	操作	结果	要点及难点
1	调用云端服务器Quartus Ⅱ仿真软件平台，新建Project	建立工程	建立有仿真功能的Project，否则无法进行仿真操作
2	可用原理图、硬件描述语言、宏模块等方法设计32位加法器	32位加法器模块	可用多种方法设计该电路模块，可供后续设计模块调用
3	可用原理图、硬件描述语言、宏模块等方法设计32位寄存器	32位寄存器模块	基于分立器件或宏模块设计电路，难度和评分均不同
4	编写各类波形mif文件	正弦波、三角波、方波等mif文件	注意位数的选择
5	设计波形数据ROM模块	ROM模块	建立多个ROM模块，分别存储各个波形数据
6	基于上述元件，设计包含正弦波、方波、三角波等任意波形发生器	DDS信号发生器	能够根据频率控制字、位数和时钟频率计算输出信号的频率
7	进行仿真测试、根据时序波形结果验证设计的正确性	时序仿真波形图	合理设置仿真参数
8	自定义DDS元件模块	DDS信号发生器元件	设置其为顶层文件，生成元件
9	设计ADC采样控制电路	采样控制电路元件	通过调节输入端的电压信号，实现DDS模块输出频率可调
10	设计分频器模块	分频器元件	时钟频率可取4MHz、3MHz和500KHz
11	基于上述元件，设计李萨如图信号发生器	李萨如图信号发生器	设置其为顶层文件，方可编译
12	虚实结合，进行任意波形及李萨如图的观察与分析	产生任意波形及李萨如图	结合FPGA实验教学平台、示波器等观察波形的幅值和频率

采用工程仿真软件 Quartus Ⅱ，首先完成一个简易正弦信号发生器设计；再完成一个包含正弦波、三角波、方波、锯齿波等任意波形信号发生器的设计；最后完成一个各种频率和相位成简单整数比的李萨如图形设计。实验设计操作过程由浅到深逐级深入，在有限的实验教学课时数内，完成复杂数字电子系统的设计。

电路功能设计中，设计方法具有多样性，可用原理图、硬件描述语言、宏模块等多种方法完成实验设计。在此基础上，学生可以根据情况进行实验功能拓展。可扩展设计输出的信号波形具有调幅功能、用 VGA 显示观察输出的各类信号波形、用液晶显示输出频率的大小等。

5.1.5.3 远程控制类实验

以射频微波远程实体实验为例。教学为 10 个课时数，分为 13 步操作步骤。实验操作流程如图 5–16 所示，具体步骤见表 5–4。

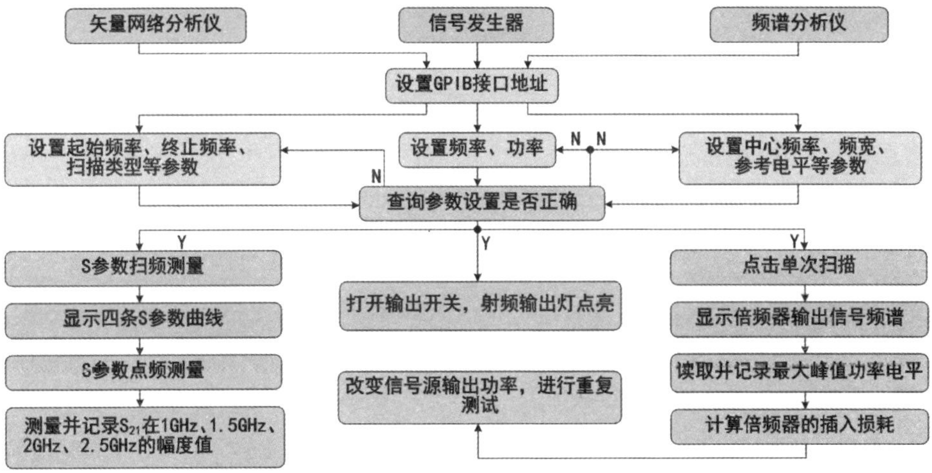

图5–16　射频微波远程实体实验操作流程图

表5–4　射频微波远程实体实验步骤

步骤	操作	结果	要点及难点
1	打开客户端软件，输入上位机 ID，连接到实验室服务器	获得上位机中的测试程序控制权	多人同时操作时，需避免ID冲突
2	打开矢量网络分析仪（简称“矢网”）控制界面，选择设备“GPIB0::16::INSTR”，设置扫描参数进行查询	判断远程矢网的硬件连接和通信协议是否正常工作	矢网的参数设置影响测试误差，正确设置参数可保证实验顺利进行

续表

步骤	操作	结果	要点及难点
3	矢网的远程校准	完成矢网的双端口SOLT校准	矢网使用前需要校准，为保证实验效率，我们会在实验室定期校准仪器，远程操作时可跳过此步
4	S参数扫频测量窗口的S参数测量	分窗口显示4个S参数测量结果	前置放大器输入信号小于-10dBm，并设置合理的扫描参数
5	右击S参数曲线，选择将S参数测试数据导出	将S参数测试数据导出到剪贴板或EXCEL中	EXCEL表中S参数的读取和处理
6	选择S参数点频测量窗口，对单频点S参数进行测量	显示单频点S参数测量结果	测试频点须在前述的扫描区间内，否则无法测量
7	S21点频测量操作和测量幅度查询	某个频率点的S21测试结果	被测频点应在矢网的起止频率之间
8	信号发生器设置。打开信号发生器控制端，选择设备“GPIB0::19::INSTR”，设置频率和功率并查询	判断远程信号发生器的硬件连接和通信协议的工作状态	合理设置信号发生器的频率和功率电平是确保实验成功的前提
9	打开射频输出	射频输出指示灯亮	确认设置的参数是否合理，再打开信号源的射频输出开关
10	频谱分析仪设置。打开频谱分析仪控制端，选择设备“GPIB0::18::INSTR”，设置好参数并查询	判断远程频谱仪的硬件连接和通信协议是否正常工作	频谱仪的参数设置影响测试误差，正确设置参数可保证实验顺利进行
11	单次扫描方式测量被测信号频谱	测量倍频器输出的信号功率电平	频谱仪扫宽和参考电平设置对测量误差有影响
12	固定信号发生器频率，改变输出功率电平，按照步骤10和11，测量倍频结果	倍频器输出频率和功率电平	为保证不超出仪器测量范围，建议输入信号频率小于500MHz，功率小于+15dBm
13	计算倍频器插入损耗=频谱仪测量值-信号发生器功率	计算出不同输入功率下的插入损耗	插入损耗与倍频器输入功率有关，功率越大则损耗相应越大

远程射频实物实验中要特别注意在不同测试条件下各仪器参数的正确合理设置，如：矢量网络分析仪的起始频率和终止频率、信号发生器的基地频率和功率电平、频谱分析仪的扫频宽度和参考电平等参数，需要根据不同的测试信号进行

相应的调整，否则会带来较大的测试误差，影响实验的顺利进行。

5.1.6 实验结果与结论要求

教学项目针对不同的实验案例对实验结果与结论给出了不同的要求。

5.1.6.1 基础性和设计性实验

实验结果要求：按照实验原理和实验步骤进行实验设计，给出电路原理图和仿真结果，结合硬件平台进行虚实结合测试验证。

实验结论要求：主要从实验设计思路、实验电路原理图、仿真结果波形图、仿真结果的正确性验证等方面对实验结论进行衡量，学生完成实验操作后，提交实验报告。

5.1.6.2 综合性实验

实验结果要求：采用“自主设计论文答辩”模式对实验设计进行验收和考核，如图 5–17 所示。除对仿真正确性、实物完成度、实验报告规范性等实验结果进行要求外，实验结果更注重发挥学生的自主性，从选题申报、开题审核、中期汇报、项目验收答辩等环节均以学生为主体，让学生去探索和思考设计过程。教师起引导的作用，为学生指明前进的方向，学生在教师所指方向上探索前行。

图5–17　自主设计论文答辩

实验结论要求：学生按实验教学任务要求，经过选题申请、中期考核、实体平台测试、答辩汇报等环节完成实验设计，对所设计的实验进行测试验证，给出参数优化方案，提交实验总结报告。此外，实验结论的评判还关注学生的实验行为规范、团队协作、语言表达、论文写作等因素，使学生的实验素养得到提升。其中，实验总结报告内容应包含摘要、引言、系统总体设计、硬件电路仿真设计、仿真结果分析、参数优化方案、建议等部分。

5.1.7 考核要求

5.1.7.1 教学项目整体考核要求

电子技术综合性实践项目对学生的考核主要体现在“参与性、要点提炼、学识表现、文档资料表述”等方面。实验教学的具体考核评价内容及标准如表5–5所示，实验教学考核注重实验的过程性，避免以实验考试定成绩的方式。关注学生实验报告质量的同时，更关注学生在综合设计性实验中所展示的积极性、团队合作意识和工程创新能力等。

在过程性考核方面，基础性、设计性实验和综合性实验考核方式不同，基础性、设计性实验主要通过课前预习、课堂操作、实验报告等方面进行考核；综合性实验需要经过开题审核、阶段性检查、项目验收答辩等环节，根据学生的过程表现、团队配合以及学生提交的仿真、实物、报告及答辩的情况进行考核。在整个项目实施过程中，引导学生考虑实验成本、制作工艺、规范操作、环境、伦理等问题。学生如有做得好的地方，可以获得额外加分，但如有不合理、不规范的地方，也会被单独扣分。

表5–5 实验教学考核评价内容

类别	考核项目	考核评价内容
基础性、设计性实验	实验预习	根据学生实验前预习测试情况、视频观看情况、实验设计情况评分
	实验操作	主要考核学生的设计能力和仿真操作能力
	实验报告	在线提交报告，对实验报告的规范性、内容质量进行考核
综合性实验	开题审核	学生分组结合自由选题，申报课题设计目标及技术指标，教师审核并给予难度系数、创新性评分
	验收和答辩	验收分仿真验收和实物验收，教师根据实验结果及其达到的技术指标给予评分；答辩结合学生自述和教师提问的方式进行，教师给予评分；小组可合在一起答辩，但小组内每人的分工和贡献需表述清楚
	实验报告	教师根据学生撰写报告条理是否明白、逻辑是否合理、表述是否清楚、语言是否规范、内容是否有创新等方面进行评分

基础性、设计性实验 =20% 视频观看 +20% 预习测试 +40% 课堂操作 +20% 实验报告。

综合性实验成绩 =40% 实物验收 +15% 提问解答 +30% 总结报告 +10% 创新性 +5% 实验行为。

在整个实验项目评分中，基础性、设计实验成绩占 30%，综合性实验成绩占 70%，如图 5–18 所示。

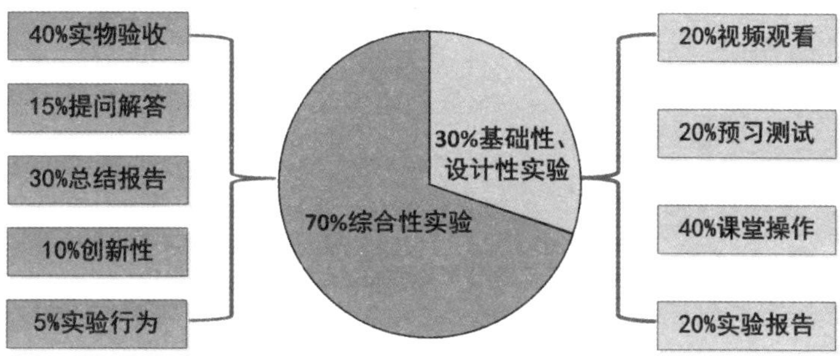

图5–18　电子技术综合性实践项目评分比例图

电子技术综合性实践项目根据学生报告的建议内容、学生问卷调查、实验组教师讨论意见、专家指导意见等多渠道收集反馈意见，对实验考核评价体系进行持续改进。

5.1.7.2 实验案例评分要求

案例评分采用过程评价与验收评价相结合的方式，鼓励创新，每个环节满分 10 分，最后取加权和得到综合成绩。

（1）调幅通信系统仿真实验

普通调幅系统仿真实验包含系统级、电路级和器件级三级仿真操作，采用不同的设计方案，完成不同程度的仿真，所得的评分不同。具体评分要求如表 5–6 所示。

表5–6　普通调幅系统仿真评分要求

项目及比例	分值	评价要求
验收40%	10	完成系统级、电路级和器件级仿真
	8	完成系统级和至少3种单元电路仿真
	6	完成ABM模型系统级仿真
	≤4	仅完成部分仿真结果

续表

项目及比例	分值	评价要求
提问解答15%	10	理解电路原理、设计流程的基础上，正确回答所有提问
	8	基本理解电路原理、设计流程的基础上，能较好地回答主要问题
	6	了解电路基本原理，能回答部分问题
	≤4	电路原理、设计流程理解的不到位，问题回答较片面
总结报告30%	10	内容完整，有详细的设计过程、仿真结果和数据分析
	8	内容比较完整，有设计过程、仿真结果和数据分析
	6	内容基本完整，设计过程、仿真结果和数据分析不全
	≤4	内容不完整，仿真结果不全或缺少数据分析
创新性、实验行为15%	10	实验设计具有较高的原创性和新颖性，无迟到，积极参与讨论，实验操作严谨、过程规范
	8	实验设计具有部分原创性和新颖性，无迟到，积极参与讨论，实验操作严谨、过程规范
	6	实验设计的原创性和新颖性一般，有迟到或早退，态度不积极，讨论参与少，实验行为规范一般
	≤4	实验设计无原创性和新颖性，有旷课，基本不参与讨论，实验行为规范较差
综合成绩	≥9优秀，≥8良好，≥7中等，≥6及格，<6不及格	

以上各项实际得分可根据具体完成情况上下浮动，设计有创新或仿真指标十分优异者，综合成绩酌情加 0.5 ~ 1.5 分，但综合成绩低于 6 分者不得加分。

（2）任意波形信号发生器设计实验

任意波形信号发生器设计实验包含简易正弦信号发生器、任意波形信号发生器、李萨如图信号发生器三层次的设计。设计过程具有多样性，还可扩展设计具有调幅功能的信号波形、用 VGA 显示观察输出的各类信号波形、用液晶显示输出频率的大小等。采用不同的设计方案，完成不同程度的实验设计，所得的评分均不同。具体评分要求如表 5-7 所示。

表5-7　任意波形信号发生器设计评分要求

项目及比例	分值	评价要求
验收40%	10	基于任意发生器设计，拓展完成各种频率和相位成简单整数比的李萨如图信号发生器设计
	8	完成包含正弦波、三角波、方波、锯齿波等任意波形信号发生器设计
	6	完成简易正弦信号发生器设计
	≤4	仅完成部分仿真结果
提问解答15%	10	理解电路原理、设计流程的基础上，正确回答所有提问
	8	基本理解电路原理、设计流程的基础上，能较好地回答主要问题
	6	了解电路基本原理，能回答部分问题
	≤4	电路原理、设计流程理解得不到位，问题回答较片面
总结报告30%	10	内容完整，有详细的设计过程、仿真结果和数据分析
	8	内容比较完整，有设计过程、仿真结果和数据分析
	6	内容基本完整，设计过程、仿真结果和数据分析不全
	≤4	内容不完整，仿真结果不全或缺少数据分析
创新性、实验行为15%	10	实验设计具有较高的原创性和新颖性，无迟到，积极参与讨论，实验操作严谨、过程规范
	8	实验设计具有部分原创性和新颖性，无迟到，积极参与讨论，实验操作严谨、过程规范
	6	实验设计的原创性和新颖性一般，有迟到或早退，态度不积极，讨论参与少，实验行为规范一般
	≤4	实验设计无原创性和新颖性，有旷课，基本不参与讨论，实验行为规范较差
综合成绩	≥9优秀，≥8良好，≥7中等，≥6及格，<6不及格	

（3）射频微波远程实体实验

射频微波远程实体实验通过远程控制软件对上位机进行远程控制，实现仪器设备对 0 ~ 3GHz 频段内射频器件和电路的自动测试；且测试数据能在远程电脑上即时显示，能根据测试数据及时生成报表和绘制所需曲线，并提供灵活方便的综合查询。实验成绩的评定主要由课前预习、远程操作和实验报告三部分组成。

实验前，先根据是否观看预习视频和完成预习报告打分（最高 20 分），再分别对 5 个预习小测试题的答题情况打分（每题 4 分，满分 20 分）；最高 40 分。

实验过程中，根据远程实验的参数设置是否合理、操作是否规范、测量结果是否正确等进行打分；最高 40 分。

实验后，根据实验报告的完成情况如实验目的、实验原理、实验步骤、数据处理、误差分析和曲线绘制等进行打分；最高 20 分。

5.2 电磁散射及隐身特性分析实践教学项目

5.2.1 项目概况

隐身飞行器研究对于军事现代化和军事强国建设意义重大，电磁散射特性实验能够提高国防科技人才设计隐身飞行器的能力。传统实验的主要问题有：

① 实体实验开设难度大：受到经费和安全因素的限制，普通高等院校难以通过搭建相控阵雷达系统等大型军事装备对运动中的飞行器电磁散射及隐身特性进行测量和分析。

② 建模仿真运算周期长：采用专业工程软件对复杂环境中的飞行器进行表面电场分布建模仿真，需要使用大型服务器花费数天甚至数周的时间，才能完成一项特定参数的仿真运算；学生在有限的实验课时数内难以完成此类长周期的仿真实验。

5.2.2 实验目的

飞行器电磁散射及隐身特性分析实践项目有效解决在有限的实验课时数内，让学生定性地完成对运动中的飞行器进行电磁散射特性分析；通过“互动式”虚拟技术，激发学生实验兴趣，分析、归纳和总结不同飞行器类型、飞行方位角、表面覆盖材料对飞行器 RCS 的影响和变化趋势。实验教学主要实现以下目的：

① 将雷达原理课程中电磁场与微波雷达信号抽象的理论知识以三维动画形式进行直观呈现，让学生了解电磁场的客观存在；掌握表征电磁场特性的波长、频率、功率和距离之间的关系以及飞行器的电磁散射特性。

② 通过“互动式”虚拟技术模拟瞬态电磁脉冲入射飞行器，让学生总结微波雷达信号的反射信号强度与传输距离、飞行器材料和形状等参数之间的关系，加深对飞行器隐形原理的理解。

③ 通过对飞行器 RCS(雷达散射截面) 特性的测量与分析，掌握影响飞行器 RCS 的因素;结合实体实验，探究通过改进飞行器和雷达相关的物理和电学参量，

提高飞行器隐身性能以及雷达反隐身性能的多种途径。

④ 通过将实验原理与科学方法的统一，提升学生的实验技能与实验素养；通过三维仿真设计→虚实结合调试→课外实践拓展等培养环节，做到实验教学与工程应用相接轨，满足多学科交叉人才培养需要。

5.2.3 实验原理

5.2.3.1 功能模块

基于三维仿真技术和虚实结合方式，构建飞行器电磁散射及隐身特性分析实践项目；搭建原景在线式虚拟仿真实验环境，模拟客机和战斗机在理想环境中受到微波雷达信号入射的表面场强分布。实验项目涵盖“微波雷达信号辐射规律仿真”→“飞行器表面电场分布仿真”→“RCS 测量仿真”三层次教学，共四个功能模块，具体包括：

① 微波雷达信号概念以及特性仿真。

② 在频域下，飞行器表面电场分布与微波雷达信号入射角度之间变化仿真。

③ 在时域下，飞行器表面电场分布与微波雷达信号入射角度之间变化仿真。

④ RCS 随飞行器的物理参数和雷达电学参数的变化规律仿真验证。

5.2.3.2 具体实验原理

（1）模块一：微波雷达信号概念以及特性仿真

微波雷达信号的概念以及其传播特性是理解飞行器电磁散射特性的基础。本实验涉及微波雷达信号的传播方式、波长与频率之间的关系、衰减与频率之间的关系等。本实验侧重仿真不同频率的微波雷达信号在空间传播特性的区别。

通过改变微波雷达信号的频率参数，对比高频与低频之间波峰与波谷之间的距离以及两者随传播距离的衰减特性，能够使学生主要掌握如下的知识：电磁场概念及微波雷达信号的电磁辐射特性。空间中存在电磁场，在不同的区域电磁场的幅度不同；电磁场可以通过雷达天线辐射出去，在特定空间形成特定分布的微波雷达信号；微波雷达信号的频率越低，波长越长，衰减越小。

（2）模块二：在频域下，飞行器表面电场分布与微波雷达信号入射角度之间变化仿真

飞行器受到微波雷达信号的辐射后，在其表面形成特定的电场分布，并产生电磁散射。微波雷达信号在飞行器表面产生的电场分布随频率以及入射角度的变化而变化，产生的电磁辐射特性也随之变化。本实验侧重仿真不同频率、不同入射角度微波雷达信号在飞行器表面产生电场的区别。

通过改变雷达的发射频率、飞行器的飞行方位以及飞行器的类型，观察不同情况下飞行器表面的电场分布，能够使学生主要掌握如下的知识：在频域下，飞行器表面电场分布随微波雷达信号入射角度与飞行器表面形状的变化规律。

（3）模块三：在时域下，飞行器表面电场分布与微波雷达信号入射角度之间变化仿真

飞行器受到微波雷达信号的辐射后，在其表面形成特定的电场分布，并产生电磁散射。飞行器表面电场分布会随时间的改变而改变。本实验侧重仿真不同入射角度微波雷达信号在飞行器表面产生电场随时间变化的特性。

通过改变雷达的发射频率、飞行器的飞行方位以及飞行器的类型，观察不同情况下飞行器表面电场随时间变化的特性，能够使学生主要掌握如下的知识：在时域下，飞行器表面电场分布随微波雷达信号入射角度与飞行器表面形状的变化规律。

（4）模块四：RCS 随飞行器的物理参数和雷达电学参数的变化规律仿真

飞行器受到微波雷达信号的辐射后，在其表面形成特定的电场分布，并产生电磁散射。电磁散射特性采用 RCS 来衡量。影响 RCS 的因素包括：微波雷达信号的频率、角度、飞行器的形状和表面材料。本实验通过仿真和分析不同条件下飞行器 RCS 的特性，揭示微波雷达信号的频率、入射角度以及飞行器表面形状对 RCS 的影响。最后通过实物操作和测量验证仿真的原理和规律。

通过改变雷达的发射频率、飞行器的飞行方位、飞行器的类型以及飞行器的表面材料，观察不同情况下飞行器表面 RCS 的变化，使学生主要掌握如下的知识：飞行器的 RCS 与入射微波雷达信号的频率、角度、雷达类型和飞行器表面形状、飞行器尺寸以及飞行器表面材料的关系。掌握飞行器隐身原理，探究飞行器隐身和反隐身的途径和方法。

5.2.4 实验教学方法

5.2.4.1 使用目的

基于智慧实验室打造的“小班化、研讨式”的教学模式，采用虚实结合的实验教学方式，旨在调动学生实验兴趣，在理解和掌握微波雷达信号基本原理的基础上，切实提升学生的实验技能和自主研学能力。

5.2.4.2 实施过程

实验课程紧跟时代步伐，积极探索将信息技术运用到实验教学的实施过程。如图 5-19 所示，借助电子信息技术国家级虚拟仿真基地在线教学管理平台，通过三维仿真技术，进行原景在线式虚拟实验设计；达到“处处能学、时时可学”的泛在学习。差异化培养，实验与理论的互融互通。

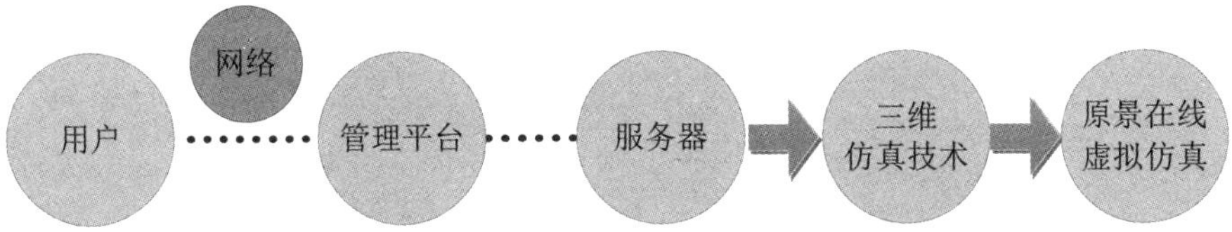

图5-19　在线虚拟仿真实验教学流程图

本实验教学项目在教学实施过程中，主要采用如下教学方法：

（1）线上线下、课内课外、实验理论相融合

将课程内容提前制作成视频和多媒体课件形式，包括设计要求、仿真案例、注意事项等。通过教学管理平台及时发布，让学生提前搜集资料并预习，完成虚拟仿真设计。通过教学平台答疑室功能模块，允许学生将实验中的难点、疑点和心得进行留言，并且与教师互动。在实验室教学中，采用个性问题答疑辅导，共性问题集体讨论，解决学生在学习过程中的疑问。根据学生平时回答问题的正确率以及创造性评定平时成绩。开放式在线教学平台辅助实验教学如图 5–20 所示。

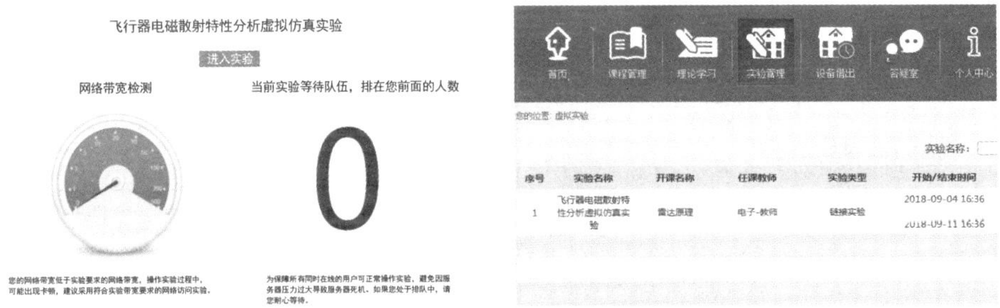

图5–20　开放式在线教学平台辅助实验教学

（2）视频观摩、3D 仿真设计、虚实融合相辅相成

教学中形成了视频观摩→ 3D 仿真设计→虚实融合相辅相成的具有启发与自我创新式的实验教学方法。利用虚拟的优势让学生直观地了解微波雷达信号中抽象的理论知识，通过“互动式”虚拟实验来获得理论模型，通过实物实验获得测试结果，验证虚拟仿真结果的科学性。仿真实验教学如图 5–21 所示，该教学方法培养学生分析解决实际工程任务的能力，提高学生的创新意识和综合实验素养。

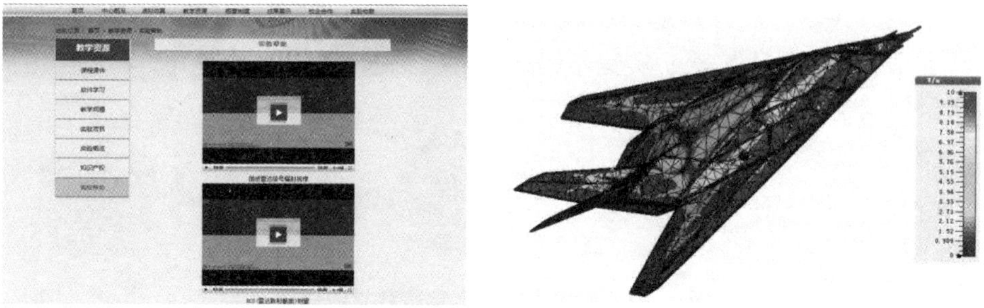

图5-21　仿真实验教学

5.2.5 实验方法与步骤要求

5.2.5.1 实验方法

实验教学中使用的飞行器电磁散射特性分析仿真软件是利用专业软件的仿真结果结合可视化技术设计而成。实验保留了专业软件仿真结果准确度高以及直观的优点，同时避免了专业仿真软件应用门槛比较高的缺点，在低年级开展专业的实物实验，使学生对在电磁学学习过程中公认比较抽象的概念以及理论有形象且直观的了解，提高学生的学习兴趣，从而更有效地培养学生的动手能力以及创新能力。

5.2.5.2 实验步骤

飞行器电磁散射及隐身特性分析实验教学为 4 个课时数，分为 11 步操作步骤；实验操作流程如图 5–22 所示，实验操作步骤见表 5–8。

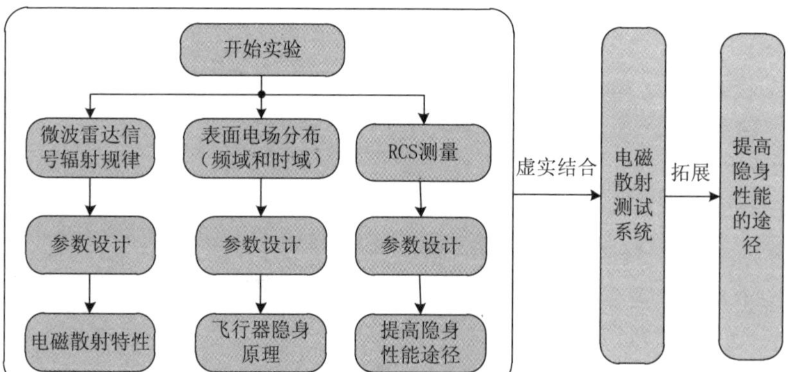

图5-22　实验操作流程图

表5-8 实验操作步骤

步骤	内容	目的	交互操作要求
1	微波雷达信号辐射特性	了解辐射特性，如频率、波长及功率间的关系	归纳频率、波长、功率以及传播距离之间的关系，并记录随着频率变化，各物理量的变化规律
2	F117表面电场随频率变化规律	F117表面电场分布特性以及其随频率变化的规律	记录F117在433MHz、2.4GHz电场最大值以及最大值的位置
3	A320表面电场随频率变化规律	A320表面电场分布特性以及其随频率变化的规律	记录A320在433MHz、2.4GHz电场最大值以及最大值的位置
4	表面电场随入射功率变化	了解表面电场分布特性及其随入射功率变化的规律	记录入射功率在0、10dBm时电场最大值及最大值位置
5	F117表面电场随时间变化规律	F117表面电场分布特性以及其随时间变化的规律	对比F117在433MHz、2.4GHz电场变化的速度，并记录
6	A320表面电场随时间变化规律	A320表面电场分布特性以及其随时间变化的规律	对比A320在433MHz、2.4GHz电场变化的速度，并记录
7	单站雷达，F117RCS仿真	单站雷达探测时，F117的RCS特性	记录F117在433MHz、2.4GHz，水平和垂直飞行时的RCS值
8	单站雷达，A320RCS仿真	单站雷达探测时，A320的RCS特性	记录A320在433MHz、2.4GHz，水平和垂直飞行时的RCS值
9	双站雷达，F117RCS仿真	双站雷达探测时，F117的RCS特性	记录F117在433MHz、2.4GHz，水平和垂直飞行时的RCS值
10	双站雷达，A320RCS仿真	双站雷达探测时，A320的RCS特性	记录A320在433MHz、2.4GHz，水平和垂直飞行时的RCS值
11	虚实结合实验设计	实现仿真指导实体实验、实体实验验证仿真的流程	分析、归纳、总结多种飞机模型在不同的入射信号频率、功率、角度时RCS的变化规律

具体的操作过程如下：

① 微波雷达信号辐射特性观察：如图5-23所示，打开仿真软件，点击“微波雷达信号辐射规律”按钮，选择天线以及频率，开始实验。

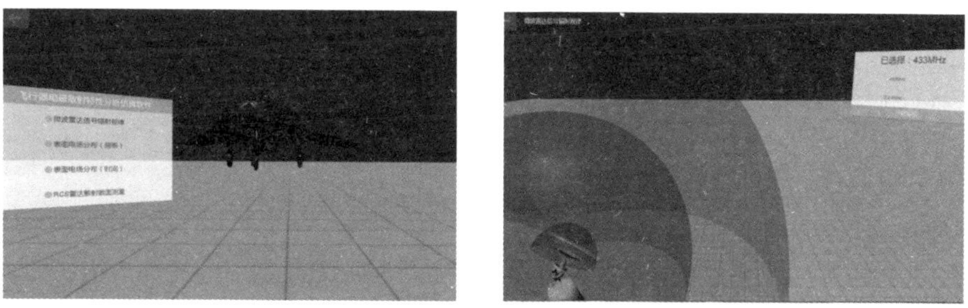

图5-23 微波雷达信号辐射特性仿真

② F117 表面电场随频率变化规律分析：如图 5–24 所示，打开“表面电场分布随频率变化”按钮，选择飞行器类型、飞行方位以及微波雷达信号频率，开始实验。

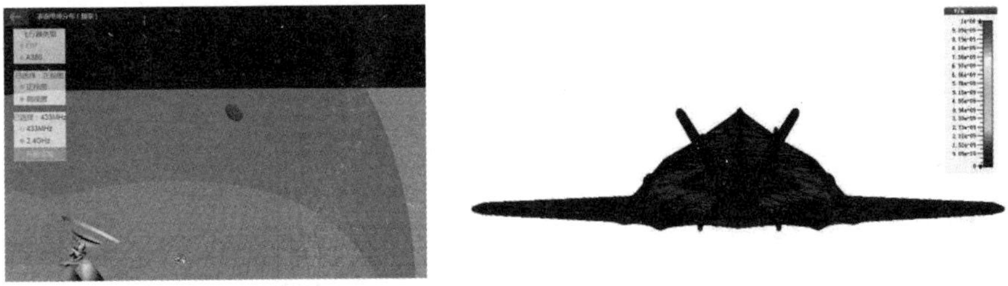

图5–24　F117表面电场随频率变化仿真

③ A320 表面电场随频率变化规律分析：如图 5–25 所示，打开“表面电场分布随频率变化”按钮，选择飞行器类型、飞行方位及微波雷达信号频率，开始实验。

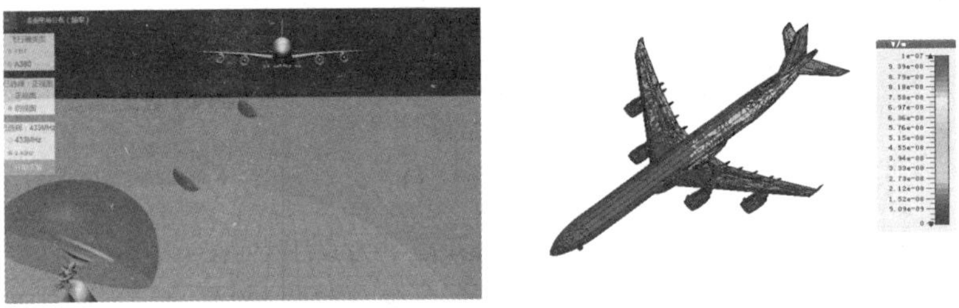

图5–25　A320表面电场随频率变化仿真

④ 飞行器表面电场随入射功率变化规律分析：重复步骤 2，分别将微波雷达信号的功率设定为 0 和 10dBm，开始实验内容。要求对比入射功率分别在 0 以及 10dBm 时电场最大值数值以及最大值的位置，并记录。

⑤ F117 表面电场随时间变化规律分析：如图 5–26 所示，打开“飞行器表面电场随时间变化规律分析”按钮，选择飞行器类型、飞行器飞行方位以及微波雷达信号频率，微波雷达信号的功率为 0, 开始实验内容。要求对比频率分别在 433MHz 以及 2.4GHz 时电场变化的速度，并记录。

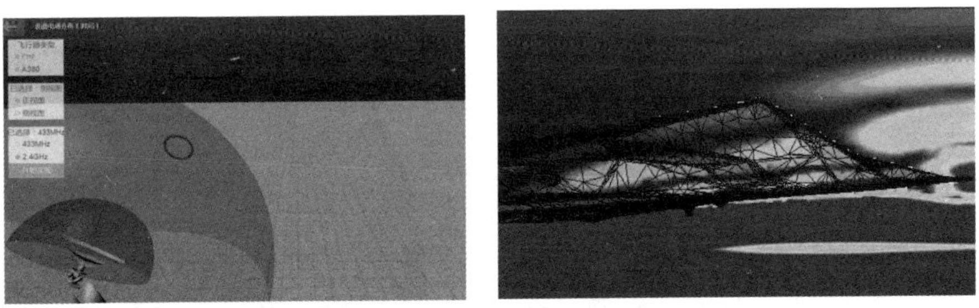

图5–26　F117表面电场随时间变化仿真

⑥ A320 表面电场随时间变化规律分析：如图 5–27 所示，打开“飞行器表面电场随时间变化规律分析”按钮，选择飞行器类型、飞行器飞行方位以及微波雷达信号频率，微波雷达信号的功率为 0, 开始实验内容。要求对比频率分别在 433MHz 以及 2.4GHz 时电场变化的速度，并记录。

图5–27　A320表面电场随时间变化仿真

⑦ 单站雷达 F117 飞行器 RCS 仿真:如图 5–28 所示,点击“RCS 测量”按钮,选择单雷达。要求记录 F117 在微波雷达信号分别为 433MHz 和 2.4GHz、飞机水平飞行以及垂直飞行情况下的 RCS 值。

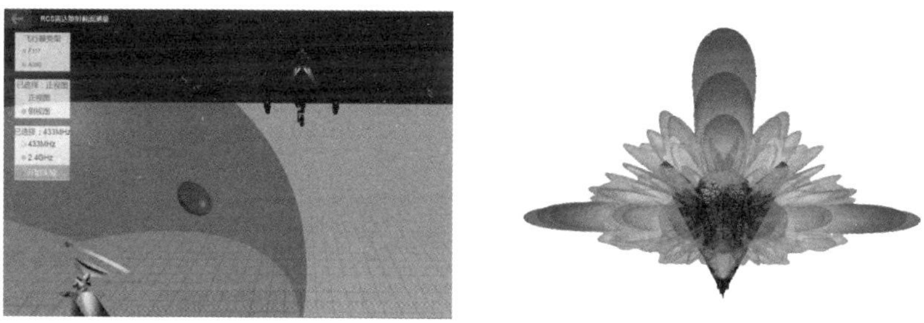

图5–28　单站雷达F117飞行器RCS仿真

⑧ 单站雷达 A320 飞行器 RCS 仿真:如图 5–29 所示,点击“RCS 测量”按钮,选择单雷达。要求记录 A320 在微波雷达信号分别为 433MHz 和 2.4GHz、飞机水平飞行以及垂直飞行情况下的 RCS 值。

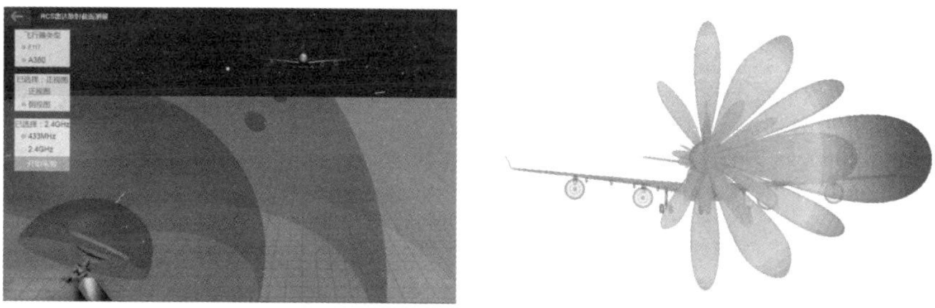

图5–29　单站雷达A320飞行器RCS仿真

⑨ 双站雷达 F117 飞行器 RCS 仿真：如图 5–30 所示，点击“RCS 测量”按钮，选择单雷达。要求记录 F117 在微波雷达信号分别为 433MHz 和 2.4GHz、飞机水平飞行以及垂直飞行情况下的 RCS 值。

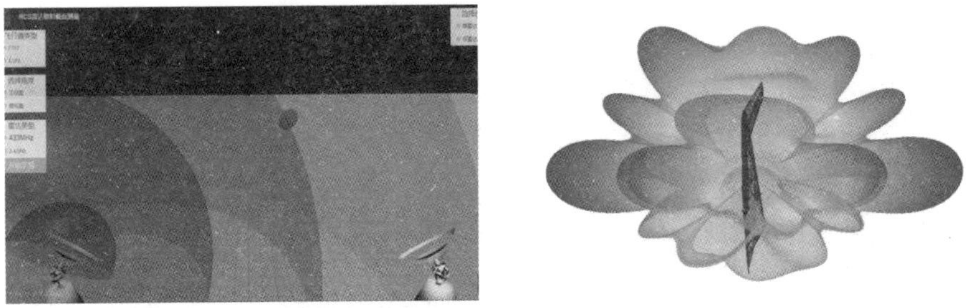

图5–30 双站雷达F117飞行器RCS仿真

⑩ 双站雷达 A320 飞行器 RCS 仿真：如图 5–31 所示，点击“RCS 测量”按钮，选择单雷达。要求记录 A320 在微波雷达信号分别为 433MHz 和 2.4GHz、飞机水平飞行以及垂直飞行情况下的 RCS 值。

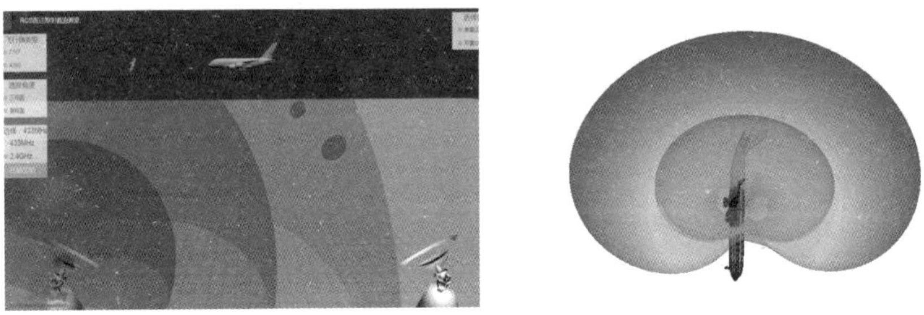

图5–31 双站雷达F117飞行器RCS仿真

⑪ 虚实结合实验设计：通过在多种飞行器模型上特定位置贴铜箔的形式，观察其在信号源辐射信号分别为 433MHz、2.4GHz 等多种频率，功率为 0、10dBm 情况下，飞机水平、垂直等多种角度时，频谱分析仪收到的电平值，分析、归纳、总结飞行器 RCS 增大以及减小的方案以及有效探测 RCS 的方案。

5.2.6 实验结果要求

实验项目内容覆盖了“电磁辐射规律”“飞行器表面电场分布”和“RCS 测量”的三层次仿真以及实物测量实验；在“电磁辐射规律”仿真中需要学生观察和画出微波雷达信号在空气中的示意图，并记录不同波长、频率、功率和距离之间的关系；在“飞行器表面电场分布”仿真中记录微波雷达信号以不同角度入射飞行器时的表面电场分布随频率和时间的变化关系；在“RCS 测量”仿真及实物实验中记录不同发射频率、不同接收位置以及不同飞行器形状、材料、飞行角度下的

RCS 参数。完成表 5-9 ～表 5-11 的数据记录。

除对仿真结果、实物验证实验完成度、实验测量数据等实验结果进行要求外，实验教学更注重发挥学生的自主性，从仿真实验、实物验证实验、结果讨论等环节均以学生为主体，让学生去探索和思考设计过程。

表5-9　表面电场分布仿真记录表

仿真参数	F117、433MHz正向飞行	F117、433MHz侧向飞行	F117、2.4GHz正向飞行	F117、2.4GHz侧向飞行
电场最大值				
最大值位置				
仿真参数	A320、433MHz正向飞行	A320、433MHz侧向飞行	A320、2.4GHz正向飞行	A320、2.4GHz侧向飞行
电场最大值				
最大值位置				

表5-10　RCS仿真记录表

仿真参数	F117、433MHz正向飞行	F117、433MHz侧向飞行	F117、2.4GHz正向飞行	F117、2.4GHz侧向飞行
单站雷达电平值				
双站雷达电平值				
仿真参数	A320、433MHz正向飞行	A320、433MHz侧向飞行	A320、2.4GHz正向飞行	A320、2.4GHz侧向飞行
单站雷达电平值				
双站雷达电平值				

表5-11　虚实结合实验记录表

测量参数	F117 频率：____ 角度：____	F117 频率：____ 角度：____	F117 频率：____ 角度：____
电场最大值			
测量参数	A320 频率：____ 角度：____	A320 频率：____ 角度：____	A320 频率：____ 角度：____
电场最大值			

学生按实验教学要求完成实验设计，记录实验中所涉及的各类数据并进行分析归纳，探究各参数间的相互关系，给出参数优化方案，提交实验总结报告。在“飞行器表面电场分布”仿真模块中归纳和总结影响表面电场分布的主要因素，结合仿真数据说明飞行器隐形的原理；在“RCS 测量”模块中分析不同设定参数获得的 RCS 数据，寻找数据间的变化规律，给出提高飞行器反雷达探测能力的有效途径。另外，实验成绩评定还包含学生的实验行为规范、团队协作、报告撰写等因素，使学生的整体实验素养得到提升。

5.2.7 考核要求

飞行器电磁散射及隐身特性分析综合性实践对学生的考核主要体现在参与性、要点提炼、实验拓展、文档资料表述等方面。实验教学考核注重实验的过程性，关注学生实验报告质量的同时，更关注学生实验设计中所展示的积极性、团队合作意识、思维发散和创新意识等。

根据学生的过程表现、团队配合以及学生提交的实验数据、实物验证性实验完成度及总结报告的情况进行考核。在整个项目实施过程中，引导学生充分关注实验成本、操作行为规范、实验安全和职业伦理等问题。学生如有做得好的地方，可以获得额外加分，但如有不合理、不规范的地方，会被及时警示、诫勉谈话或单独扣分。

实验成绩 =40% 实验数据 +15% 虚实结合完成度 +30% 总结报告 +15% 创新性与实验行为。

实验项目根据学生报告的建议内容、学生问卷调查、实验组教师讨论意见、专家指导意见等多渠道收集反馈意见，对实验考核评价体系进行持续改进。具体评分要求如表 5–12 所示。

表5–12　飞行器电磁散射及隐身特性分析实验评分要求

项目及比例	分值	评价要求
实验数据（40%）	10	测试数据能较准确地反映飞行器反射信号强度与距离、材料和飞行器形状等参数的关系
	8	测试数据大致能反映飞行器反射信号强度与距离、材料和飞行器形状等参数的关系
	6	测试数据能反映飞行器反射信号强度与距离、材料和飞行器形状等参数的变化趋势
	≤4	测试数据不能反映飞行器反射信号强度与距离、材料和飞行器形状等参数的变化趋势

续表

项目及比例	分值	评价要求
虚实结合完成度（15%）	10	理解微波雷达信号基本原理、飞行器隐身技术，较好地完成了在不同发射频率下不同类型、覆盖材料的飞行器RCS测量
	8	基本理解微波雷达信号基本原理、飞行器隐身技术，基本完成了在不同发射频率下不同类型、覆盖材料的飞行器RCS测量
	6	了解微波雷达信号基本原理、飞行器隐身技术，完成部分RCS测量
	≤4	微波雷达信号基本原理、飞行器隐身技术理解的不到位，未完成RCS的有效测量
总结报告（30%）	10	内容完整，有详细的设计过程、仿真结果和数据分析，能较好地给出提高飞行器的反雷达探测能力的方法
	8	内容比较完整，有设计过程、仿真结果和数据分析，给出的提高飞行器的反雷达探测能力方法较片面
	6	内容基本完整，设计过程、仿真结果和数据分析不全，不能有效地给出提高飞行器的反雷达探测能力的方法
	≤4	内容不完整，仿真结果不全或缺少数据分析
创新性与实验行为（15%）	10	实验设计具有较高的原创性和新颖性，无迟到，积极参与讨论，实验操作严谨、过程规范
	8	实验设计具有部分原创性和新颖性，无迟到，积极参与讨论，实验操作严谨、过程规范
	6	实验设计的原创性和新颖性一般，有迟到或早退，态度不积极，讨论参与少，实验行为规范一般
	≤4	实验设计无原创性和新颖性，有旷课，基本不参与讨论，实验行为规范较差

第6章 大学生课外科技创新活动

6.1 大学生课外科技创新活动形式

课外科技创新活动作为一种探索性的实践过程，其任务是探索未知，其最为突出的特征就是“创新”。学生课外科技活动是一种实践环节，在活动过程中强化学生实际动手能力和实践技能，实现从科学知识型向实用技能型转化。群众性的学生科技创新活动，是迸发创新灵感的好时机，有利于学生将课本知识和实际问题相结合。许多新思想、新方法、新技术的产生均源于这种实践活动。

6.1.1 大学生课外科技创新活动介绍

① 全国大学生创新创业训练计划项目。全国大学生创新创业训练计划项目倡导发挥学生为主体的创新实验改革，调动学生参与科技实践的主动性、积极性和创造性，使学生得到创新性科学研究的锻炼，培养学生的科研能力及创新兴趣。包括创新训练项目、创业训练项目两类。每个项目由学生和导师共同拟定课题，并在导师指导下，组成研究团队，利用课余时间，自主进行实验方法的设计、组织设备和材料、实施实验、数据分析处理、总结报告等工作，以培养学生发现、分析和解决问题的兴趣和能力。项目内容由学生自己提出或教师课题相结合，自己组队进行。参与计划的学生在导师指导下自主设计、自主完成创新实验项目，并自主进行创新实验项目的过程管理。教育部以项目的形式资助。

② 杭州电子科技大学大学生创新创业训练计划。杭州电子科技大学大学生创新创业训练计划是根据本科人才培养新体系的要求，以培养学生创新意识和创新能力为主要目的，通过组织学生在教师的指导下，自主进行课题研究和探索，了解和掌握基本的科学研究方法和手段，培养大学生严谨的科学态度、创新意识和团队合作精神，提高大学生的科研创新能力和综合实践能力。学生自主立项或与教师的科研项目相结合。由学生自行实施，教师个别辅导，学校以项目的形式资助。

③“挑战杯”浙江省大学生创业计划竞赛。“挑战杯”浙江省大学生创业计

划竞赛旨在培养学生的创新、创业意识，造就符合未来挑战要求的高素质人才。竞赛采取学校、省和全国三级赛制，分预赛、复赛、决赛三个赛段进行。

④ 全国大学生电子设计竞赛。该竞赛是面向大学生的群众性科技活动，目的在于推动高等学校促进信息与电子类学科课程体系和课程内容的改革，有助于高等学校实施素质教育，培养大学生的实践创新意识与基本能力、团队协作的人文精神和理论联系实际的学风，为优秀人才的脱颖而出创造条件。由大赛组委会命题，参赛学生 3 人组成小组，选择其中一个命题，在规定时间内自主完成设计、制作、调试和总结等工作。

⑤ 杭州电子科技大学电子设计竞赛。该竞赛旨在促进校电子制作类科技竞赛的发展，吸引、鼓励广大学生踊跃参加课外科技实践活动，培养在校大学生的创新能力、协作精神，增强学生动手能力及工程实践素养，提高学生联系实际进行电子设计、制作的综合能力。由校大赛组委会命题，参赛学生 3 人组成小组，选择其中一个命题，在规定时间内自主完成设计、制作、调试和总结等工作。

⑥ 全国大学生“飞思卡尔”杯智能车竞赛。为加强大学生实践、创新能力和团队精神的培养，促进高等教育教学改革，由教育部高等学校自动化专业教学指导分委员会主办了全国大学生智能汽车竞赛。该竞赛是以智能汽车为研究对象的创意性科技竞赛，是面向全国大学生的一种具有探索性工程实践活动，是教育部倡导的大学生科技竞赛之一。该竞赛以“立足培养，重在参与，鼓励探索，追求卓越”为指导思想，旨在促进高等学校素质教育，培养大学生的综合知识运用能力、基本工程实践能力和创新意识，激发大学生从事科学研究与探索的兴趣和潜能，倡导理论联系实际、求真务实的学风和团队协作的人文精神，为优秀人才的脱颖而出创造条件。全国大学生智能汽车竞赛一般在每年的 10 月份公布次年竞赛的题目和组织方式，并开始接受报名，次年的 3 月份进行相关技术培训，7 月份进行分赛区竞赛，8 月份进行全国总决赛。

⑦ 浙江省大学生智能车竞赛。浙江省大学生智能车竞赛是以智能汽车为研究对象的创意性科技竞赛，是面向大学生的一种具有探索性的工程实践活动。本竞赛以“立足培养，重在参与，鼓励探索，追求卓越”为指导思想，旨在促进高等学校素质教育，培养大学生的综合知识运用能力、基本工程实践能力和创新意识，激发大学生从事科学研究与探索的兴趣和潜能，倡导理论联系实际、求真务实的学风和团队协作的人文精神为优秀人才的脱颖而出创造条件。浙江省普通全日制高校本专科在校学生均可参加。每个学校最多 3 个参赛队伍，独立学院独立组队参赛。每队的指导教师不超过 2 名。

6.1.2 大学生课外科技创新活动模式探索

课外科技活动在培养人才方面有不可低估的作用，是一种新型的学习方式，也是一种创新的教学方式。对此，各高校针对自身的具体情况，为推进课外科技活动的开展采取了一系列的方法和措施，并取得了不少的成绩和进展。杭州电子科技大学作为一所电子信息特色突出的教学研究型大学，在这方面取得了良好的成效。

① 搭建科研竞赛平台，指导学生科技创新。学校、学院采取措施，要求并鼓励专业教师加强对学生参加课外科技创新实践活动的指导。成立学科竞赛指导委员会，下设电子设计竞赛、智能小车竞赛、“挑战杯”、嵌入式系统邀请赛等比赛的教练组，对学生科研竞赛进行全面的指导。对于参加科技创新和科技竞赛的同学，学院有组织地提供竞赛培训、实验场地，配备多名指导老师。学院以“芯苗人才”基金为保障的学生科研资助体系，每年立项近百项，每个立项的项目都配有指导老师。学院以无线电协会为基地，不仅提供专门的实验室、元器件、实验设备，还配备专业的科技社团指导老师。

② 重视学生职业生涯规划教育。从新生入学开始到毕业踏入社会，职业生涯规划教育一直贯穿于学生的学习和生活，学校通过新生入学教育、优秀校友沙龙讲座、职业生涯规划讲座、专业就业指导等方式，帮助学生明确对未来的规划，激发学习积极性。大一和大二学习期间，学院开展各项指导活动，举办名师大讲堂，组织校内外知名教授给学生做讲座。开展名师沙龙活动，和知名教授面对面交流，让教授直接指导学生。学生进入高年级后，学院更加重视学生的就业技能培养，通过就业指导课在课堂上进行指导，邀请知名工作人力资源专家给学生讲解职业生涯规划、组织学生参观企业、组织学生去企业进行工程实训，邀请知名校友面对面指导学生。这些活动对学生职业生涯规划、职业从业提供了切合自身的教育和指导，为学生的成长提供了条件。

6.2 专利申请的基本知识

专利申请是获得专利权的必须程序。专利权的获得，要由申请人向国家专利机关提出申请，经国家专利机关批准并颁发证书。申请人在向国家专利机关提出专利申请时，还应提交一系列的申请文件，如请求书、说明书、摘要和权利要求书等。在专利的申请方面，世界各国专利法的规定基本一致。

6.2.1 专利申请前的准备

一项能够取得专利权的发明创造需要具备多方面的条件。首先是具备实质性条件，即具备专利性；其次还要符合专利法规定的形式要求以及履行各种手续。不具备上述条件的申请，不但不可能获得专利，还会造成申请人及专利局双方时间、精力和财力的极大浪费。为了减少申请专利的盲目性，节省申请人及专利局双方的人力和物力，专利申请人在提出申请以前一定要做好以下准备工作。

① 专利法有规定：两个以上的申请人分别就同样的发明创造申请专利的，专利权授予最先申请的人，即先申请原则。因此申请人应该选择好申请的时间，通常情况下越早越好。但是，并不是在所有情况下都应尽早申请专利的。如果一项发明创造太先进，其技术水平超越了时代，就不一定要马上申请专利了。不过，此类情况出现较少。所以一般专利申请要早申请早保护。

② 对准备申请专利的项目是否具备专利性进行较详细的调查。在做出是否提出专利申请以前，应当广泛掌握资料，充分了解现有技术的状况，对明显没有新颖性或创造性的，就不必提出申请。由于现有技术包括专利文献、非专利文献、本专业的权威性期刊和专著等，还包括国内同行业的技术现状，所以对现有技术作全面调查是一项十分细致和烦琐的工作。尽管这样，对现有技术的调查还是一个不应缺少的环节。申请人至少应当检索一下专利文献，因为专利文献包含了国内外最新的技术情报，又有比较科学的分类方法，往往可以给申请人较大帮助。专利法规定，申请一旦提交以后，就不能再作实质性修改，所以申请文件特别是说明书写得不好，将成为无法补救的缺陷，甚至可能导致很好的发明内容得不到专利。

6.2.2 专利申请步骤

6.2.2.1 专利申请原则

① 申请发明、实用新型专利的原则。根据我国专利法第三十一条规定，“一件发明或者实用新型专利申请应当限于一项发明或者实用新型。”即发明、实用新型申请专利必须坚持“一发明（或一实用新型）一专利”的原则。

② 申请外观设计专利的原则。根据我国专利法的规定，申请外观设计专利，一般也应遵循“一外观设计一专利”的原则。

6.2.2.2 申请专利前的准备

学习和熟悉专利法及其实施细则，了解什么是专利，谁有权申请并取得专利，如何申请和取得专利。对准备申请专利的项目是否具备专利性进行较详细的调查。需要从市场经济的角度对申请专利进行认真考虑。了解专利申请文件的书写格式和撰写要求、专利申请的提交方式、费用情况和简要的审批过程。为了保证专利申请具有新颖性，在提出专利申请以前，申请人应当对申请内容保密。

（1）申请发明或者实用新型专利应提交的文件

① 请求书：发明或实用新型的名称；关于与发明创造及专利申请有关系的人和机构；申请文件及附加文件的清单；其他事项。

② 说明书。

第一，说明书是一个技术性文件，是专利申请文件最重要的部分，是申请专利的核心文件。第二，说明书是一个法律性文件，在实践当中，说明书撰写得好与差，将会影响到专利权是否能够获得。第三，说明书的主要内容应包括以下八个方面：发明或实用新型的名称、发明或实用新型所属技术领域、有用的背景技术、发明或实用新型的发明目的、发明的内容、发明的优点及积极效果、有关附图及说明、发明或者实用新型的实施例及最佳实施方案。

③ 权利要求书。权利要求书用于确定申请人请求专利保护的范围，也就是再一次用简明方式写明发明或实用新型的技术特征。

④ 摘要。摘要是对说明书内容的简短说明

（2）申请外观设计专利应提交的文件

① 请求书。请求书是申请人向专利局表示请求授予专利权的愿望的文件。

② 图片或者照片。为了清楚而准确地显示请求保护的对象，申请人可就每件外观设计提交不同角度、不同侧面或者不同状态的图片或照片。

（3）申请日与优先权日

专利申请人向专利局递交上述文件后，即表明专利申请人正式提出了专利申请。专利局收到申请文件后，应当明确申请日，给予申请号，并通知申请人。优先权是《保护工业产权巴黎公约》规定的一种权利，即在申请专利或商标等工业产权时，各缔约国要互相承认对方国家国民的优先权。第一次提出申请的日期即为优先权口。

6.3 大学生科技创新实践项目实例

6.3.1 创新型技术设计实例

6.3.1.1 基于 MQTT 协议的无线光照强度采集系统设计

MQTT 是“Message Queuing Telemetry Transport”的简称，其中文名称为“遥

信消息队列传输"。MQTT 是一个基于 TCP 的发布订阅协议，其设计的初始目的是为了让小内存和低带宽的网络设备能进行可靠通信。在"万物互联"的浪潮下，许多低成本、低性能的终端设备也被要求接入物联通信网络中，而 MQTT 由于其极低的资源需求、丰富的应用场景接口和较高的可靠性，已然成为物联网通信的首选协议之一。

（1）系统介绍

本节实现了一个无线光照强度采集系统。系统能够采集环境光照，将光照数据通过 MQTT 协议上传至服务器，并在手机 APP 上实现数据可视化。系统分为单片机终端、服务端、客户端三部分：单片机终端为 Microchip 公司的 ATMega4808 物联网开发套件，负责光照数据的采集、WIFI 连接以及光照信息上传；服务端为自主搭建的服务器，负责处理下位机上传的光照数据，并和上位机进行通信；客户端为用于光照数据可视化的手机 APP，能够实时接收服务端下发的光照数据，并与用户进行交互。

一个物联网系统通常由上位机、服务端、下位机三个部分组成，三个部分在系统中负责不同的功能，但又互相联系，成为有机的统一体。在设计一个物联网系统时，要对这三部分单独进行设计，最后通过通信协议将各部分联系起来。

① 下位机。

物联网系统的下位机通常为一个微控制系统，负责数据采集、逻辑控制等直接与环境交互且数据量较小的工作。在本系统中，微控制系统的核心为 ATMega4808 芯片，通过 A/D 转换接口对环境光照数据进行采集；此外，为了与服务端建立数据通信链路，微控制系统通常还需要一个有线或无线的通用数据收发模块，在本系统中，数据收发模块为 Microchip 公司的 ATWINC1510WIFI 通信模块。下位机系统组成如图 6–1 所示。

图6–1　下位机系统组成

② 服务端。

物联网系统的服务端是系统的数据处理核心单元，负责数据汇总、处理、命令下达等。服务端可以是处理功能较强的处理器，可以是一台 PC，也可以是大型服务器。在设计服务端系统时，要预先估算服务端硬件的处理能力和系统的数据量，根据数据量大小选择合适的服务端硬件载体，以免出现性能不足或性能严重过剩的情况。

在确定服务端硬件载体之后，要确定服务端的功能。本系统中传输的数据主要为光照数据，服务端需要将下位机上报的光照数据处理为上位机能够使用的格式。此外，为了实现数据流的“中继”功能，服务端必须为数据的上下行提供相应的接口。在本系统中，对于下位机，服务端要提供与微控制器及数据传输模块连接的接口；对于上位机，服务端要提供与手机 APP 连接的接口。

③ 上位机。

物联网系统中的上位机通常是系统与用户交互的平台，起着数据可视化、下发控制命令等作用。由于上位机直接与用户交互，其开发要求不仅包括性能与可靠性等非功能性要求，还有界面设计、操作简便性等功能性要求。可以说，一个上位机应用的美观程度和可操作性是提升整个系统的用户体验的关键性因素之一。

本系统的上位机是一个 AndroidAPP。手机 APP 端的开发分为两个部分，第一部分为 MQTT 客户端的搭建，第二部分是图形用户界面 (GUI) 的搭建以及页面与页面之间的逻辑关系构建及通信的建立。进行 APP 开发可选的平台和集成开发环境（IDE）非常丰富，本系统上位机开发用到的开发工具是由谷歌公司开发的 AndroidStudio。

④ 通信协议。

通信协议是物联网系统各部分之间进行数据交互的纽带，通信协议的选择对于系统中信息交互的效率有重要的影响。物联网系统的数据交互分为有线和无线两种方式：有线方式的通信适合数据吞吐量较大、信息传输可靠性要求较高的场合，其缺陷也非常明显——架设与维护成本较高、通信距离受限等；与其相对应的无线通信方式则由于架设方便、组网灵活、成本低等优势，在物联网系统中越来受到青睐，而无线通信方式的可靠性和效率，正是由通信协议保证的。

目前用于物联网设备的无线通信方式主要有：WIFI、蓝牙、ZigBee、Sub-G 等。各种无线通信方式都有各自的协议栈，由于其不同的特性而被用于不同领域。

本系统主要采用 MQTT 协议进行数据交互。MQTT 是一种基于发布 / 订阅模式的“轻量级”通信协议，该协议构建于 TCP/IP 协议上，由 IBM 在 1999 年发布。MQTT 最大优点在于，可以以极少的代码和有限的带宽，为连接远程设备提供实时可靠的消息服务。作为一种低开销、低带宽占用的即时通信协议，其在物联网、小型设备、移动应用等方面有较广泛的应用。MQTT 协议的结构如图 6–2 所示。

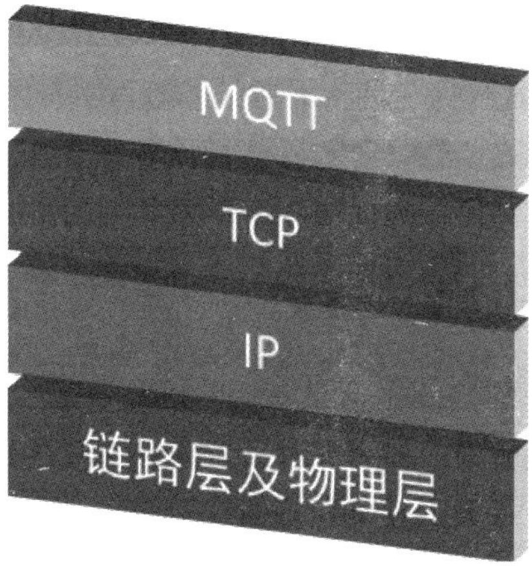

图6-2　MQTT协议结构

MQTT 协议的核心是“订阅”（Subscribe）和“发布”（Publish）。简单来说，终端设备在连接到 MQTT 服务器（MQTTBroker）后，只需要向服务器订阅某一个主题（Topic），MQTT 服务器就会自动将该主题的消息通过 TCP 协议实时转发给订阅的客户端。想象一下微信的公众号系统，用户订阅了某个微信公众号之后，如果该公众号有任何新的推送，立刻就会转达用户处。MQTT 的工作方式也是如此，图 6-3 展示了基于 MQTT 协议的物联网系统架构。

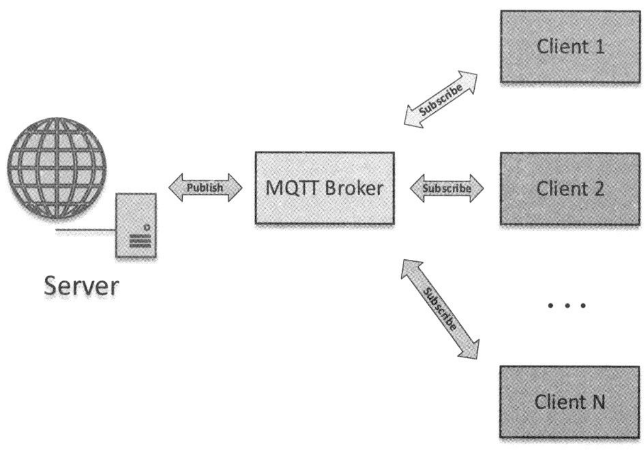

图6-3　基于MQTT协议的物联网系统架构

MQTT 协议以数据包为单位进行数据传递。在 MQTT 协议中，一个数据包由固定头（Fixed header）、可变头（Variable header）和消息体（Payload）三部分构成。

（2）系统设计

① 硬件设计。

下位机系统基于Microchip公司的AC164160物联网开发套件进行开发，如图6–4所示。系统的主控单元为ATmega4808微控制器。ATmega4808是一款八位的微处理器，具有20MHz的主频、48KB的Flash存储器、6KB的SRAM以及256B的EEPROM存储单元；片上搭载的ATWINC1510是一款高度集成的WIFI模块，具有内部时钟源、内部电源管理电路和板载天线，并对外提供UART和SPI接口，用户只需通过UART或SPI协议对模块进行简单配置，就能实现入网。此外，片上还搭载了光照传感器、温度传感器以及安全芯片、调试电路，几乎包含了物联网系统开发需要的所有基础模块。

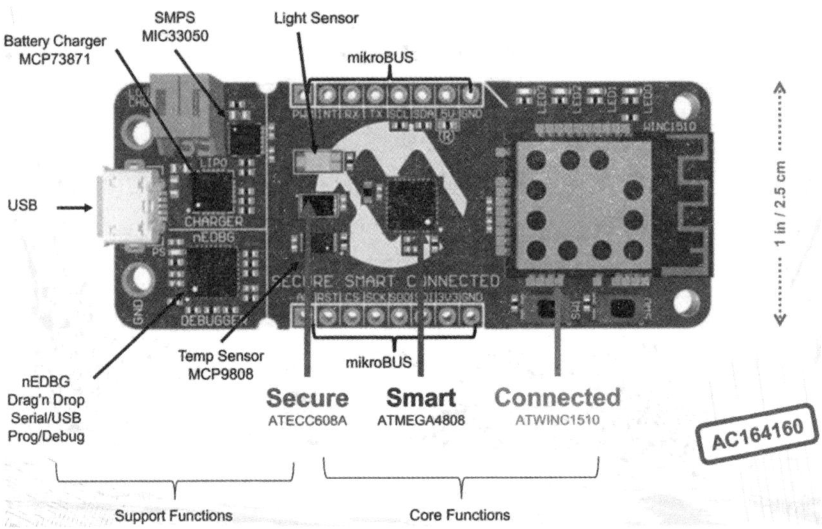

图6–4　AC164160物联网开发套件

其中，片上搭载的光照传感器是一个光敏电阻，其阻值会随着周围光照强度的变化而改变。利用A/D转换接口读取光敏电阻两端的电位，进行一定的换算，就能够得到当前的环境光照强度。

② 软件设计。

本系统的软件主要由驱动程序、网络协议栈和应用程序三个部分组成。其中，驱动程序直接控制片上设备的工作，网络协议栈封装了TCP和MQTT协议相关的函数，应用程序是用户操作的接口。系统启动要经过以下三个步骤：

步骤一，完成片上硬件初始化。包括初始化系统时钟、配置中断向量、初始化A/D转换接口、初始化SPI通信接口等。

步骤二，搜索并连接到 WIFI 网络。

步骤三，通过 TCPSocket 建立与 MQTT 服务器的连接。

在最终建立了与 MQTT 服务器的连接后，系统就成功接入了服务端，可以开始数据交互了。为了通过 MQTT 协议实现数据上下行，下位机首先要订阅主题，本系统订阅的主题为“/sensors/## 学号 /illumination”，其中“## 学号”为开发者的学号。完成订阅之后，下位机就可以向服务器上传数据了。系统在主循环中通过 A/D 转换采集光敏电阻引脚的电压值，转换为光照强度数据，并上报给服务器。系统的软件流程如图 6–5 所示。

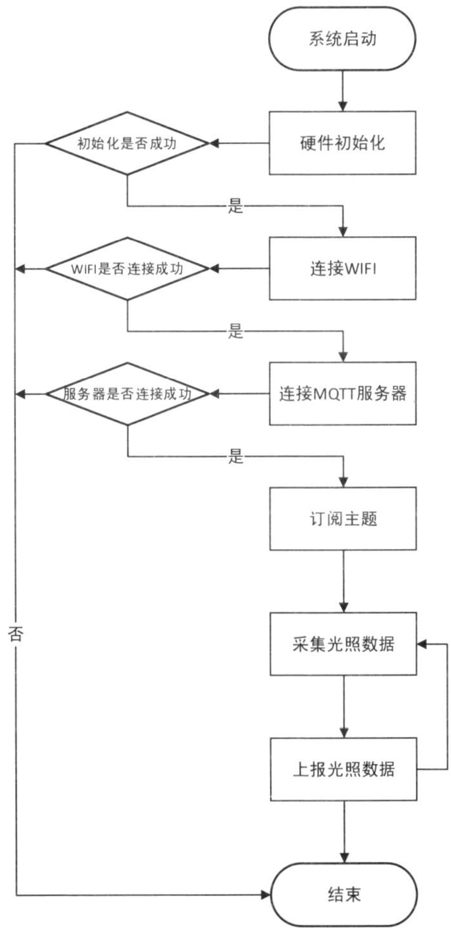

图6–5　软件流程图

MQTT 协议是基于 TCP/IP 协议栈的，本系统通过 TCP 套接字（Socket）实现下位机与服务器的 TCP 通信。Socket 是支持 TCP/IP 协议的网络通信基本操作单元，包含了进行网络通信所必须的五种信息，即：连接所使用的协议、本地主机 IP 地址、本地远程协议端口、远程主机 IP 地址以及远程连接进程协议端口。通信模型如图 6-6 所示。

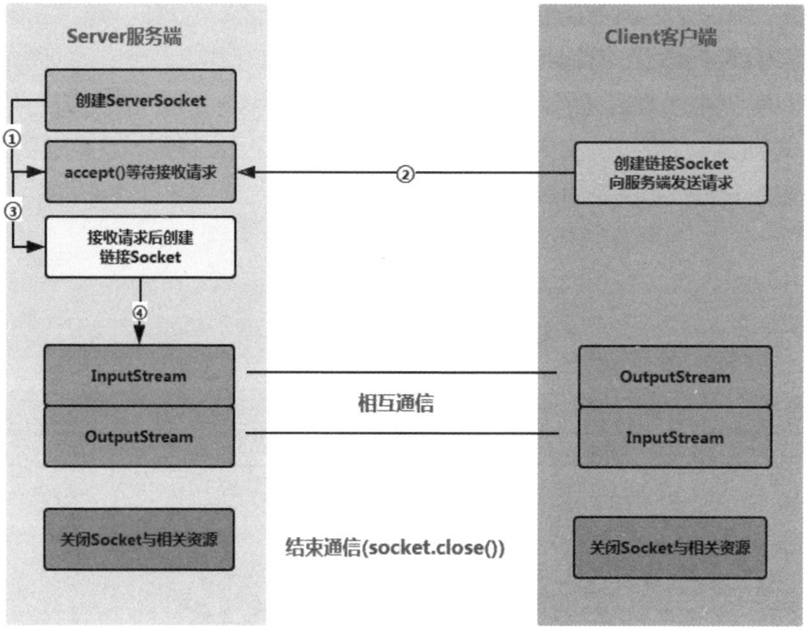

图6-6　Socket通信模型

可以看出，作为 Socket 通信中的客户端，下位机需要创建一个 Socket 并向服务端发送请求。本系统使用标准 TCPSocket 库函数中的 socket()、bind()、connect()、send()、recv() 等函数实现这一过程。

（3）部分代码及注释

```
/* 硬件初始化 */
voidbsp_init()
{
uint8_tmode=SW0_get_level();
    wdt_disable();
    /* 初始化芯片 */
    atmel_start_init();
    CLI_init();
    CLI_setdeviceId(attDeviceID);
    debug_init(attDeviceID);
```

```
/* 初始化中断 */
ENABLE_INTERRUPTS();
/* 初始化片上模块 */
cryptoauthlib_init();
if(cryptoDeviceInitialized==false){
        debug_printError( “APP:CryptoAuthInitfailed” );
}
/* 初始化 wifi 模块 */
wifi_init();
}

/*tcpsocket 服务器连接函数 */
intsocket_connect()
{

intsockfd,new_fd;                    /* 定义 scocket 句柄和接受到连接
后的句柄 */
structsockaddr_indest_addr;          /* 定义目标地址信息 */
charbuf[MAX_DATA];                   /* 储存接收数据 */

sockfd=socket(AF_INET,SOCK_STREAM,0);/* 建立 socket*/
if(sockfd==-1){
        printf( “socketfailed\n” ;
}

dest_addr.sin_family=AF_INET;
dest_addr.sin_port=htons(DEST_PORT);
dest_addr.sin_addr.s_addr=inet_addr(DEST_IP);
memset(&(dest_addr.sin_zero),0,8);

if(connect(sockfd,(structsockaddr*)&dest_addr,sizeof(structsockaddr))==-1){
printf( “connectfailed\n” );
```

```
}
else{
printf( "connectsuccess" );
return0;
}

}

/*MQTT 服务器连接函数 */
voidMQTT_CLIENT_connect(void)
{
mqttConnectPacketcloudConnectPacket;

memset(&cloudConnectPacket,0,sizeof(mqttConnectPacket));

cloudConnectPacket.connectVariableHeader.connectFlagsByte.All=0x02;
cloudConnectPacket.connectVariableHeader.keepAliveTimer=10;
cloudConnectPacket.clientID=(uint8_t*)cid;
cloudConnectPacket.password=(uint8_t*)mqttPassword;
cloudConnectPacket.passwordLength=strlen(mqttPassword);
cloudConnectPacket.username=NULL;
cloudConnectPacket.usernameLength=0;
MQTT_CreateConnectPacket(&cloudConnectPacket);
}

/*MQTT 服务器发布函数 */
voidMQTT_CLIENT_publish(uint8_t*data,uint16_tlen)
{
mqttPublishPacketcloudPublishPacket;

// 填充固定头
cloudPublishPacket.publishHeaderFlags.duplicate=0;
```

```
cloudPublishPacket.publishHeaderFlags.qos=0;
cloudPublishPacket.publishHeaderFlags.retain=0;

// 填充可变头
cloudPublishPacket.topic=(uint8_t*)mqttTopic;

// 填充载荷
cloudPublishPacket.payload=data;

cloudPublishPacket.payloadLength=len;

if(MQTT_CreatePublishPacket(&cloudPublishPacket)!=true){
debug_printError( "MQTT:ConnectionlostPUBLISHfailed" );
}
}

/* 光照强度 AD 采集函数 */
intADC_0_get_conversion(adc_0_channel_tchannel)
{
intres;
/* 开始采集 */
ADC_0_start_conversion(channel);
/* 等待采集结束 */
while(!ADC_0_is_conversion_done());
res=ADC_0_get_conversion_result();
ADC0.INTFLAGS|=ADC_RESRDY_bm;
returnres;
}
```

6.3.1.2 手持式投影图像采集器设计

随着科学技术的发展，投影仪行业蓬勃发展，需求精细化与定向化的图像显示产品市场不断扩展，图像数据无线传输是本设计的核心。

整个设计是基于单片机 stm32 为核心的图像采集处理器。图像数据收发部分拟采用无线芯片 NRF24L01 进行数据传输。发送方与接收方要达到传输速率上的匹配。接收存储的数据经过处理器，驱动 VGA 模块将图片数据传送到电脑或投影仪等显示设备上。投影仪是伴随光学、电子学等许多学科的发展而发展起来的。显像技术、集成电路技术、音视频技术等科技的发展和进步共同促进了无线投影仪技术的发展壮大。

此作品是为解决在教学过程中老师会向同学们临时展示一些与教学有关的实物，为了方便让所有同学及时看到实物，能够迅速地将展示的物品实时投放在大屏幕上，让所有学生及时了解实物详情，促进师生互动，提高教学效率，使教师教授的内容更加灵活丰富。

（1）引言

目前课堂上的多媒体教学，大多数以教师提前做好的 PPT 课件、准备好的视频或音频来传授知识，向同学展示教学内容，形式上有些死板，不灵活。对于同学参与课堂，为课程添砖加瓦或老师临时需要添加展示一些教学相关实物并不便利。传统的多媒体课堂教学，是由老师根据经验准备好教案，这存在填鸭式的教育观念。根据学校教育实际，在现有条件下增加手持式无线投影设备，极大方便课堂上的实物图片采集及显示，利于教学。

21 世纪初，将无线通信技术研发应用于投影设备，有索尼、松下、联想等行业泰斗。新技术、新产品的推广应用，总是有各种问题，如操作性差、造价高、性能低限制了推广发展，随着科学技术的蓬勃发展和无线投影需求的扩张及技术应用的普及，无线投影的应用在未来潜力无限。

图像数据的采集、无线数据传送以及 VGA 模块显示是本设计采集、存储、传送与图像显示至关重要的方面。一套完整的图像采集和无线传输显示系统由图像传感器、微控制器、无线通信芯片、嵌入式系统和 VGA 驱动显示等组成。通过摄像头可以采集到图像目标，处理器可以驱动无线芯片发送和接收图像数据，接收模块存储的数据，传输的数据依旧是模拟传输数据，通过 A/D 转换器化为红、绿、蓝三种彩色的颜色信号和两种特别扫描信号，它们分别是用于控制列向的场同步信号和控制横行方向的行同步信号，信号通过特定接口，就可以传输到显示设备中，如显示屏幕或其他可成像的设备。其中，此类接口包括 VGA、HDMI 等。对于某些显示器，信号也被直接送到相对应的图像处理电路，驱动控制成像，展示出需要的图像。

本设计主要是由图像采集部分和发送模块，将图像发送出去，数据通过无线芯片接收到接收模块，接收到的数据写入存储卡，驱动 VGA 模块读取存储卡数据将图片在投影仪上显示，放映出采集到的图像。

（2）总体设计

手持式投影图像采集器是一种集图像采集、无线通信、图像显示于一体的系统，它的工作原理是利用图像采集模块中的摄像头采集图像数据，中央处理器存储转换数据，通过无线芯片 nRF24L01 将数据传输到显示模块，再经接收模块的无线芯片接收数据，将数据存入存储卡，STM32 驱动 VGA 模块读取转换图像数据，将图像显示到投影设备上。

手持式投影图像采集器组成框图如图 6–7 所示。该图像采集数据发送部分包罗摄像头、TFT 显示屏、微控制器和无线芯片。数据接收显示部分由无线模块、微控制器、VGA 驱动模块与投影显示设备，一共 8 个部分组成。

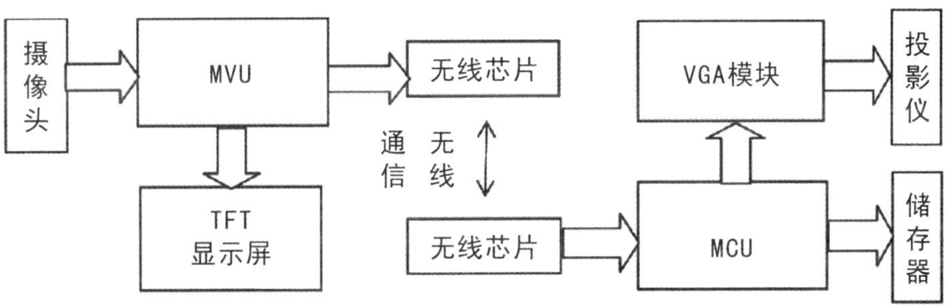

图6–7　系统框图

（3）硬件设计

图片数据的采集和数据无线传输是手持式投影图像采集器的关键。本设计是一种基于 ARMCortex—M3 处理器的手持式图像采集的无线传输数据接收显示终端。手持式投影图像采集器的工作原理是采用摄像头 OV7670 作为图像信息采集器件，使用 STM32F103 作为主控处理器，用市场上较为通用的 nRF24L01 作为传输部分，显示由 ALIENTEK 的 VGA 显示驱动模块以及适合的液晶屏。无线收发模块工作在 2.4GHz 到 2.5GHz 微波频段，可以满足在教室内一定距离无线传输图像数据的要求（图 6–8）。

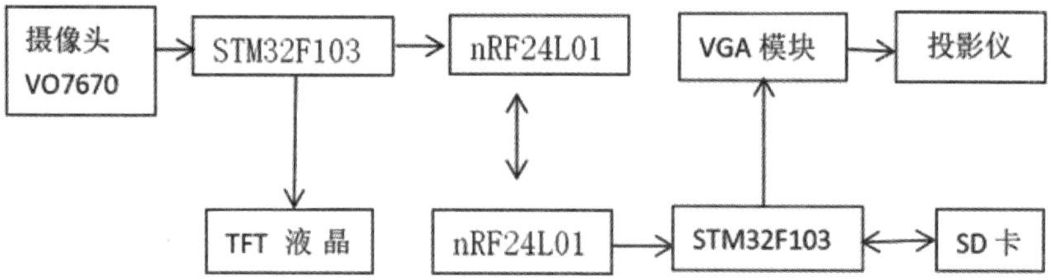

图6–8　投影仪硬件框图

图像采集和无线传输是图像识别、图像数据处理和通信领域的关键技术。一套完整的图像采集和无线传输系统由图像传感器、STM32 微控制器、无线通信芯片、软件系统以及显示部分组成。

根据图像采集和无线传输是本设计的主要任务，其中包括图像数据的发送和接收终端。在这个基础上，微波天线技术也被应用于无线模块以及使用图像传感器帮助实现采集图像的目的。

① 摄像头与缓存连接电路设计。依据摄像头的缓存类型，可以将其分成两种类型：一种是带缓存（FIFO）的摄像头，另一种是不带缓存的摄像头。不带缓存的摄像头需要利用 STM32 的内存单独开拓一个区域来用于缓存图像处理。带 FIFO 的相对简单，只需要直接使用即可。本次采用的是已经集成 FIFO 的摄像头即 OV7670+AL442B，其连接图如图 6–9 所示。图 6–9 左侧为 OV7670 传感器，右侧则为 AL442B 缓存器。

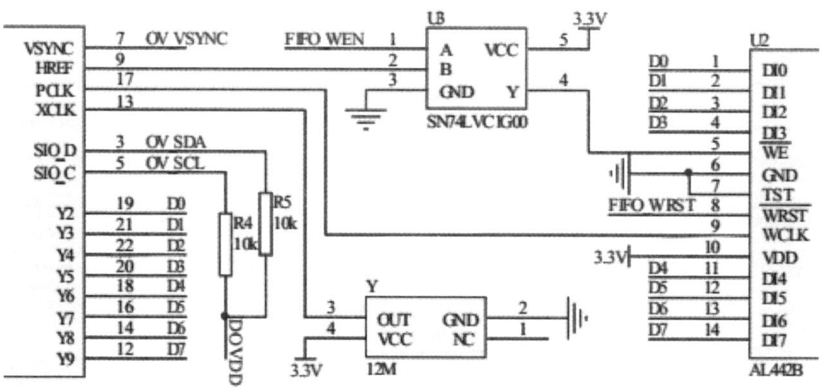

图6–9　OV7670与AL442B连接方法

② OV7670 与单片机连接电路设计。因为摄像头刷新速度比较快，若用较长的杜邦线会影响数据传递，从而影响图像显示的效果，因此线应该尽量短或者没有。本设计采用直插的形式与单片机进行连接，这样可以充分保证数据的缓存与输出流畅，其相应的引脚连接如表 6-1 所示。

表6-1　摄像头引脚表

OV7670	STM32
OVD0~D7数据口	PC.0~PC.7
FIFORCLK	PB.4
FIFOWEN	PB.3
FIFOWRST	PD.6
FIFORRST	PG.14
FIFOOE	PG.15
FIFOVSYNC	PA.8
OVSCL	PD.3
OVSDA	PG.13

③ 按键电路设计。STM32 的开发板中已存在三个基础按键，只需要用到一个按键，并且将它拉低，便于检测，其基本的电路连接如图 6-10 所示。使用的是 KEY0 按键，当按键按下的时候，电压发生变化，从而单片机进行检测，达到执行拍照程序的目的。

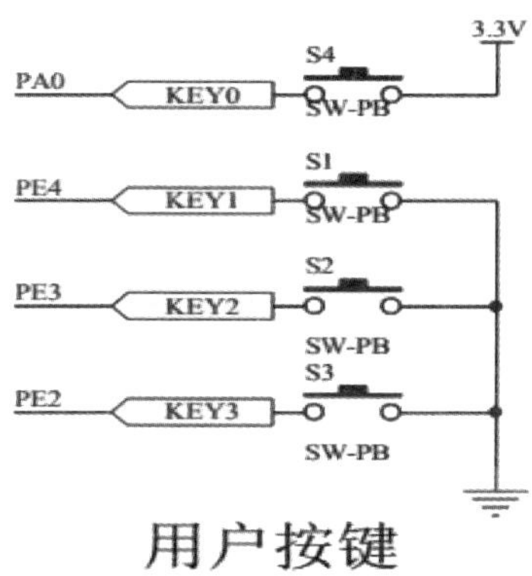

图6-10　按键电路

④ 传输电路设计。传输部分采用的是 nRF24L01，此处与单片机相连接构成一个数据传输模块。连接方式为直接插在单片机的扩展口上，大部分 STM32 单片机开发板上都带有已经焊接好可以直接插的位置，用起来十分方便，具体引脚间的连接可以如图 6–11 的电路图所示。

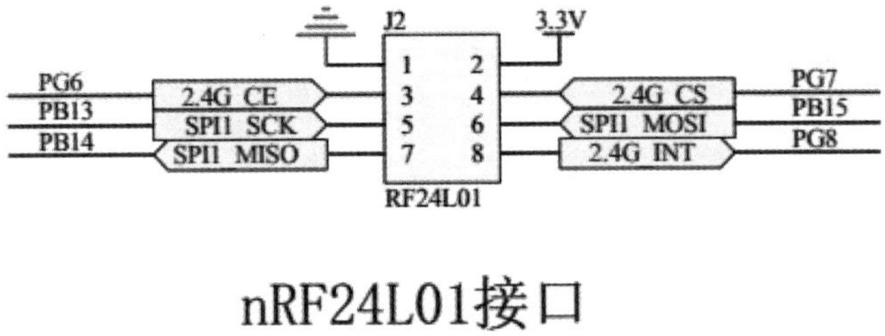

图6–11　无线模块引脚连接

⑤ 图像显示电路设计。除了 TFT 显示屏幕，主要介绍 FSMC 模块的部分。因为是要通过 FSMC 模块，才能对 TFTLCD 进行操作，FSMC 在其中起到了方向盘的作用。其实 FSMC 模块的特定引脚都是对应地址线、数据线、控制线等，完成上述的相关硬件连接，只须将 FSMC 模块进行初始化，即对其时序参数进行初始化，然后对 TFT 的寄存器进行访问，这和访问内存其实是一个道理。相关的引脚连接如图 6–12 所示。

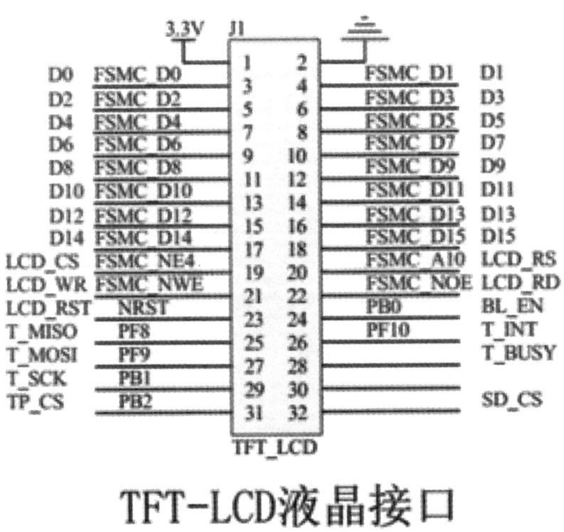

图6–12　TFT–LCD液晶接口图

（4）软件设计

本设计的主要功能是数据传送发射接收部分，实时检测无线模块是否有数据传过来。开机接收显示模块上电，软件开始执行初始化操作。手持终端可以随时采集发送和接收图像数据信息。手持终端的主控制器 STM32F103ZET6 通过 SPI 接口向无线芯片发送命令，向接收部分的无线芯片发送图像数据，接收终端 STM32 驱动读取图像数据传输到 VGA 模块。

首先，终端的软件程序初始化 TFT、键盘和通信模块等外围设备。然后，摄像头保持不活动状态以节省能量，直到收到来自主控制器的命令。根据命令，摄像头可以捕捉图像并与主控制器交换数据。完成数据交换后，摄像头将再次变为待机状态。然后，终端的主控制器通过 SPI 接口将命令和数据发送到无线收发器模块，然后 RF 无线收发器模块可以与另一个终端无线连接。系统具有主终端，无线收发模块将接收到的数据发送回主终端的主控制器进行处理。作为接受端，数据接收完成时，位移寄存器中的数据传到数据缓冲器，SPI_SR 寄存器中的 RXNE 标志被设置。如果设置了 SPI_CR2 寄存器中的 RXEIE 位，则产生中断。在最后一个采样时钟边沿后，RXNE 位被置 1，移位寄存器中接收到的数据字节被传送到接收缓冲器。当读 SPI_DR 寄存器时，SPI 设备返回这个值。读 SPI_DR 寄存器时，RXNE 位被清除。主终端的主控制器及时显示数据并通过串口发送到计算机的管理系统。

开机上电软件开始执行，初始化操作分别为：NVIC 中断、初始化 UART、LEDKEY、LCD、nRF24L01、VGA。TFT 上显示提示信息：检测 nRF24L01 是否正常、检测 SD 卡是否正常。设置 nRF24L01 为接收模式，一直处于接收状态 While(1) 主循环，实时检测 nRF24L01 是否接收到数据，是则连续接收数据直到接收完一帧图片，存在 SD 卡中；否则继续检测按键 1 是否按下，按下则遍历读取 SD 卡中的每个像素并驱动 VGA 扫描到屏幕上，否则返回循环，具体步骤详见图 6–13 主程序流程图所示。

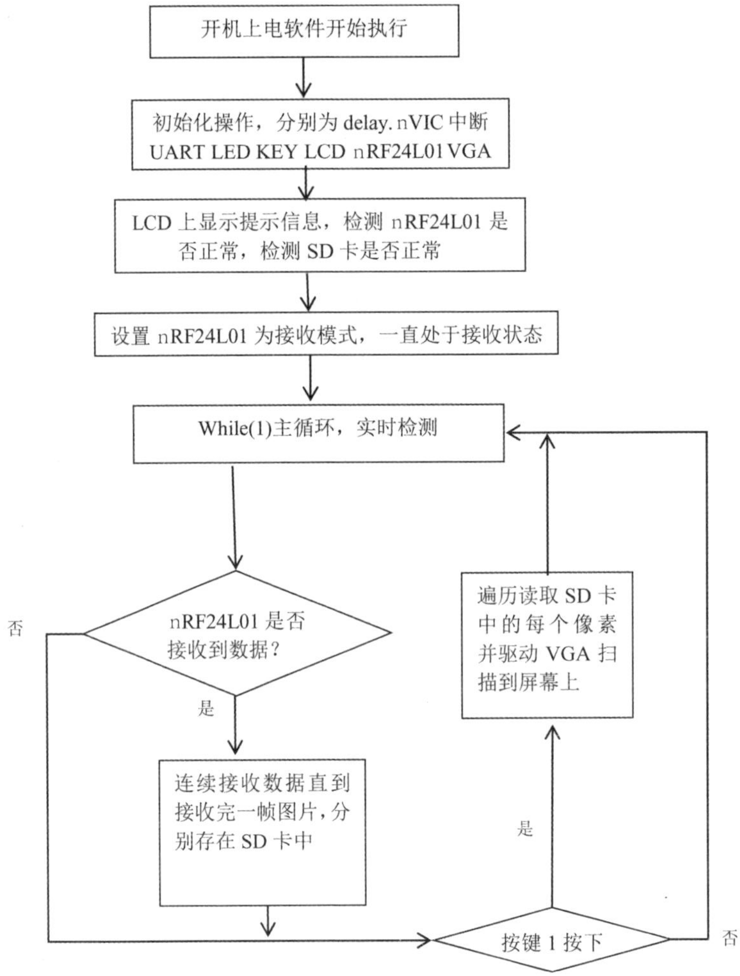

图6–13　主程序流程图

（5）系统的整体组装和调试

① 硬件模块的连接。

手持式投影图像采集器系统所涉及的各部分硬件模块的特点是：所用的模块可以满足任务书功能要求，而不需要自己设计电路板。采用的模块 stm32 微处理器、摄像头、无线芯片较为普遍，参考资料和各种学习例程较多。

整体的电路分为两大模块：

采集发射部分：图像采集部分由摄像头 V07670，无线传输部分 nRF24L01，微控制处理器 stm32F103 为一部分。

接收部分：由无线接受部分 2.4G 传输，中心处理器 STM32，显示部分，STM32VGA 驱动模块。

② 调试。

a. 通信模块调试。

在设计之初，最开始是选用 WIFI 进行通信，但是发现利用 WIFI 通信固然操作和设计都十分简单，一切的设计都是按照此基础上进行继续进展。但是在实际操作时发现，每次传输数据前都要进行一系列操作，十分浪费时间，并且大大延长了整个工作过程的速度。最终决定换成 nRF24L01 用于最终的收发模块。经过一系列方案整改，开始了新的调试。最开始并不是直接传整块的数据，而是从一段“A,B,C,D……”开始，成功由发送方传递给了接收方。

接下来传输文字成功，开始传输图像数据，因为图像数据比较大，因此需要用到内存卡，在内存卡中开取一片空间，然后将数据再读出来。此时可以成功进行通信，但是当数据到了内存卡里面时，又无法正常读取。于是使用自检的办法，利用 LED 灯作为显示标志对硬件和软件进行排查，检查结果，是板子的问题，选用的开发板 SD 存在问题，不能正确写入。更换了板子后重新开始，顺利将文字存入卡中又读取了出来。图片也很顺利地传输过来，两块 TFT 板子上显示的是一样的图片。

利用 VGA 模块并不能驱动出正常的图像。经过查询得知，此 VGA 模块多用于 FPGA，STM32 驱动会十分乏力。改用专门用于 STM32 专用的驱动 VGA 模块，此模块利用 FPGA+SRAM 集成，并且通用于显示屏幕的插口。刚开始并不能显示图像，于是在代码和硬件方面都进行了排查，发现代码打点和时序初始化方面有一些问题。改良了代码，在 SD 卡中预先存了一幅图片，并且正常显示出来。最后将代码整合可以就收到图片并且在 VGA 中显示。在这之后，通过简单的调试，可测出最佳的距离与传输速度。

对于图像数据的显示，用 TFT 显示屏幕代替 VGA 显示。单片机通过串口或并行口向 TFT 发送几个字节的命令，就可以在屏幕上显示效果，这种方案对相应的寄存器进行配置后就可以自动向 TFT 数字彩屏发送数据，无须 CPU 参与，让 CPU 有足够时间来处理其他程序。但是在开始时仅仅是传送一段文字数据也非常困难，多次调试两边的传输模块就是无法正确配对。最终加一个自检模块，来检测外插的模块是否正常工作，经过自检程序，发现其实是硬件方面问题。接收方的无线模块无法正常和单片机相连接。为了保险起见，同时更换了两块无线收发芯片。

b. 摄像头调试。

因为 0V7670 需要的频率比较高，其数据刷新频率也高，应用一般的长杜邦线会对结果和效果影响非常大，在设计之初并未发现这个问题，所以才用较长杜邦线，其效果如图 6–14 所示，当改用直插的使用方法后，效果立竿见影，如图 6–15 所示，并且通过摄像头前面的旋钮可以对摄像头进行调焦。

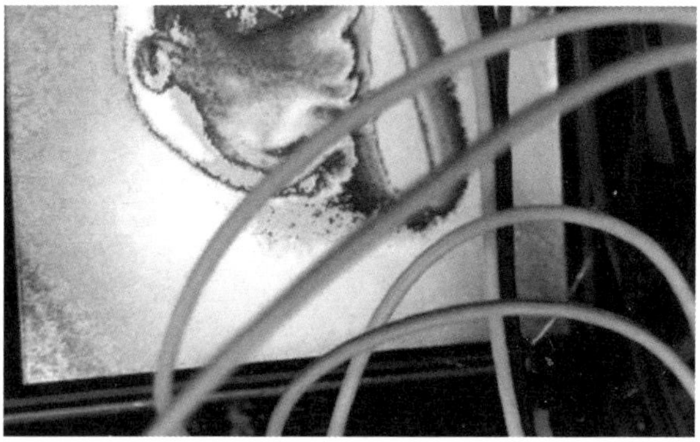

图6–14　长线显示效果

图6–15　直插显示效果

③ 实测及误差分析。

a. 传输速度调试。

距离和速度作为发送和接受设备间需要不断调试的两个参数。其实 2.4G 传输速度可以达到每秒 8Mb，320 × 240 × 2 位大概就是一帧图像，其所得的结果为 153600bit，不到一秒就可以完成。速度方面主要的限制因素在接受方，因为涉及图像信息的存储，向内存卡中写数据需要时间，所以为了避免传输过程发生错误，需要在写软件代码时，每次传 32 位数据后都会有一段延时程序。具体延时多少距离也有关系，如果距离太远速度过快将会导致数据的丢失，所以将所测得的速度与传输效果关系总结如表 6–2 所示。

表6–2　速度与传输效果数据

每传32位后延时时间（ms）	传送时间（s）	接收效果
20	11	图像错误，全部花屏
30	16	图像错误，图像随机分割显示
35	18	图像错误图像，随机分割显示
38	21	图像错误，固定分割显示
40	23	图像显示正常
42	25	图像显示正常
50	29	图像显示正常
60	35	图像显示正常，但速度过慢
80	46	图像显示正常，速度太慢
100	63	图像显示正常，速度非常慢

b. 传输距离调试。

传输的距离也是对于本设计不可忽视的一个重要因素。调试距离时，将延时时间设置 50ms，不断地拉长发送与接受之间的距离，记录距离参数和得到的图像质量，具体数据如表 6–3 所示。其中阻拦的障碍物是一个厚度 0.7cm 左右的木板，场地较为空旷。

将延时时间固定在 50ms 可以保证传输数据的稳定而不至于距离太短而使距离的调试变得没有意义，也可以保证传输的速度不至于变得那么慢，至少在可以被大众接受的时间范围内。

表6-3　距离与传输效果数据

传输距离（cm）	接收效果	是否有障碍物	传输时间(s)
10	图像显示正常	无	29
20	图像显示正常	无	28
30	图像显示正常	无	29
40	图像显示正常	无	29
50	图像显示正常	无	29
70	图像显示正常	无	30
100	图像显示错误，会固定分栏	无	30
120	图像显示错误，会固定分栏	无	30
150	图像显示错误，会随机分栏	无	32
10	图像显示正常	有	29
20	图像显示正常	有	29
30	图像显示正常	有	29
40	图像显示正常	有	29
50	图像显示正常	有	29
70	图像显示错误，会固定分栏	有	29
100	图像显示错误，会固定分栏	有	30
120	图像显示错误，会随机分栏	有	31
150	图像显示错误，会随机分栏	有	31

6.3.1.3 视力保护系统设计

本设计制作的视力保护系统起到提醒人们正确用眼、保护视力的作用。视力保护系统主要包括HC—SR04超声波测距电路和GY—30光照传感器测量光强电路。以51单片机为核心处理器，通过超声波测距电路获取使用者眼睛和书本之间的距离，光强电路获取当前使用者的环境光线，把结果显示在LCD1602液晶显示屏上。当光强和距离不在合适范围内的时候，就通过蜂鸣器报警电路和LED提醒电路来提醒使用者注意用眼距离和调整环境光线，以达到保护视力的目的。进行测试后发现，该系统能较为精确地获取使用者眼睛与书本等物之间的距离和环境光线强度，在必要的时候能够提醒使用者，从而有效地起到保护使用者视力的作用。

（1）引言

目前，学生的视力下降越来越严重，成为社会上一大严峻的问题，让越来越多的人开始关注起来。更令人不可思议的是，在国内，由于高度近视而导致失明的人已达 30 万之多，因此对学生、儿童近视的防治越来越重要。它逐渐被越来越多的人们甚至全社会所重视。

纵观国内外，人们视力下降后通常只能靠眼镜和手术来提高自己的视力，但是戴眼镜太过麻烦，成为生活中的一大累赘；然而手术又存在很大的风险。人们对视力的下降说得多而做得少，所以制作视力保护系统有其必要性。

现在市面上有些产品大多都是通过矫正坐姿等方式来保护视力的，但是这些方式其实过于宽泛，没有针对性也不够直观。目前社会和科技的发展日新月异，传统的保护视力的方法已经落后，应该也让它随着社会和科技的进步不断更新。也有人设计过类似的视力保护系统，但是它的测距不准确，误差比较严重，而且没有清晰明确的数据让使用者看到，不知道是什么原因导致了自己近视。本设计能够设定最适合使用者自身用眼的距离，也能够直观地看到自己的眼睛与书本或者显示器之间的距离和此刻的环境光线强度。当这些获取的信息不适合用眼时，还能够及时报警，来提醒使用者注意离书本等远一些或者调整好环境光线再继续学习、工作，从而达到保护视力的目的。

（2）总体设计

本视力保护系统主要包括超声波测距电路，光照传感器测光强电路，液晶显示电路，蜂鸣器报警电路，LED(Light Emitting Diode，发光二极管）显示电路和按键电路，总的系统框图如图 6–16 所示。以 51 单片机作为核心的处理器，通过以 HC—SR04 传感器为主的超声波测距电路获取使用者眼睛和书本之间的距离，以 GY—30 传感器为主的光照强度电路获取当前使用者的环境光线强度，把结果显示在 LCD1602 液晶显示屏上。并且可以通过按钮电路来设置每个不同的使用者个人最适宜的用眼距离，当用眼距离不在合适的范围内或者环境光线不利于用眼的时候，就通过报警电路和 LED 灯的显示电路来提醒使用者注意用眼距离和调整当前的环境光线，从而达到保护使用者视力的目的。

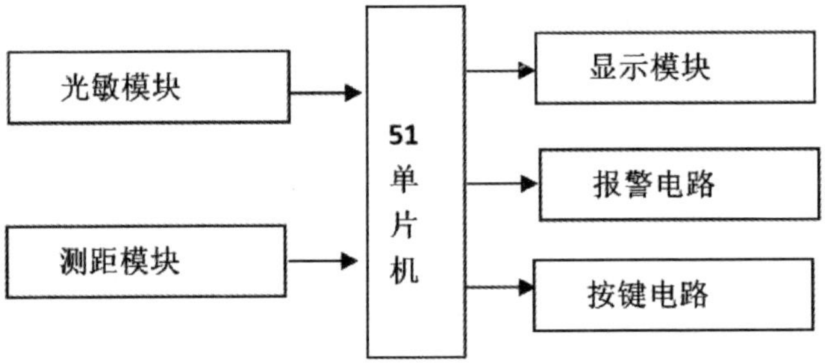

图6-16　视力保护系统的设计总体框图

（3）硬件设计

① 单片机的选择。

本设计采用 STC 公司推出的一款经典的单片机——STC89C51 单片机，是一款超强抗干扰、加密性强、在线可编程、高速、低功耗 CMOS8 位的单片机。

STC89C51 系列单片机兼容标准 8051 的单片机。STC89C51/52/53/54/55/58/516 芯片分别含有 4K/8K/15K/16K/20K/32K/64K 字节 FLASHROM 供用户编程使用。除了内含 FLASHROM 容量的不同外，STC89C 系列单片机还分成 STC89C5xRC/RD+(VCC 为 5V)、S17C89LE5xRC/RD+(VCC 为 3.3V)、STC89LE5xAD（VCC 为 3.3V，带 8 位 A/D 转换电路）等型号。它有以下主要特点：

输入输出端口：P0—P3 四种端口设计，方便功能扩展；

定时 / 计数器内部程序存储器 ROM：具有 4K 的存储容量；

内部数据存储器 RAM：256B(128B 的 RAM+21B 的 SFR)；

寄存器区：内设有 4 个寄存器区，每一个区有 R0—R7 八个工作寄存器；

8 位并行数器：2 个 16 位的定时 / 计数器；

串型端口：全双工的端口（RXD：接收端，TXD：发送端）；

中断系统：设有 5 个中断源；

系统扩展能力：可以连接到外部 ROM 和 RAM，大小分别为 64K 和 64K；

堆栈：设在 RAM 单元中，在内存单元中，可以浮动两个栈指针，从而来确定堆栈的位置。

布尔处理机：布尔运算的指令，用于各种逻辑运算；

指令系统：此款单片机总共包含约 111 条指令。它的主要功能大致可以分为算术运算、布尔操作、控制转移、逻辑运算和数据传送五大类。

② 测距传感器模块电路。

HC—SR04 是一款简单、易学的超声波测距传感器，实物如图 6–17 所示。它有四个端口分别为：Vcc、Trig(控制端)、Echo(接收端)、Gnd。

图6–17　HC—SRO4超声波传感器实物

它的使用方法比较简单：控制口发一个 10μs 以上的高电平 , 然后在接收口等待高电平的输出。当检测到有输出的时候，就开定时器计时，直到此口变为低电平之后，读出定时器的值。这中间的时间就是这次测距超声波传输的时间。最后根据公式算出传感器与检测物之间的距离。如果想要获得更加精确的值，就可以多次测量，取平均值。

a.HC—SR04 工作原理。采用 IO 触发测距的方式，给至少 10μs 的高电平信号。超声波模块发送 8 个 40kHz 的方波，然后检测是否有返回过来的信号。当有返回的信号时，通过 I/O 口输出高电平，高电平持续的时间就是超声波从发射到返回的时间。测试距离 S=[高电平时间 t × 声速 (340m/s)]/2。

b. 注意事项。该模块不能够带电连接。如要带电连接，则先连地端，否则会影响模块的工作。测距的时候，被检测的物体面积不应该小于 0.5m²，并且要尽量平整，否则会对测试结果产生较大的影响。由于超声波测距的结果与被测物表面的材料有非常大的关系，比如布料和毛料对超声波的反射率很小，会对测量的结果产生很大影响。

c. 超声波时序图。超声波时序图如图 6–18 所示。只需提供一个 10μs 以上的脉冲触发信号，该模块内部将发出 8 个 40kHz 周期电平并检测回波。一旦检测到有回波信号，就输出回响信号时间间隔，计算得到距离。公式：μs/58= 厘米或者 μs/148= 英寸；或是：距离 = 高电平时间 × 声速（340m/s)/2 ；建议测量周期在 60ms 以上，以防止发射信号对回响信号产生不必要的影响。

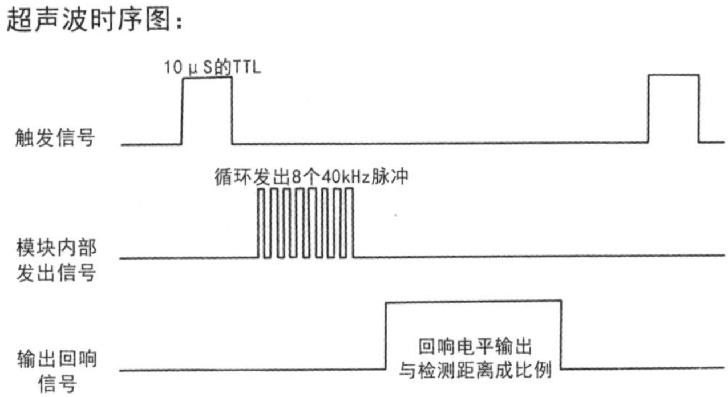

图6-18　超声波时序图

d. 超声波测距电路。根据烧录到单片机中的代码，HC—SR04 的 VSS 引脚接高电平 5V、GND 引脚接地、trig 引脚接 51 单片机的 P2.2IO 口、echo 引脚接 51 单片机 P2.3IO 口即可。当接上电源后，根据代码测距传感器测得的距离直接显示在 LCD1602 液晶显示屏第二行上。

③ 光照度测量电路。

GY—30 模块是用 BH1750FVI 作为主要芯片，实物图如图 6–19 所示。它的供给电压为 3 ~ 5V，供给电流为 200μA，接口 I^2C。它能接受的工作温度是 – 40~85℃，尺寸大小为 (长 × 宽 × 高)32.6mm × 15.2mm × 11.6mm。

图6–19　GY–30模块实物

a.GY-30 模块的特点：I^2C 总线接口（f/s 模式支持）；光谱的范围是人眼相近；照度数字转换器；宽范围和高分解（1—65535lx）；低电流关机功能；50Hz/60Hz 光噪声 reject-function；1.8V 逻辑输入接口；无需任何外部零件；光源的依赖性不大；是有可能的选择 2 类型的 ICslave-address。

b.GY—30 的引脚说明见表 6–4。

表6-4　GY-30的引脚说明

Pin	引脚名称	描述
1	VCC	供给电压3 ~ 5V
2	SCL	I^2C总线时钟线
3	SDA	I^2C总线数据线
4	ADDR	I^2C地址引脚
5	GND	电源地

c. 光照度测量电路。根据烧录到单片机中的代码，GY—30 的 VCC 引脚接高电平 5V，ADDR 和 GND 引脚接地，SCL 引脚接 51 单片机的 P1.0IO 口，SDA 引脚接 51 单片机 P1.1IO 口。光照度测量电路原理图如图 6-20 所示。当接上电源后，根据代码光照度传感器测得的光照度显示在 LCD1602 液晶显示屏第一行上。

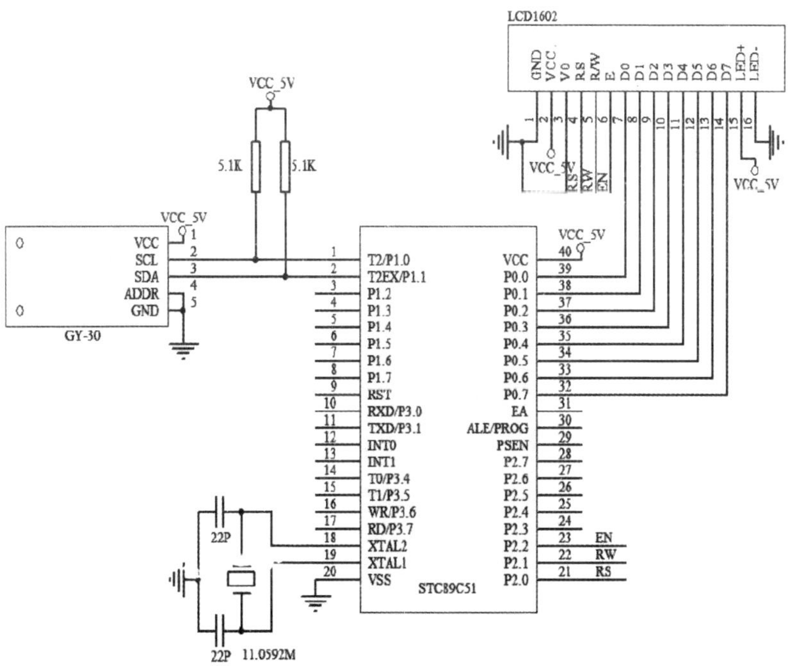

图6-20　光照度测量电路

（4）软件设计

由于本设计主要有两个传感器及其电路，所以代码也大致可以分为两个模块，把相应的文件引入到主函数中即可，这样会使程序更加清晰和易读，相互的关联性更小，并且提高程序的可读性，也有利于扩展新的模块功能，只需要对两部分代码各自进行编写和调试即可。

烧录完代码之后，启动系统。显示初始化 LCD1602、BH1750 传感器和接蜂鸣器和 LED 灯的单片机 IO 口。接着设定计时器，计时器的作用是提示超声波传感器测量发出到接收超声波的间隔时间，以此来计算距离。然后启动 GY—30，获取光照度，计算处理后显示在 LCD1602 的第一行。进入设定最适合的距离的屏幕界面，接下去就是进行光照强度的判定，如果光照强度不在合适的范围内或不利于眼睛工作时，则报警，并且光强的 LED2 灯变亮；如果测得距离小于初始设定值，检测是否是由误操作引起的，如不是则报警，并且测距的 LED1 灯变亮，若是误操作引起，则继续检测。

由于两个传感器相互独立工作，只使用一个蜂鸣器报警，所以在代码中需要特别注意蜂鸣器的启动和关闭的条件，比如超声波传感器让蜂鸣器报警的时候，不能因为光强传感器测得光照强度在合适范围内而停止了蜂鸣器的报警。

由于使用该视力保护系统的时候，难免会产生一些较短时间的误操作，比如使用者在写作业的时候拿了一本书，挡住了该保护系统，然后导致超声波传感器判定距离太近，光照强度传感器判定光线太暗，这种时候不能简单地判定为用眼距离不合适或者环境光线不适宜。要处理这个问题，可以从是否有误操作的差异上进行思考。假如是误操作，那么时间应该会比较短；假如真的是用眼不当引起的，那么使用者在较长时间内会持续这一动作，所以可以从持续性上解决该问题。在符合报警的条件的时候，在代码中加了一段延时程序，延时后它会再次判断是否还处于需报警的状态。如果还是，该系统才会真的报警，不然就会被认为是误操作引起的情况，不会提醒和发出报警声。

代码可以分为两个模块，一个是超声波测距模块，一个是光照度测量模块。超声波模块的代码主要包含了超声波的初始化、按键设定最佳用眼距离值、LCD1602 的显示代码和判断用眼距离情况是否报警。光照度的测量模块的代码主要包含了光照传感器的初始化和判断光线情况是否报警。超声波测距模块代码流程图如图 6–21 所示，光照度测量模块代码流程图如图 6–22 所示。

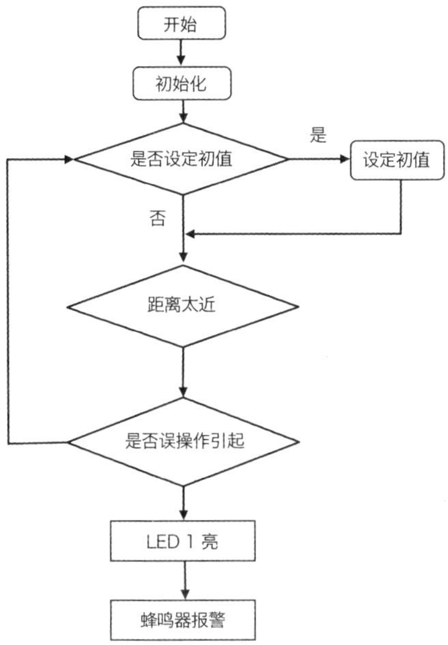

图6-21 超声波测距模块代码流程图

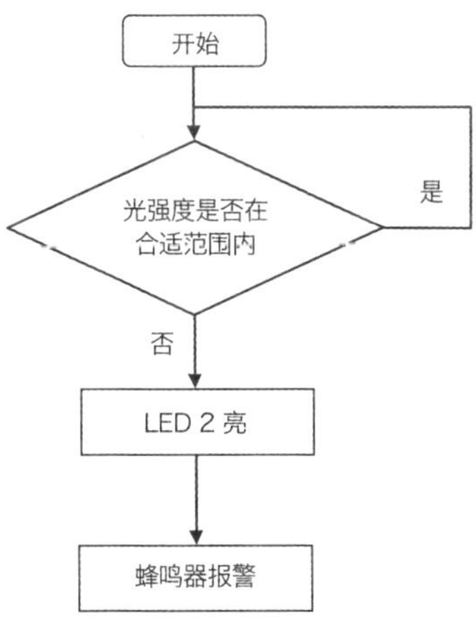

图6-22 光照度测量模块代码流程图

（5）系统的整体组装和调试

① 硬件电路的布线与焊接。

整个电路都是焊接或者固定在一块洞洞板上的，为了接口的灵活起见，尽量没有焊死接口，采用了杜邦线的连接方式。虽然器件不是很多，但是不免还是会带来线太多的麻烦，有得必有失。如果应用在生产上，肯定需要使用固定的引脚端口，直接集成在一块 PCB 板上面，节约成本和空间，方便携带和使用。

总的布局不是很难，考虑到超声波传感器、光照强度传感器、LCD1602、蜂鸣器、LED 灯、按键电路等都涉及 5V 的电源和 GND，单片机最小系统上的 5V 和 GND 肯定远远不够，所以在洞洞板的左上方专门留出一小块区域是用来作为 5V 电源和 GND 的排针接线，这样会让引线相对而言看得更加舒服和清晰，排查、调试问题也更加方便和更有针对性；接着下面就是 LCD1602 液晶显示屏和单片机最小系统。洞洞板右上方是蜂鸣器报警电路，中间是 LED 显示提醒电路，右下方是按键电路，外接超声波传感器和光照强度传感器。总体来说，电路布局还算清晰明了，模块化明显。

使用以上的设计还有个很大的原因是为了方便焊接。由于使用了洞洞板，所以在焊接电路的时候还是会免不了出现跳线焊接的情况，这样设计可以很大程度上减少跳线的使用，也大大减少了交叉线的出现。

② 调试。

电路焊接完成之后，接下来就需要对整个电路进行调试。编译完代码，然后烧录到单片机中。

首先是在调试蜂鸣器报警电路的时候，发现蜂鸣器几乎没有声音，但是还是能听见“嘶嘶”的声音，说明电路是通的，但是有一些问题。检查电路，决定把原来型号为 S8050NPN 三极管改为型号为 S8550PNP 三极管，并且确保三极管的每个引脚电路都没有接错。这次蜂鸣器就明显响了很多，不再是“嘶嘶”的声音。

在调试 LED 显示电路的时候发现 LED 灯特别亮，感觉很容易出现烧毁 LED 灯的问题，估计是 LED 两端电压太高了。这个问题简单，焊了电阻在引针和 LED 之间，让电阻承担一部分的电压，果然效果好了很多，当 LED 灯再亮的时候光线很柔和，不至于给人一种刺眼的感觉。

在调试 GY—30 光照强度传感器的时候，发现液晶屏上输出的内容完全不对，根据代码重新连了一遍电路后还是解决不了，经过仔细分析，可能有三个主要的原因：一是代码编写有问题。二是 GY—30 在焊接的时候注意到几个引脚之间特别近，很容易造成引脚间焊接在一起，或者产生虚焊。三是 GY—30 是坏的，需要重新购买器材。

用万用表短路档仔细检查了 GY—30 的每个引脚间的焊接情况，虽然很密，但没有焊接在一起的，不过有个引脚的焊锡明显高于其他几个引脚，这样就很容易造成虚焊，吸下焊锡，重新焊接一遍这个引脚。连上杜邦线接着调试，打开开关，液晶显示屏的第一行上出现了“light:276lx”的显示。

这个时候硬件电路已经全部调试通过，没有其他问题了。还需要检测烧录的代码是不是符合所要达到的需求和完善一些细节方面的东西。LCD1602 第一行很好地显示光照强度；第二行显示用眼的距离。当按下 A 按键的时候，进入到设定距离的显示界面。当使用 B 和 C 按键进行增减设定距离的时候发现设定值都不止增加或者减小 1cm，而是很多，检查代码也是没有问题的。原来是机械弹性开关会有“抖动”的问题。当触电断开或者闭合时，由于其有弹性作用，所以会使得开关不会马上稳定地连通和断开，这会对电路带来一定的麻烦。为了避免因为“抖动”而带来的影响，一般有两种方法可以用来消抖，一种是硬件消抖，另一种是软件消抖。硬件的消抖需要两个与非门构成一个 RS 触发器从而使得开关的一次动作只产生一个脉冲；软件的消抖是通过在程序中增加延时代码来完成。如果电路已经焊接完成了，尽量不去修改它而造成别的新问题，因此为了方便起见，采用了软件消抖的方式来解决问题。在按下按钮之后，多加 5ms 的延时代码，然后再检测是否按下，如果还是按下状态，则是真的按下了，不然就是“抖动”造成的。修改代码后重新编译、烧录，发现原来的问题确实很好地解决了。

6.3.2 创新型产品开发实例

6.3.2.1 基于 ARM 的智能拐杖系统设计

智能拐杖是为了使老年人、视障者和弱视病人等便于出行及生活需要而定制开发的，本产品集成了当今互联网大环境下视障者出行生活所要使用的先进科技。该智能拐杖以 ARM 微控制器为核心，结合外围电路及多种传感器，借助服务器、网站、APP 等自主开发的软件系统，实现包括语音实时导航定位、多方位触觉避障提醒、摔倒检测、一键通信、灯光自动提醒、直线路径测量等一系列功能。智能拐杖系统利用北斗导航系统实现实时导航定位；利用百度地图开源 API，在服务器中实现导航与路径规划功能。该系统的设计充分考虑了视障者出行可能遇到的各种困难和障碍，具有功能先进、经济实用、操作方便等特点，有较高的科技含量和应用价值。

（1）产品概况

本产品按功能分为实体拐杖系统和 APP 服务系统两大部分。在实体拐杖系统中，拐杖的前端安装了四个超声波雷达，能够检测视障者识别路径前方及两侧的障碍物并通过手柄上的振子将障碍物距离信号以震动形式传递给视障者，辅助障碍物的识别。

为了实时检测视障者行进道路中可能出现的动态障碍物，如机动车、自行车等，拐杖手柄前方搭载了一个500万像素的微型广角摄像头，能够实现对道路前方图像的采集。通过摄像头采集的图像数据，配合高速的ARM9架构处理器，完成对车辆等动态障碍物的实时识别，并将识别结果以语音和震动形式传达给视障者。

拐杖中心部位嵌入了一个六轴传感器，能够通过视障者手握拐杖的姿态变化对视障者的整体姿态进行分析，使得视障者跌倒检测成为可能。

拐杖的手柄部位还搭载了用于定位的GPS模块以及用于入网的GSM模块，两者相结合，能获得视障者的实时位置，并将数据用于定位和导航。

为了保障视障者夜间的出行安全，拐杖头部安装了光敏传感器与冷光LED灯，在光强低于一定数值时灯会自动开启，提醒来往人员注意避让。

APP服务系统主要处理实体拐杖系统上传的一系列数据，比如为视障者提供导航数据信息、为视障者的家属提供各种位置和状态信息等。同时，该系统也为视障者与其家属的沟通交流提供了一个平台，对视障者护理经验的探讨与分享发挥作用。

（2）产品技术实现原理

①总体设计。

本产品集成了较多的功能，每个功能需要不同传感器模块，同时拐杖的不同部位需要配置一个小型的分控芯片来处理不同的功能，利用串口连接到中心的主控芯片。所有的芯片将内嵌于拐杖的内部，从而不影响正常使用和拐杖的外观。所有功能实现的模块除充电设施和超声波模块全部集中于拐杖的上端，拐杖的中间没有模块，便于拐杖长度改变。

拐杖的手柄中嵌入五个震动触点，方便视障者在手握手柄时借助震动强度来确定前方障碍物的距离和方位，下方有三个按键代表呼叫电话、开启导航、短信发送三个功能，按键上刻有微型盲文，方便视障者使用。

②控制芯片介绍。

a. 主控芯片。

整个设计的主控模块采用基于ARMCotex—M4内核的STM32F407芯片。

STM32F407系列是ST（意法半导体）推出的基于ARMCortex™—M4内核的高性能微控制器，其采用了90nm的NVM工艺和ART（自适应实时存储器加速器，Adaptive Real-Time Memory Accelerator™），并且集成单周期DSP指令和FPU（floating point unit，浮点单元），使得快速复杂计算得以实现（如图6-23所示）。

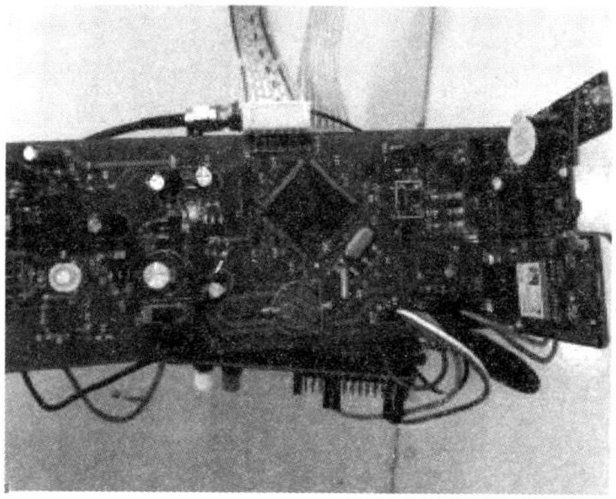

图6–23　主控芯片

b. 分控芯片。

分控芯片也将采取 STM 系列的芯片来进行分控，但是其要求比主控芯片的要求低，因为其只用控制一部分的传感器模块，所以功能可以较为简单从而减少成本，一般该芯片购买时会进行价格比较，选用性能较高成本较低的芯片。一般采用 STM32f103。

③ 外形介绍。

对于视障者所用的生活拐杖，最大的要求是外观要美观，所以所有的电子功能的走线必须完全嵌入在智能拐杖的内部，本设计采用机械式左右组合的开闭设计，将拐杖分为上、中、下三层，拐棍中间完全布置电线便于伸缩；拐杖的下层放置超声波模块进行距离检测；中层放置陀螺仪进行拐杖方位的检测，从而判断视障者是否摔倒；拐杖的上层安置手柄和供电充电系统，手柄上印有盲文的按键，方便视障者理解和使用。同时麦克风、通信接口、导航模块都位于拐杖的上层，方便拐杖进行长度的伸缩变换（如图 6–24 所示）。

图6–24　拐杖外形图片设计

④ 主控软件系统实现。

为了调度各传感器的正常运行，本设计引入了嵌入式实施操作系统 uC/OS—III。它是一个可升级、可固化和基于优先级的实时内核，它对任务的个数可以扩展。uC/OS—III 是第三代的系统内核，支持现代的实时内核所期待的大部分功能。例如资源管理、同步、任务间的通信等。然而，uC/OS—III 提供的特色功能在其他的实时内核中是找不到的，比如说完备的运行时间测量性能，直接发送信号或者消息到任务，任务可以同时等待多个内核对象等。

uC/OS—III 是一个抢占式多任务处理内核，因此 uC/OS—III 正在运行的经常是最重要的就绪任务，允许多个任务拥有相同的优先级。当多个相同优先级的任务就绪并且这个优先级是目前最高时，uC/OS—III 会分配用户定义的时间片给每个任务去运行，每个任务可以定义不同的时间片。当任务用不完时间片时可以让出 CPU 给另一个任务。

同时有一些内部的数据结构和变量，如 uC/OS—III 保护临界段可以通过锁定调度器代替关中断，因此关中断的时间会非常少。这就使 uC/OS—III 可以响应一些非常快的中断源，它的中断响应时间是可确定的，uC/OS—III 提供的大部分服务的执行时间也是可确定的。

根据应用的需求，代码大小可以被调整。编译时通过调整 uC/OS—III 源代码中的大约 40 个 #define(见 OS_CFG.H) 可以添加或移除一些功能。uC/OS—III 的服务还提供一些实时检查功能，甚至能检查传递的参数是否为 NULL 指针、ISR 是否就绪等任务级功能。参数设置有一定的范围，指定选项都是有效的。检测功能在编译时会被关闭，用以提供更好的性能和缩减代码大小。这使得可扩展的 uC/OS—III 支持更广泛的应用和项目。

同时 uC/OS—III 可以被移植到大部分的 CPU 架构中，大部分支持 uC/OS—II 的器件通过简单调整就能支持 uC/OS—III，而 uC/OS—II 已经移植到 45 种 CPU 架构中了。

uC/OS—III 专为嵌入式系统设计，它可以跟应用程序代码一起被固化。

选用 uC/OS—III 处理系统可以完全适应智能拐杖的数据处理，使拐杖的功能更加具有及时性，整个系统的处理频率流畅且不会出现卡顿等问题。

⑤ 超声波避障提醒技术实现。

超声波模块依据 HC—SR04 芯片测量距离精确、范围较广、盲区少，经常运用于机器人避障、物体测距、液位检测、停车场检测等应用中，该模块通过 ECHO 端反馈的高电平时长来计算距离。

本产品采用的超声波测距模块型号是 HC—SR04，系统对超声波模块的 TRIG 端口发送至少 10μs 的高电平信号触发信号启动测距，此时模块自动发送 8 个 40KHz 的方波并自动检测是否有信号返回，如果有信号返回，通过 ECHO 端口输出一个高电平，高电平持续的时间就是超声波从发射到返回的时间。测试距离 =(高电平时间 × 声速)/2，其中声速为 340m/s。

在智能拐杖中利用超声波的测距原理将前方具有障碍物的距离返回给相应的分控芯片，由分控芯片进行软件处理，通过串口通信到主控芯片。然后再由主控芯片做出相应的判断和反应，协调各个模块之间的关系（见图 6–25 所示）。

图6–25　超声波模型

⑥ 五方位震动技术实现。

微型直流小马达 1030 扁平马达经常用于智能手机、智能穿戴设备的电动马达，振动模块体积微小且安装方便、不易影响其他马达振动，其控制还是采用传感器和主控芯片之间的通信控制。在智能拐杖中安装五个这样的振动模块来代表五个方位的振动情况，是智能拐杖中必不可少的一部分。

在手柄上安装五个微型振动电机分别用作前方、左前方、右前方、左方、右方五个方向上的障碍指示器。当给振动电机施加一个电压时，振动电机会在内部马达的带动下产生振动，且振动的幅度会随着电压的大小不同而改变。如此，当拐杖探测范围内某一方位上出现障碍物时，相应的振动电机就会产生振动，提醒视障者避让。本设计的振动模块会根据距离障碍物的距离来增加振动的频率，以此来进行提醒视障者是否离障碍物越来越近，帮助其做出适当的判断。

振动电机发出的信息不仅要反映障碍物的方向，也应该能够反映障碍物与拐杖的距离。障碍物的方向由不同的振动电机组合实现，而障碍物的距离则通过振动电机的振动幅度反映。障碍物离拐杖越近，电机的振动就越强，反之则越弱。电机的振动幅度通过 PWM 控制。PWM 一种是通过调制信号脉宽达到控制信号大小的控制方式。将电压输出端以某一个固定频率 (常为 1kHz) 进行电压信号的方波输出，通过改变信号的占空比，即高电平所占总周期的时间，来达到近似于控制输出电压大小的效果。在此方式下，调制后得到的信号大小计算公式为U(o)=U(Ref)×t(high)/t(period)，所以只要通过控制高电平信号在一个周期内的持续时间，就能够控制输出信号的大小，从而使电机以设定的幅度振动。

视障者通过手柄上的振动幅度大概可以判断自己处于什么位置，比如说在走廊中则两边的振动会非常频繁，但是前面的振动则微弱，所以可以大概判定自己需要走的方向，如果在街上走，一边比较频繁，一边比较微弱，就可以确定自己大概在街区的什么位置（见图6–26、图6–27所示）。

图6–26　振动模块图片

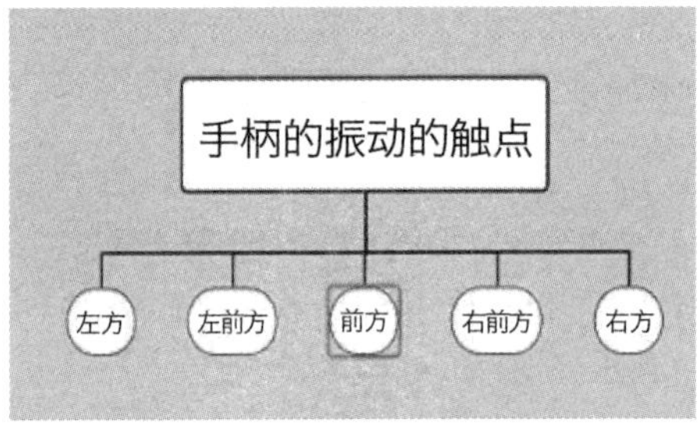

图6–27　振动触点方向解析

⑦ 实时导航技术实现。

a. 拐杖定位原理。

ATGM336H—5N是小尺寸、高性能的全星座定位导航模块系列的总称。该系列模块产品都基于中科微第四代低功耗GNSSSOC单芯片AT6558，支持各种微型导航系统，包括中国的北斗卫星导航系统、美国的GPS等各国的导航系统及卫星增强系统SBAS，模块所使用的芯片是真正意义上的六合一多模卫星定位芯片，可以实现联合定位、导航与授时。该模块具有高灵敏度、低功耗、低成本等优势，适用于手持定位以及各种可穿戴设备（见图6–28所示）。

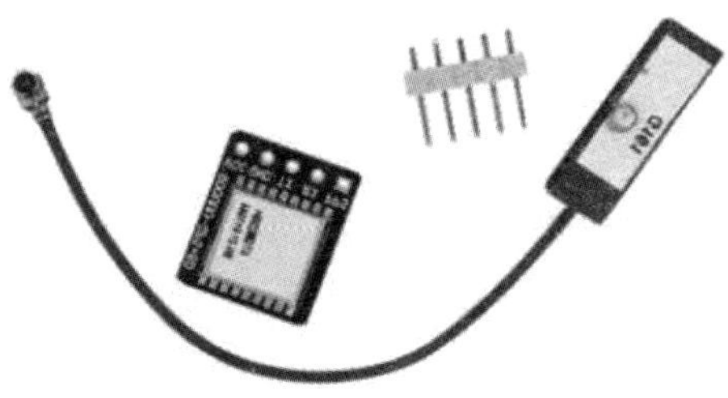

图6–28　GPS定位模块图

b. 导航技术原理。

导航功能主要是利用百度地图的API实现的（见图6–29所示）。

首先，拐杖开启导航模式后，上述 GPS 模块和电子罗盘会进行当前经纬度的数据定位和方向定位，通过 4G 模块的网络功能，将数据上传至服务器，服务器根据数据分析接受当前位置和目的地所在位置的实时信息，服务器接收到来自终端的导航请求后，将当前经纬度信息和目的地数据作为参数上传到百度地图的 API 中，得到一个包含路线信息的 JSON 数据包，服务器通过解析获取从百度地图 API 接收到的 JSON 数据包，得到从用户的当前地点到目的地的具体路线情况，然后将这条路线通过 TCP/IP 协议传回给终端。

在 Web 前端页面，当本系统获取到导航的路线信息时，通过 AJAX 方法将 JSON 数据包传给前端页面，然后将导航的路线信息显示到网页上面。

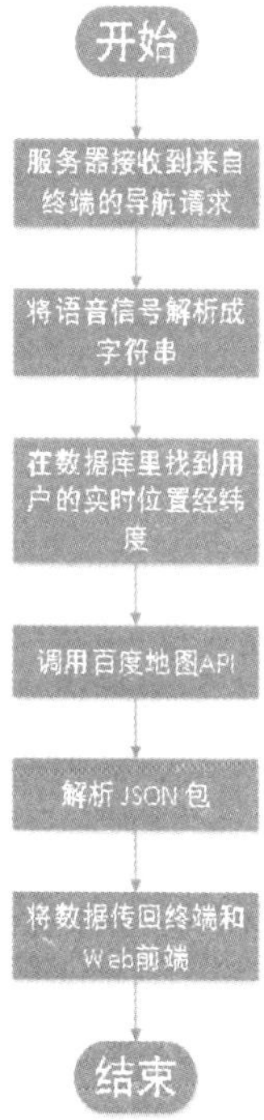

图6-29　导航技术流程图

⑧ 语音交互技术实现。

为了实现拐杖与视障者之间的互动，更好地为视障者提供语音播报、路径规划等功能，智能拐杖配置有语音交互系统。语音交互系统由语音识别和语音合成两大子系统构成，通过实体拐杖与服务器共同合作完成对语音信息的处理。其中，实体拐杖主要配置有交互式传感器和模块，用于采集视障者的自然语言信息、输出合成的音频信号等，经过滤波、杂音消除等初步处理后利用 4G 网络将语音信息发送至服务器；服务器端则通过成熟的自然语言识别和自然语言合成 SDK，对拐杖采集到的语音信息进行深度处理，最终将视障者的语音转化为机器可识别的字符格式，返回给拐杖或传至别的 SDK 完成其他服务请求。

a. 语音模块。

语音模块可实现中文、英文语音合成，并集成了语音编码、解码的功能，可支持用户进行录音和播放，还创新性地集成了轻量级的语音识别功能，支持用户的命令词定制需求，支持串口、I^2C、SPI 通信协议，集成 80 种常用语音提示音，适合多种场景使用，并具有音量调节和语速调节的功能（见图 6–30 所示）。

该模块是小尺寸蓝牙双模模组，通过软件配置后可以传输高品质音频和数据，支持 BT4.0BLE 模式，并能往下兼容蓝牙 v2.1 版本，支持蓝牙音乐、蓝牙电话，支持与多种系统的连接（见图 6–31 所示）。

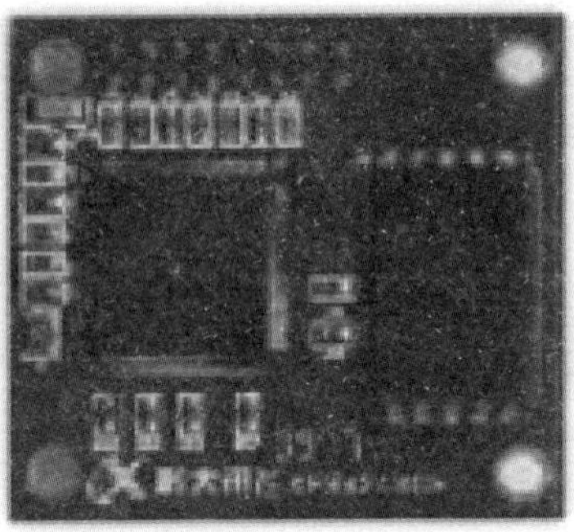

图6–30　语音合成模块图片

图6–31　蓝牙音频传输模块图片

b. 语音通信原理。

语音数据采集。拐杖的手柄部分安装有一个微型麦克风，当视障者做出类似将拐杖举起想要发出语音指令的动作时，麦克风会自动开始采集视障者的语音信息，在视障者放下拐杖时，麦克风结束语音信息的采集。在采集过程中，处理器通过麦克风输入口 AD 值的变化，将采集到的信号经过滤波和背景杂音消除后对有效音频信号进行编码并保存为 wav 格式，等待上传至服务器。

语音数据传输。拐杖上安装有可接入 4G 网络的入网模块，同时会配备一块专用 4G 上网卡。通过 4G 模块，语言数据能够以很高的速率在实体拐杖和服务器端之间进行传输，以提高用户体验。

语音数据处理。语音数据处理分为语音识别和语音合成两部分。在服务器端，语音识别主要通过科大讯飞开放平台的语音听写 SDK 实现。讯飞开放平台拥有领先的语音识别技术，核心技术达到国际领先水平，语音识别准确率已经超过98%，在业界遥遥领先。服务器接收到拐杖上传的 wav 格式语音数据后，将数据输入至 SDK 中，经过处理后得到一个 json 格式的字符串，根据需要选择回传至拐杖或供其他 SDK 调用；语音合成主要通过科大讯飞开放平台的自然语音合成 SDK 实现，它能够将根据具体语境将文字信息合成为不同语速、语调的语音信息，以 wav 格式下发给拐杖。

语音数据传输。拐杖接收到服务器端下发的 wav 音频数据后，处理器会对音频数据进行解码。解码过程主要包括文件格式判断、有效音频信息提取等。在完成解码后，处理器通过控制与微型播放器相连的 DA 输出口的电压大小从而使拐杖上的微型喇叭播放不同声调、语速的语音信息，或是将信息通过模拟输入传递给配置好的蓝牙音频模块，发送到视障者佩戴的骨传导蓝牙耳机上。

⑨ 辅助功能技术实现。

a. 摔倒检测技术实现。

摔倒检测模块：该模块中，MPU6050 六轴加速度传感器为控制芯片，MPU6050 整合了 3 轴陀螺仪、3 轴加速器，该模块含有 I^2C 端口连接其他厂牌的加速器、磁力传感器或其他传感器的数位运动处理 (Digital Motion Processor) 硬件加速引擎，由主要 I^2C 端口以单一数据流的形式，向应用端输出完整的 9 轴融合演算技术 InvenSense 的运动处理资料库，可处理运动感测的复杂数据，降低了运动处理运算对操作系统的负荷，并为应用开发提供架构化的 API(见图 6–32 所示)。

图6–32　摔倒检测模块

摔倒检测原理：通过分析不同坐标轴重力加速度的改变，经过精巧的复杂动力学解算(卡尔曼滤波算法),融合加速度和角速度的信息,得到精确的三轴数据,然后通过 TTL 电平串口,将数据传输出来,求解出高精度的模块姿态信息判知拐杖的状态,设置报警状态进行动作捕捉,从而实现对智能拐杖方位的判断,以确定视障者和拐杖是否摔倒,成功进行摔倒检测。

b. 一键通信技术实现。

一键通信模块:M2—2 支持移动 4G、带 SIM 卡卡槽、支持短信收发和电话拨打功能,拥有 4 条网络连接可以和服务器进行传输连接,具有双向透明传输功能,支持移动、电信、联通国内三大运营商的 4G 服务,高速入网,内置看门狗模式,能保证长期使用时的系统稳定高效(见图 6–33 所示)。

图6–33　GPRS模块示意图

一键通信原理:模块内部含有 AT 指令,通过语音输入读取数字,将录用的手机号码用 AT 指令设置为收发的手机号码,同时在整个软件通信中也利用 AT 指令进行控制 SIM 卡是否发送短信、是否拨打电话以及连接服务器,进行数据透传传输,帮助实现语音信息和 GPS 的定位信息的传输。

c. 自动夜光技术实现。

自动夜光模块:TSL2561 光敏传感器是一个复杂的光传感器,具有跨越大部分可见光谱的平坦响应。与简单传感器不同之处在于 TSL2561 对红外线和可见光具有响应,这更接近人眼的反应。由于 TSL2561 是积分传感器(它吸收了光的预定时间量),能够通过改变积分时间来分别测量小型和大型的光量(见图 6–34 所示)。

图6-34 自动夜光模块

自动夜光原理：智能拐杖中采用光强传感器 TSL2561 实时检测光强，当光照强度低于系统指令设计的预定值后，通过 IIC 协议进行通信，主芯片控制协议进行夜灯点亮的工作，当光照强度高于系统设定时，夜灯会停止照射。

d. 计算机视觉动态障碍物检测技术实现。

盲星视觉识别系统采用 Faster-RCNN 目标检测框架实现动态障碍物检测。

Faster-RCNN 算法由两大模块组成：PRN 候选框提取模块；Faster-RCNN 检测模块。

其中，RPN 是全卷积神经网络，用于提取候选框；Faster-RCNN 基于 RPN 提取的 proposal 检测并识别 proposal 中的目标（见图 6-35 所示）。

图6-35 Faster-RCNN框架

目前最先进的目标检测网络需要先用区域建议算法推测目标位置，像 SPPnet 和 Faster-RCNN 这些网络虽然已经减少了检测网络运行的时间，但是计算区域建议依然耗时较大。所以，在这样的瓶颈下，RBG 和 KaimingHe 将 Region Proposal 也交给 CNN 来做，这才提出了 RPN（Region Proposal Network）区域建议网络用来提取检测区域，它能和整个检测网络共享全图的卷积特征，使得区域建议几乎不花时间。

RPN 的核心思想是使用 CNN 卷积神经网络直接产生 Region Proposal，使用的方法本质上就是滑动窗口（只需在最后的卷积层上滑动一遍），因为 anchor 机制和边框回归可以得到多尺度多长宽比的 Region Proposal。

RPN 网络也是全卷积网络（FCN，fully-convolutional net work），可以针对生成检测建议框的任务端到端地训练，能够同时预测出 object 的边界和分数。只是在 CNN 上额外增加了 2 个卷积层（全卷积层 cls 和 reg）。

将每个特征图的位置编码成一个特征向量。

对每一个位置输出一个 objectness score 和 regressed boundsfork 个 regionproposal，即在每个卷积映射位置输出这个位置上多种尺度（3 种）和长宽比（3 种）的 k 个（3×3=9）区域建议的物体得分和回归边界。

RPN 网络的输入可以是任意大小（但还是有最小分辨率要求的，例如 VGG 是 228×228）的图片。如果用 VGG16 进行特征提取，那么 RPN 网络的组成形式可以表示为 VGG16+RPN。

Faster-RCNN 目标检测模块核心思想是：Faster-RCNN 可以简单地看作“区域生成网络 RPNs+Faster-RCNN”的系统，用区域生成网络代替 Faster-RCNN 中的 Selective Search 方法。Faster-RCNN 目标检测流程（如图 6–36 所示）。

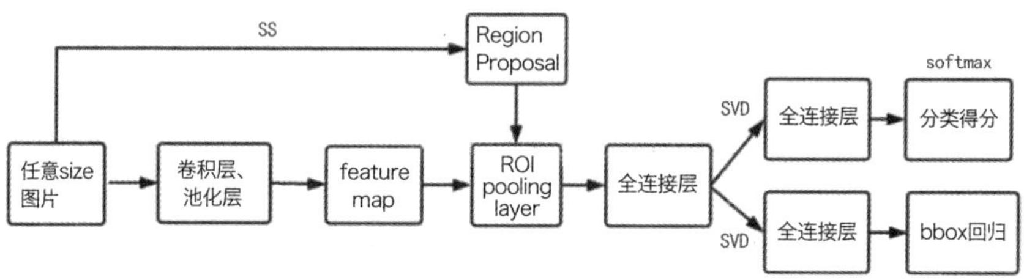

图6–36　Faster–RCNN目标检测流程

e. 电源充电技术实现。

在智能拐杖中为保证安全采用仿照电热水壶式充电模式，拐杖下方具有连接 220V 的充电插头，充电插头的充电口采用磁芯式转 5V 直流的充电口，保证视障者的基本用电安全。充电口中采用磁芯吸引，拐杖的充电插口上仍然也具有磁芯，当拐杖放置在充电口较近处，利用磁芯的吸引力接触，进行触点式充电，同时拐杖内部具有锂电池，锂电池进行长期蓄电，以保证拐杖的续航能力。

电池模块：锂离子电池是一种二次电池（充电电池），它主要依靠锂离子在正极和负极之间移动来工作。在充放电过程中，Li^+ 在两个电极之间往返嵌入和脱嵌：充电时，Li^+ 从正极脱嵌经过电解质嵌入负极，负极处于富锂状态；放电时则相反。

采用锂离子电池可实现循环充电、充电时间短、续航时间长等。在充电过程中，最小电流为 1A，锂电池最小电流为 2A，可实现为各电路模块进行供电。

电池充电原理：拐杖外部的 220V 转 5V 先是采用 ISL9230 模块进行转低压，ISL9230 是一个完全集成的高输入电压与电源路径管理功能的芯片，该充电器执行锂离子电池所需的 CC / CV 充电功能。当充电电流降低到充电结束（EOC）的 CV 在充电阶段电流水平，优化指标（CHG）将切换到逻辑高电平指示充电状态结束（见图 6–37 所示）。

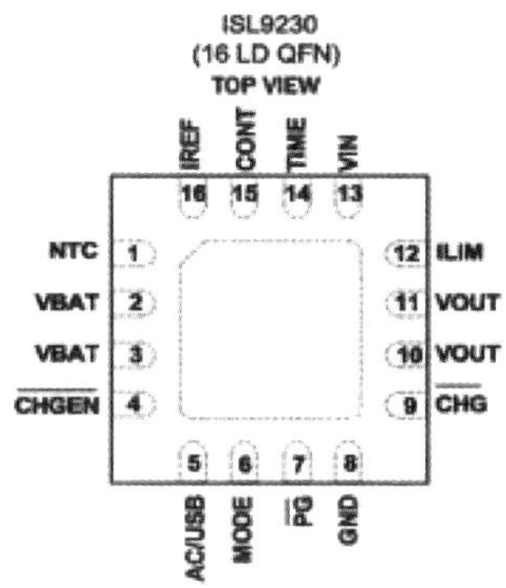

图6–37　芯片原理

因为 GSM 电路电源负载较大，需要单独对该电路进行电源提供，所以选取 ISL9110IR 芯片进行电路供电。

同时采用 ISL9110IR 模块对低压再转 5V 进行工作。ISL9110IR 是降压升压调节器，输入为 1.8 ~ 5.5V，可调节输出电压。将输出控制为 308V/2A，通过滤波电路可为 GSM 通信电路提供可用电源。

再利用 NPC 半导体进行稳压设置，NCP170CMOSLDO 稳压器专为便携式电池供电，需要超低静态电流。监管 NCP170 型超低功耗电流小于 500nA，确保电池寿命长。动态瞬态升压特性改善了无线通信应用中的设备瞬态响应。在小型的 1 × 1mm × DFN4 和 SOT—563 封装都是可用的（见图 6–38 所示）。

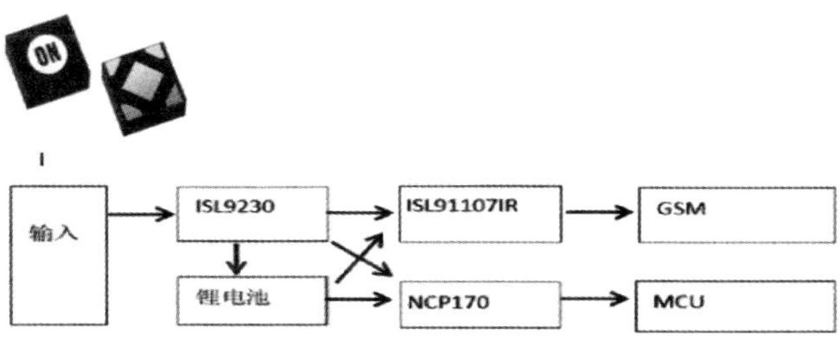

图6–38　电池原理结构示意图

（3）客户端技术实现

① 服务器 WEB 设计。

a. 服务器设计。

服务器搭建在腾讯云服务器上，在 Linux 环境下搭建了 Web 服务器、通信服务器和数据库。Web 服务器使用 Apache 解析页面，底层通过 Python 的 MySQLdb 库来访问数据库。通信服务器通过 Socket 建立 TCP/IP 服务器，与智能拐杖、数据库之间交互。服务器使用 Python 语言形式，首先建立 Socket 服务器监听端口，响应终端的请求。一方面，当用户的实时位置信息以及用户想到达的目的地信息传来的时候，服务器调用 API 获取到导航的信息，再通过 TCP/IP 协议将获取到的导航路线信息传回到智能拐杖，最终由智能拐杖上面的语音模块将导航信息播报出来。另一方面，服务器可以实时获取到用户的信息，将这些信息进行存储。一旦接收到视障者一键呼叫的信号时，由服务器向 APP 发出求救信号，并且报知视障者当前所处的位置。

b. 数据库设计。

数据库部分采用 MySQL 构建，由视障者的信息表、历史出行路线信息表、位置信息表等数据表构成。现阶段数据量还比较少，采用的数据库也比较简单，服务器系统框架搭建如图 6–39 所示。

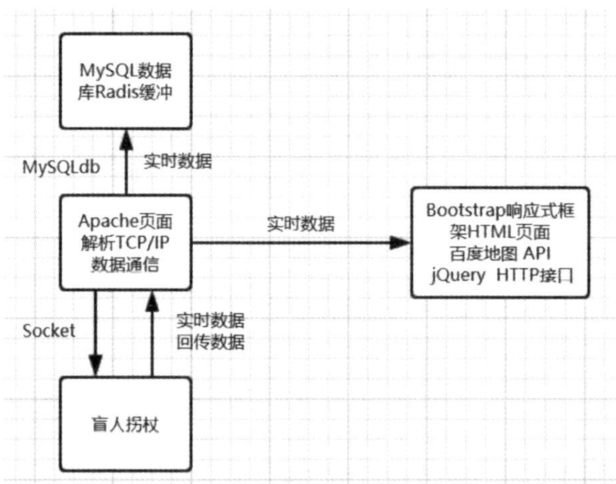

图6–39 数据库结构示意图

c. 前端页面设计。

前端页面利用百度地图 API 在网页中绘制地图，并利用 canvas 技术在地图中添加所需覆盖层。百度地图 JavaScriptAPI 是一套由 JavaScript 语言编写的应用程序接口，可在网站中构建功能丰富、交互性强的地图应用，支持 PC 端和移动端基于浏览器的应用开发，且支持 HTML5 特性，降低了开发时间成本和技术难度（见图 6–40 所示）。

在页面设计中，首先用 HTML+CSS 完成页面的布局与页面内特效制作。前端页面采用扁平化设计和 bookstrap 框架，相较于同类产品在后台界面美观性上有优势，并且具有流式网格布局的自适应性。我们在前端页面中使用了 jQuery 库，用于编写插件增强使用体验与跨平台的兼容性。

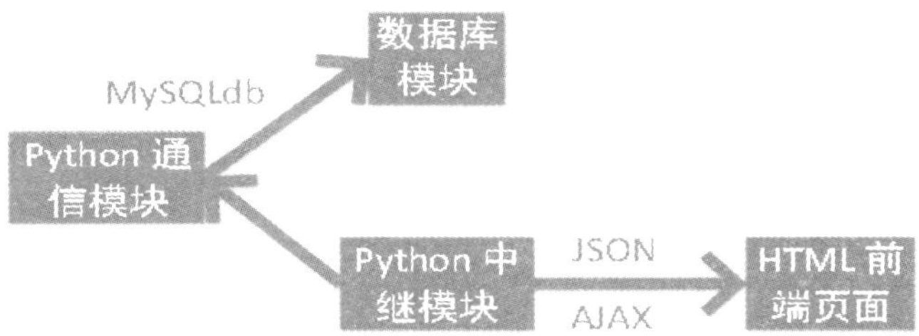

图6–40 前端页面设计框图

② 客户端实现。

a. 数据服务器流程。

服务器通过 TCP/IP 协议与智能拐杖通信，通过 MySQLdb 与数据库之间交互连接，通过 HTTP 并由 Ajax 辅助与前端页面交换数据，是构建系统必不可少的部分（见图 6–41 所示）。

数据服务器通过建立 Socket 套接字构成通信服务器保证数据或请求的传输。每一个 Socket 套接字与一个端口号进行绑定，后台可以监听多个端口的通信，以连接多个智能拐杖。监听 Web 服务器客户端的请求，当用户在页面上选取需要了解的智能拐杖时，数据服务器从数据库中取出相应的智能拐杖的信息。

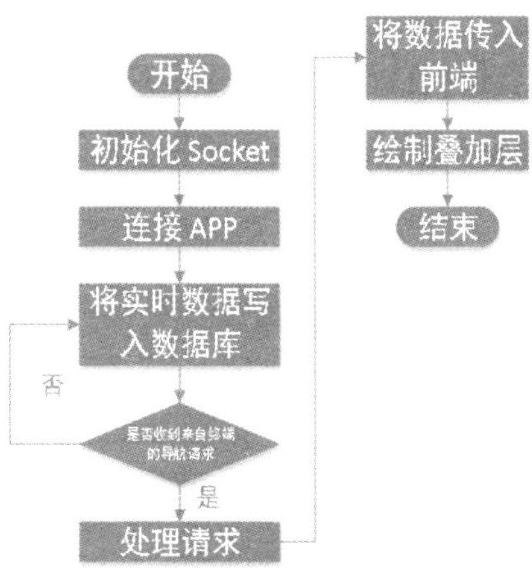

图6–41 数据服务器结构框图

b.APP 实现。

整体架构：本项目的安卓 APP 使用 kotlin 语言开发，具有易维护，内存占用小等优势。项目运行时，APP 建立一个进程和一个服务，用于实现各项功能（见图 6–42 所示）。

在总进程下有两个用于通信的子线程，分别利用蓝牙与智能拐杖通信的蓝牙线程以及利用 Socket 协议与数据服务器通信的 Socket 线程，总线程每 1 秒完成一次完整的通信，将智能拐杖传回来的实时数据传入数据服务器，并在内部被调用。

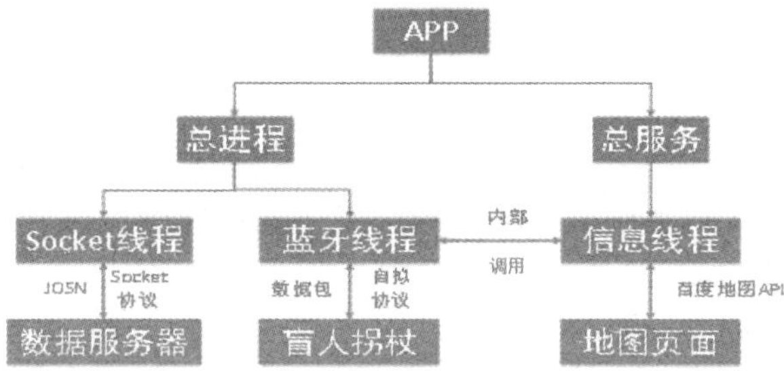

图6–42 APP流程示意图

Socket 通信：Socket 又称“套接字”，应用程序通常通过“套接字”向网络发出请求或者应答网络请求。在连接成功时，应用程序两端都会产生一个 Socket 实例，操作这个实例，完整所需的会话。在 Socket 线程中，每隔 1s，SocketIO 流的缓冲区将会被读写一次，但在每次读写用时远小于 1s，可以达到毫秒级的读写速度，这样，数据在传输中几乎不丢失，保证了数据的时效性。

c. 蓝牙通信。

智能拐杖与 APP 通信时，将需要传输的数据分为 4 个数据包并校验后，将其诸位解析为 8 位 Uint 型数据，供其他线程调用，并将其简单分析。APP 收到并解析消息后，将服务器回传值按位解析为二进制数据包，发送给智能拐杖，完成数据收发。

d. 地图显示。

项目的地图显示页面利用百度地图 API 实现，百度地图 AndriodSDK 是基于 Andriod2.3 及以上版本设备的应用程序接口。可以使用该套 SDK 开发适用于 Andriod 系统移动设备的地图应用，通过调用地图 SDK 接口，可以轻松访问百度地图服务和数据，构建功能丰富、交互性强的地图类应用程序。

地图服务中，APP 调用 SDK 接口将收到的经纬度显示在地图上，并且在得到导航的语音信息时，可以将规划的路线显示在地图上。

③ 微信小程序实现。

微信小程序，简称小程序，是一种不需要下载安装即可使用的应用，本项目中，小程序可以实现与安卓 APP 相同的功能，即利用蓝牙与智能拐杖通信、利用 HTTP 请求与数据服务器连接，实时显示智能拐杖的当前位置等功能（见图 6–43 所示）。

由于小程序利用 ES6 规格的 JavaScript 与深度定制的 WXML 编写的特性，可以将其视为一个 WebAPP，具有优秀的跨平台功能。

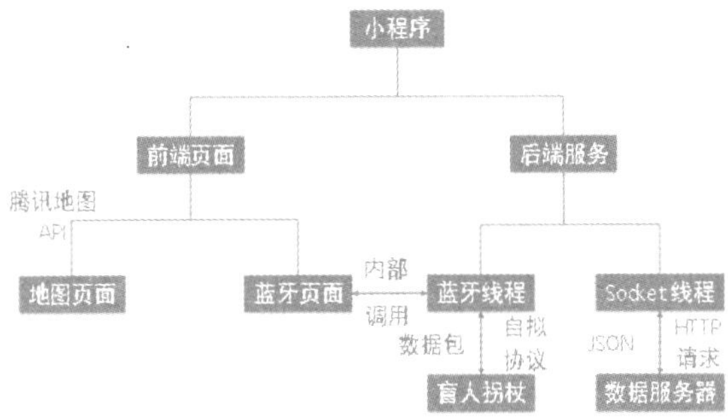

图6–43　微信小程序实现框图

a. 前端页面。

WXML（WeiXin Markup Language）是框架设计的一套标签语言，结合基础组件、时间系统，可以构建出页面的结构。

前端页面由 WXML 编写，由 WXSS 决定样式，整体形式类似网页，因此，小程序前端具有良好的维护性能。

蓝牙页面中，每个按钮对应一个 JavaScript 函数，每个函数监听一个事件，当事件被触发时函数开始执行实现对应功能，当函数改变 {{data}} 值后，页面中的数据绑定事件可以部分刷新页面，改变页面内容，实现信息实时显示。

地图页面中，由于腾讯限制，使用了腾讯地图 API 生成地图层，并在上方添加了当前位置和智能拐杖位置的叠加层，当收到新的智能拐杖数据时，对应回调函数在页面中添加新的 marker 覆盖物，实现位置的实时显示。

b. 后端程序。

智能拐杖与小程序通信时，将要传输的数据分为 4 个数据包，用不同标志位区分，小程序收到 4 个数据包并校验后将其逐位解析为 8 位 Uint 型数据，供其他线程调用，并将其简单分析。小程序收到并解析消息后将服务器回传值按位解析为二进制数据包，发送给遥控器，完成数据收发。

由于小程序的 ES6 特性，小程序与数据服务器之间的通信可以用更稳定、不需要考虑时间差的 HTTP 请求完成，当蓝牙接收并解析校验完 4 个数据包后，小程序对数据服务器发一次 HTTP 请求，在毫秒级的时间内完成一次数据交互，收到返回值，将返回值放入数据缓冲区，完成一次完整的数据交互。

6.3.2.2 基于 FPGA 的智能照明系统设计

随着现代社会的发展，人们对于电器的智能化要求也越来越高，物联网 (LOT) 成为人们关注的焦点。物联网是新一代信息技术的重要组成部分，也是信息化时代的重要发展阶段。顾名思义，物联网就是万物互联形成的网络。物联网的核心和基础仍然是互联网，是在互联网基础上进行延伸和扩展的网络；物联网的用户端延伸和扩展到了任何物品，可进行信息交换和通信，也就是说万物互联。物联网通过智能感知、识别技术与普适计算等通信感知技术，广泛应用于网络的融合中，也因此被称为继计算机、互联网之后世界信息产业发展的第三次浪潮。物联网是互联网的应用拓展，与其说物联网是网络，不如说物联网是业务和应用。因此，应用创新是物联网发展的核心，以用户体验为核心的创新是物联网发展的灵魂。

本作品着眼于物联网发展，是集合 RF、通信算法以及控制及技术的智能应用，以 FPGA 作为核心处理器，通过 RF 模块对灯进行组网，在 FPGA 上实现无线通信算法，对灯进行控制。

（1）系统组成

本系统由 FPGA 模块、串口屏驱动模块、通信算法模块、BQ3905 灯控模块、人体红外检测模块等组成。系统框图如图 6-44 所示。

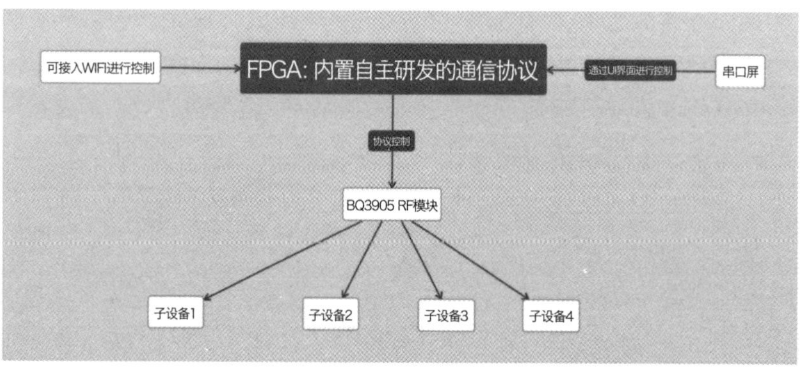

图6-44　智能照明系统框图

本系统的核心处理平台为紫光同创公司提供的 Logos 系列 FPGA 最小系统板。Logos 系列可编程逻辑器件是深圳市紫光同创电子有限公司推出的全新低功耗、低成本 FPGA 产品，它采用了完全自主产权的体系结构和主流的 40nm 工艺。Logos 系列 FPGA 包含创新的可配置逻辑模块（CLM）、专用的 18kb 存储单元（DRM）、算术处理单元（APM）、高速串行接口模块（HSST）、多功能高性能 IO 以及丰富的片上时钟资源等模块，并集成了存储控制器（HMEMC）、模数转换模块（ADC）等硬核资源，支持多种配置模式，同时提供位流加密、器件 ID（UID）等功能以保护用户的设计安全。基于以上特点，Logos 系列 FPGA 能够广泛适用于视频、工业控制、汽车电子和消费电子等多个应用领域。

关键特性板采用的紫光同创 Logos 系列 FPGA 型号为 PGL22G-6IFBG256。

相比市面上比较流行的 MCU 主控方案，FPGA 具有更加强大的数据处理性能，在进行板上算法实现时，紫光同创 FPGA 优良的性能给我们的开发带来了极大的帮助。

FPGA 模块搭载了自主研发的通信协议，对节点进行组网控制。

①串口屏驱动模块。

本设计中，UI 界面是通过串口屏来实现的，该串口屏通过 SD 卡烧录代码。串口屏如图 6–45 所示。

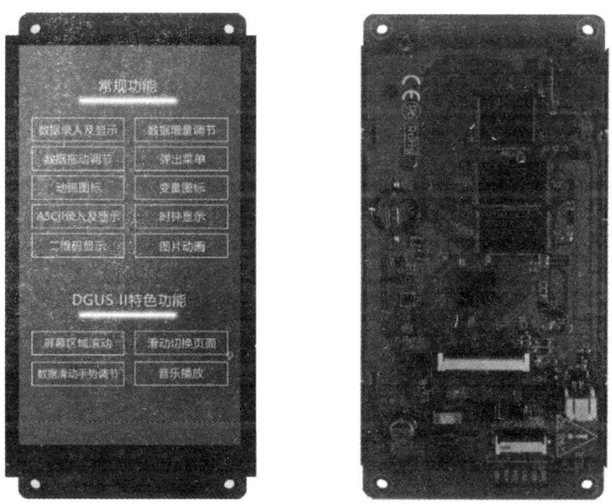

图6–45　串口屏驱动界面

②通信算法模块。

自主研发的通信协议，这是本设计的核心与亮点。该无线协议搭建在 868/433MHz 频率下。为了适应不同应用场景、兼顾网络节点的稳定性和覆盖区域，该协议使用了树形—星形混合拓扑，继承了树形拓扑的完整父子逻辑，并在此基础上建立设备结构层级，极大地提高了信息传递的精确度，在防止信号和能量冗余方面也有显著的效果。同时，该协议的特殊结构以及自动组网的特性使得设备节点的安装、检修十分方便，亦可广泛应用于工厂设备管理中。

协议组网架构如图 6–46 所示。整个组网的结构为树形拓扑结构，而第二层 (运输层) 节点之间又构成星形拓扑结构，这不仅弥补了普通树形拓扑链路数量较少的缺点，也使得整个路由协议更加灵活。而第三层 (目标层) 采用多连接树形结构，既具有普通树状拓扑的完整父子逻辑，又不失星形拓扑的广度，在实际路由过程中能兼顾较少运算量和较精确路由规划两大方面，是控制成本与功耗的软件基础。

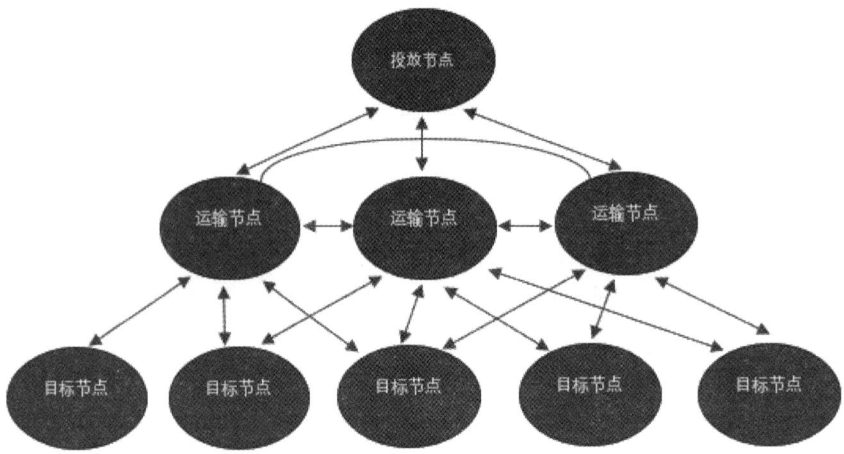

图6–46　协议组网架构图

我们的组网协议是有三层深度的层间通信协议。不同的节点按节点等级不同具有不同的功能。第三层的目标节点只具有接收、处理与上报数据的功能，是组网结构中的最末端节点；第二层的运输节点能够对信息进行转发，包括向上报、下达与同级传递三种转发方式，是组网协议中核心的信息传递层；第一层的投放节点是组网协议中等级最高的节点，其功能主要为下达建立组网消息、收集子节点信息等功能。

在我们的组网结构中，每一个设备都有自己唯一的 16 位设备 ID，其 ID 命名方式为区 + 域 + 块，用于设备间的识别和信息的精确转发。

③ BQ3905 灯控模块。

灯控模块如图 6–47 所示。该模块由射频芯片 BQ3905 以及电源转换电路组成。

图6-47　灯控模块图

④人体红外检测模块。

我们在灯上加装了人体红外检测模块。当有人经过时，灯会自动打开，人远离灯时，灯会自动关闭。灯在该模块操控下打开的次数会通过射频模块返回 FPGA 进行处理，从而得到每个灯节点处的人流量粗略统计，并在串口屏 UI 界面上绘制出统计图形，实现较为粗糙但成本极低的人流量监控。

（2）系统实现

系统实现如图 6-48 所示。用户通过串口屏 UI 界面对每盏灯进行控制。该界面具有优良的人机交互特性。美观大方，便于使用。

图6-48　系统整体实现图

①BQ3905 射频及电源模块实现。

BQ3905 是 SONIX 公司研发的一款低成本低功耗的无线收发芯片。射频模块电路如图 6–49 所示。

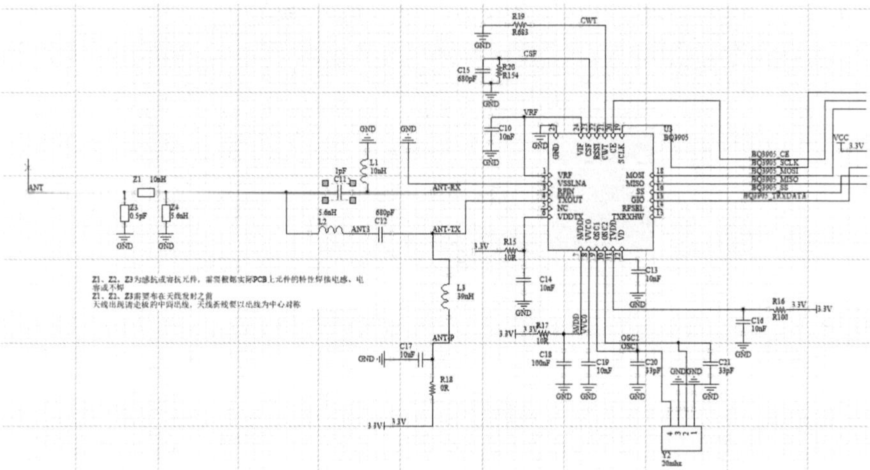

图6–49　射频模块电路

电源部分采用 RC 分压的方法，经过整流与稳压电路得到 3.3V 直流电。电源模块电路如图 6–50 所示。

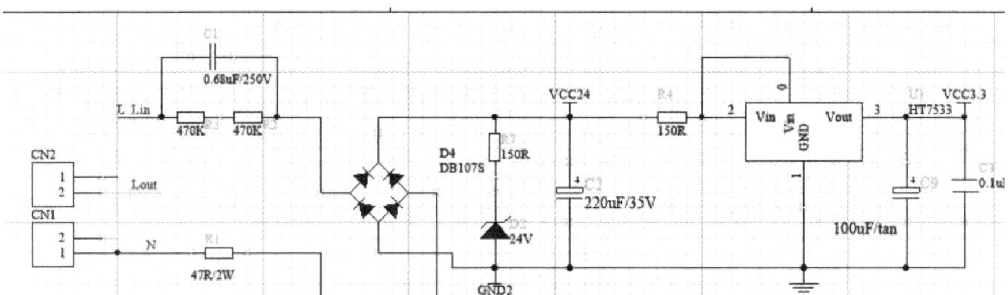

图6–50　电源模块电路

②通信算法模块实现。

BQ3905 将收到的信号通过四线 SPI 传入 FPGA 中，内置算法对信号进行解析以及处理，再将控制信号通过 SPI 传入射频模块。用户可以利用串行接口设备通过串口对每个节点进行操作。具体的内部逻辑如下所述。

a. 报文格式。

我们的组网协议以报文形式传递信息，一帧报文共 15 个字节，其格式如下：

[0] 头序列码　　　[1] 下一跳地址高

[2] 下一跳地址低 [3] 目标地址高
[4] 目标地址低 [5] 上一跳地址高
[6] 上一跳地址低 [7] 目标地址高
[8] 目标地址低 [9] 数据描述符
[10] 数据声明符 [11] 数据位高
[12] 数据位低 [13] 校验码
[14] 尾序列码

报文经过解析后得到的数据包格式如下：

16bit	目标地址
16bit	下一跳地址
16bit	上一跳地址
16bit	源地址
8bit	数据描述符
8bit	数据声明
16bit	数据

一帧报文中，头序列与尾序列用于报文的同步；上一跳、下一跳地址用于节点间的报文传递；源地址、目标地址用于报文的送达；数据申明与描述符用于数据类型的判断；校验码用于报文的校验，检验码的形式为报文第一到十二字节的无符号加法再取反。

同时，为了限制报文转发深度，防止陷入“三角转发”的死循环，协议中还规定了同一报文的转发次数。当转发次数到达上限时，将该报文视为不可到达，即将其丢弃。

b. 组网构建。

该协议中，组网的建立过程是设备间“呼叫”和“响应”的过程。三级组网协议的一个基本原则（后称“基本原则”）是，每个设备的呼叫都只能被下级设备响应，而其本身只响应来自上级设备的呼叫。遵循“基本原则”的组网建立过程如下：各节点开机时自动发送入网请求，广播一次名称为“请报告你的设备ID”的命令，附近设备接收到该命令时，分析呼叫节点与自身的层级关系，若符合“基本原则”发送“已报告的 ID”命令，双方在各自的连接表中注册，彼此建立通信。该组网的过程完全由入网节点自动完成，灵活性很高。组网构建流程如图 6–51 所示。

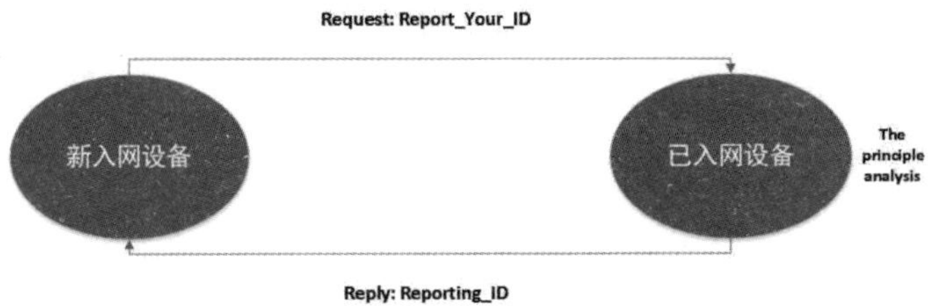

图6-51 组网构建流程图

c. 报文传递。

在建立其网络连接之后，每个设备中都会存有一个网络拓扑结构记录表(后称“记录表”)，其中记录了该节点与其他节点的连接情况。

网络拓扑结构记录表示意图如图 6-52 所示。

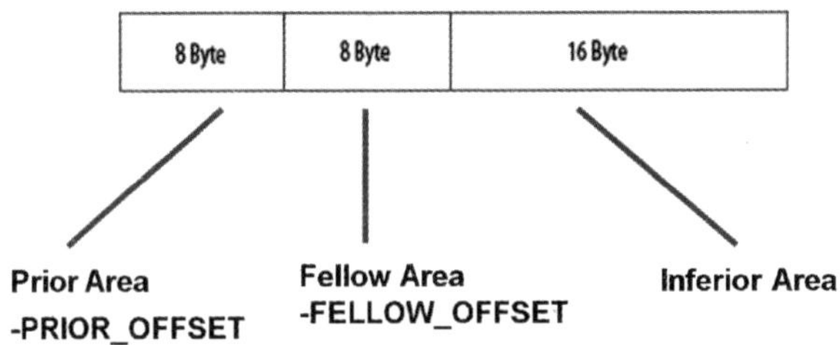

图6-52 网络拓扑结构记录表

对于组网中的任意两个节点 A 与 B，其连接情况可分为三种：

直接相连——两个节点均在对方的“记录表”中完成注册。

间接相连——两个节点未在对方“记录表”中完成注册，但能够通过报文的转发机制进行通信。

不相连——两个节点之间无法建立或不应当建立连接关系，如两个三级节点间不应建立连接关系。

两个直接或间接相连的节点，通过判断节点间的联系方式，报文传递也有不同形式。对于发送设备来说，在发送一帧数据给指定的目标节点前，发送方会先检索自己的连接表。若连接表中存在目标节点，则将目标地址直接设置为下一跳地址，不需转发；若连接表中不存在目标节点，则发送设备将目标地址存入源地址段，对连接表中设备地址进行一次排序，将下一跳地址设置为信号强度最大的地址，并置高转发位。对于接收设备来说，在接收到一帧数据时，会对转发位进行判断，若转发位为高，则视为该帧数据需要转发，以上述发送设备的方式对设备进行转发。无论接收的数据是否需要转发，接收设备都会将转发位重新置零，即，上一跳设备与下一跳设备之间对数据的处理进程都是独立的。报文传递过程示意图如图 6–53 所示。

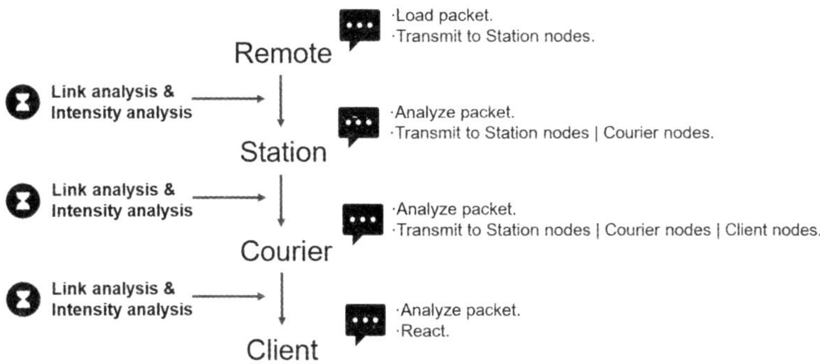

图6–53　报文传递过程示意图

d. 加密算法。

相比有线通信，无线通信具有易截获、易破解的特点。因此，无线协议中的加密算法十分重要。我们的协议采用了阶数可变的 Manchester 差分编码，是一种边沿检测型的加密算法。相比普通的加密算法，Manchester 编码能够自动携带相位信号，但缺点是运算量较大、硬件资源消耗量较大，效率最高只能达到 50%。经过我们的改进后，应用于我们的组网协议中的 Manchester 差分编码以电平跳变为相位，有跳变帧的对应编码为 1，无跳变帧的对应编码为 0。这样，只要知道了第一位数据与每两位数据的跳变信息，就能够将原信息解码出来，大大降低了硬件资源需求和运算量，并且能达到 100% 的信息传输效率。而为了弥补由于算法简化带来的安全性上的降低，在我们的无线协议中，使用了一种约定式加密阶数的方案。设备在刚入网时会以一个随机的 Manchester 差分加密阶数进行通信，该阶数会在重启或一定时间之后自动更换，以降低数据被解码的可能性，从而保障数据安全。Manchester 差分编码时序图如图 6–54 所示。

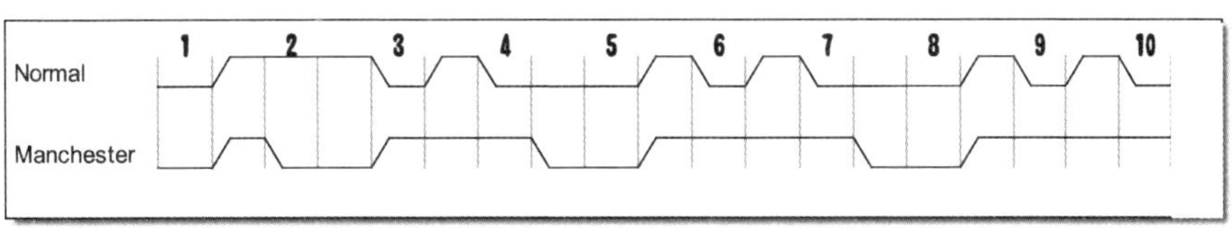

图6–54　Manchester差分编码时序图

③ UI 界面实现。

本组作品设计了三个 UI 界面，如图 6–55 所示。通过主控板的控制逻辑对用户界面的切换进行控制，简单明了。用户可以清楚地了解我们作品的功能，并且很快掌握它的使用。

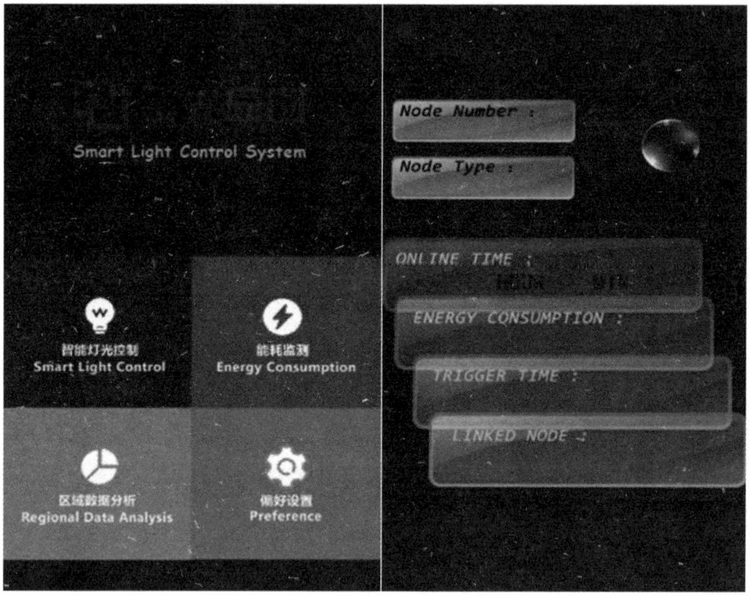

图6-55 UI界面

④ 串口驱动模块实现。

本系统所采用的串行通信模块是串行异步通信模块。串行异步串行是指UART(Universal Asynchronous Receiver/Transmitter)，通用异步接收 / 发送。该协议概述如下。

消息帧从一个低位起始位开始，后面是 7 个或 8 个数据位，一个可用的奇偶位和一个或几个高位停止位。接收器发现开始位时它就知道数据准备发送，并尝试与发送器时钟频率同步。如果选择了奇偶校验，UART 就在数据位后面加上奇偶位。奇偶位可用来帮助错误校验。在接收过程中，UART 从消息帧中去掉起始位和结束位，对进来的字节进行奇偶校验，并将数据字节从串行转换成并行。UART 传输时序如图 6–56 所示。

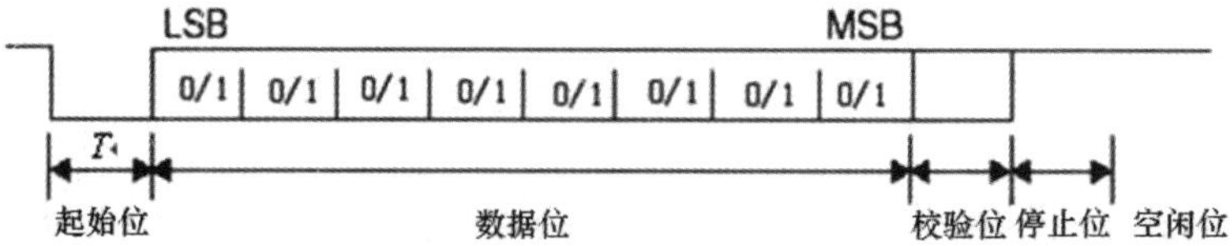

图6–56 UART传输时序图

从波形上可以看出起始位是低电平，停止位和空闲位都是高电平，也就是说没有数据传输时是高电平，利用这个特点我们可以准确接收数据，当一个下降沿事件发生时，我们认为将进行一次数据传输。

常见的串口通信波特率有 2400、9600、115200 等，发送和接收波特率必须保持一致才能正确通信。波特率是指 1s 最大传输的数据位数，包括起始位、数据位、校验位、停止位。假如通信波特率设定为 9600，那么一个数据位的时间长度是 1/9600s。本模块采用的波特率是 9600。

串口接收模块是个参数化可配置模块，参数“CLK_FRE”定义接收模块的系统时钟频率，单位是 MHz，参数“BAUD_RATE”是波特率。接收状态机状态转换图如图 6–57 所示。

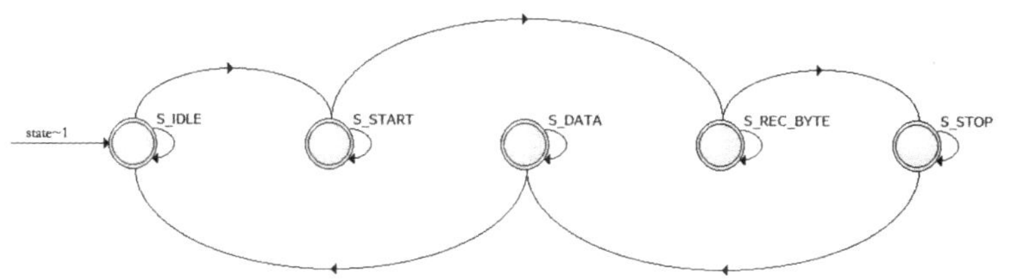

图6–57 接收状态机状态转换图

⑤ SPI 驱动模块实现。

SPI(Serial peripheral interface) 即串行外围设备接口，是由摩托罗拉公司首先在其 MC68HCxx 系列单片机上定义的，基于高速全双工总线的通信协议，被广泛应用于 ADC、LCD 等设备与 MCU 之间。SPI 时序图如图 6–58 所示。

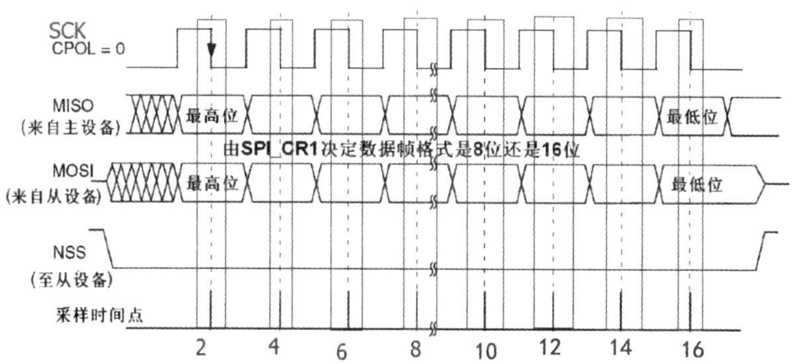

图6–58 SPI时序图

SS、SCK、MOSI 信号均由主机产生，MISO 信号由从机产生。在 nSS 为低电平的前提下，MOSI 和 MISO 信号才有效，在每个时钟周期 MOSI 和 MISO 下传输一个数据位。

SPI 驱动程序代码如下。

```
modulemy_spi
(
    inputsys_clk,
    inputrst,
    outputnCS,//select(SPImode)
    outputDCLK,//clock
    outputMOSI,//masterdataoutput
    inputMISO,//masterinput
    inputwr_req,
    outputwr_ack,
    input[7:0]data_in,
    output[7:0]data_out
);
localparamIDLE=0;
localparamDCLK_EDGE=1;
localparamDCLK_IDLE=2;
localparamACK=3;
localparamLAST_HALF_CYCLE=4;
localparamACK_WAIT=5;
regDCLK_reg;
reg[7:0]MOSI_shift;
reg[7:0]MISO_shift;
reg[2:0]state;
reg[2:0]next_state;
reg[15:0]clk_cnt;
reg[4:0]clk_edge_cnt;
wirenCS_ctrl;
wire[15:0]clk_div;
wireCPOL;
wireCPHA;
```

```
assignMOSI=MOSI_shift[7];
assignDCLK=DCLK_reg;
assigndata_out=MISO_shift;
assignwr_ack=(state==ACK);
assignnCS=nCS_ctrl;
assignCPOL=1’b1;
assignCPHA=1’b1;
assignclk_div=16’b0;
assignnCS_ctrl=1’b1;
always@(posedgesys_clkorposedgerst)
begin
    if(rst)
            state<=IDLE;
    else
            state<=next_state;
end

always@(*)
begin
    case(state)
            IDLE:
                    if(wr_req==1’b1)
                            next_state<=DCLK_IDLE;
                    else
                            next_state<=IDLE;
            DCLK_IDLE:
                    //halfaSPIclockcycleproducesaclockedge
                    if(clk_cnt==clk_div)
                            next_state<=DCLK_EDGE;
                    else
                            next_state<=DCLK_IDLE;
            DCLK_EDGE:
```

```
                //aSPIbytewithatotalof16clockedges
                if(clk_edge_cnt==5’d15)
                        next_state<=LAST_HALF_CYCLE;
                else
                        next_state<=DCLK_IDLE;
        //thisisthelastdataedge
        LAST_HALF_CYCLE:
                if(clk_cnt==clk_div)
                        next_state<=ACK;
                else
                        next_state<=LAST_HALF_CYCLE;
        //sendonebytecomplete
        ACK:
                next_state<=ACK_WAIT;
        //waitforoneclockcycle,toensurethatthecancelrequestsignal
        ACK_WAIT:
                next_state<=IDLE;
        default:
                next_state<=IDLE;
    endcase
end
always@(posedgesys_clkorposedgerst)
begin
    if(rst)
        DCLK_reg<=1’b0;
    elseif(state==IDLE)
        DCLK_reg<=CPOL;
    elseif(state==DCLK_EDGE)
        DCLK_reg<=~DCLK_reg;//SPIclockedge
end
//SPIclockwaitcounter
always@(posedgesys_clkorposedgerst)
begin
```

```
    if(rst)
            clk_cnt<=16’d0;
    elseif(state==DCLK_IDLE||state==LAST_HALF_CYCLE)
            clk_cnt<=clk_cnt+16’d1;
    else
            clk_cnt<=16’d0;
end
//SPIclockedgecounter
always@(posedgesys_clkorposedgerst)
begin
    if(rst)
            clk_edge_cnt<=5’d0;
    elseif(state==DCLK_EDGE)
            clk_edge_cnt<=clk_edge_cnt+5’d1;
    elseif(state==IDLE)
            clk_edge_cnt<=5’d0;
end
//SPIdataoutput
always@(posedgesys_clkorposedgerst)
begin
    if(rst)
            MOSI_shift<=8’d0;
    elseif(state==IDLE&&wr_req)
            MOSI_shift<=data_in;
    elseif(state==DCLK_EDGE)
            if(CPHA==1’b0&&clk_edge_cnt[0]==1’b1)
                    MOSI_shift<={MOSI_shift[6:0],MOSI_shift[7]};
            elseif(CPHA==1’b1&&(clk_edge_cnt!=5’d0&&clk_edge_
cnt[0]==1’b0))
                    MOSI_shift<={MOSI_shift[6:0],MOSI_shift[7]};
end
//SPIdatainput
always@(posedgesys_clkorposedgerst)
```

```
begin
    if(rst)
            MISO_shift<=8’d0;
    elseif(state==IDLE&&wr_req)
            MISO_shift<=8’h00;
    elseif(state==DCLK_EDGE)
            if(CPHA==1’b0&&clk_edge_cnt[0]==1’b0)
                    MISO_shift<={MISO_shift[6:0],MISO};
            elseif(CPHA==1’b1&&(clk_edge_cnt[0]==1’b1))
                    MISO_shift<={MISO_shift[6:0],MISO};
end
endmodule
```

（3）总结

① 主要创新点。

a. 我们自主研发了一套通信协议，并使用 FPGA 搭载该协议。利用 FPGA 强大的数据处理能力实现了组网逻辑中转发、广播、防碰撞、纠错等关键功能。

b. 我们的系统兼具覆盖度与精确度，在全体网络节点、部分区域内网络节点、单个网络节点之间的报文传递等场景下均有较高的效率。尤其是该组网协议支持设备节点的分区管理，这对于城市建设、工厂设备管理都有很好的支持。

c. 我们的系统最多可支持单区域内 65535 个节点，尤其适合节点较多、分布较散的场景。通过自组网的特性，该协议能够将分散的设备集中成片管理，从而实现报文的定点转发，大大提高区域内信息传递的效率。搭载我们组网协议的设备拥有低成本、低功耗等优势，是末端节点入网的良好选择。

② 可拓展之处。

本系统由于没有使用 WIFI 模块，所以无法接入互联网。在后期开发过程中若是加入 WIFI 模块，然后再搭建一个手机 APP，就可以通过 APP 控制，也更符合现在的物联网设备发展趋势，顺应潮流。

6.3.3 创新型企业孵化实例

6.3.3.1 新工科背景下的产学研三位一体实训平台项目计划书

大学生科技创新孵化器成员基于新工科背景下的产学研三位一体实训平台进行创新型公司孵化，于 2018 年 9 月注册成立了杭州遥临科技有限公司。

（1）项目概况

近年来，信息技术的蓬勃发展完全改变了经济常态，互联网与信息化更是成为社会发展的主要动力，随之而来对相关从业技术人员的需求也水涨船高。几乎每一所大学都有计算机或电子技术相关专业，初高中也在不断推行信息技术的引用，职业培训更是热火朝天。在这样的背景下，一类学习能力强、成长性极高的群体——学习相关技术的学生却面临所得资源与实际需求不符的尴尬现状。

在程序员的需求逐渐饱和，互联网相关产业寒冬的大环境下，各大互联网公司和科研机构对信息技术及电子相关专业的大学生提出了更高的要求，粗浅的理论和课堂编程实践并不能帮助学有余力的学生在完成课业的同时也满足业界需求。课堂不能提供实打实的项目研发实践和相关的理论建设是这种教学模式的最大硬伤，同时，教育理论的滞后性也意味着学生在进行商业开发和理论研究工作之前需要很长一段时间的适应期。

针对这一现状，遥临科技团队结合自身实际情况以及所在实验室的实际运营情况，创立了杭州遥临科技有限公司，以期实现实验室资源的充分利用和先进信息即电子技术的传播。公司有研发和教育两大功能部门，研发部门负责自主产品的开发并承接项目外包，获取公司运营所需费用。其科研成果将以实训教育资源的形式输出给教育部门作为其第一手资料，而教育部门则是负责学生的课外实训教育，培养其创新能力及项目思维能力。通过本公司自主研发的科技创新智能实训云平台和实训平台，可以让不同学习阶段、不同时空和地域的学生在投身于科研项目的实训经历中快速提升其实战能力，掌握先进开发思想。其中表现优异者更可以被研发部门吸纳。两个部门通过实训项目和优秀人才的交流互相合作，最终实现公司的技术创新、产品研发和人才孵化目标，并创造经济效益。

（2）团队介绍

对于一个高科技创业公司，科研能力是其强大生命力的根本来源。主要团队成员中有三人具备科研创造能力和相应的项目开发和项目管理能力，且各自有其擅长的研究领域，在未来研发部门的日常项目开发过程中都能作为项目负责人实行管理和监督并在大方向上把握研究走向及进度，为公司日常所需费用的获取和实训教程的输出打下了良好的基础。此外，研究部门的重要性也避免了决策权的分散。非技术性人才中，具备社团管理和自主创业经历的成员，在初创期可以使公司的组织架构尽快成型，并在管理上提供建议和相应措施。此外，商业计划书的撰写和对外的形象工作展示也同样重要。团队中会计专业的成员也会以其专业知识对公司的财务进行管理，相关的竞赛和实习经历有助于在金融方面规避风险和进行相关决策。

（3）市场分析

① 项目背景及需求分析。

a. 信息化成为经济常态，技术人才需求水涨船高。

随着时间的推移和信息技术的进步，我国的互联网和信息技术相关产业已经进入稳步高速发展阶段，从“我们万事俱备，只差一个程序员”，到“创业如何寻找技术合伙人”，技术型人才在科技创业公司中的分量越来越重。对技术人员的行业标准也越来越清晰。2010 年后的移动互联网时代，中国互联网进入高速发展期，2015 年中国提出“互联网 +”概念，“双创”风起，随后大数据、人工智能、网络安全，相关领域投资水涨船高，中国涌现出一批公司估值超过 10 亿美元的独角兽公司。

2017 年 IT 行业从业人员已达 1950 万人，平均每年创造 15% 左右的新增人才需求。2012 ~ 2017 年，IT 行业每年新增人才需求由 240 万人增长至 290 万人。我国 IT 行业在近 20 年中迅速发展，并且大概每 5 年就会出现新的行业热点，技术迭代更新快，对专业人才的水平要求高、需求大。随着我国经济产业结构不断升级，电子商务产业、移动互联产业的发展及云计算技术在全球范围内的推广，智能手机终端、移动应用、云管理、云物流、云手机等人才需求扩张显著，已成为新增人才需求最多的 IT 子行业。

在此情景下，大学及大中专 IT 专业毕业生在近年中呈现增长态势，但仍无法满足行业快速扩张的人才需求。2012 年，我国大学及大中专 IT 专业毕业生约 90 万人；2017 年大学及大中专 IT 专业毕业生约 105 万人，增长 16.7%。但与 IT 行业每年百万级的新增人才需求相比，大学及大中专 IT 专业毕业生的增长仍然杯水车薪，存在着巨大的人才供应缺口。除了数量上的供需不匹配，部分 IT 毕业生在校期间仅以理论学习为主，缺乏实际项目经验，无法满足用人单位的需求，进一步加剧了大学及大中专对 IT 行业的人才供应不足。

b. 人才需求具体多样化，教育与实际脱节严重。

在新工科教育模式背景下，IT 行业对从业人员的实践能力要求较高，实践能力和实践经验是用人单位考量的主要指标，也正是大学及大中专毕业生最为缺少的。IT 行业最普遍的问题就是大学及大中专与企业实际需求相脱节的矛盾。大学及大中专等机构偏重理论学习，对于学生实际项目开发经验要求较低，且 IT 相关专业教材的更新速度远比不上技术的更新迭代速度；用人单位则更为看重求职者承担具体工作任务的能力，并不过多考查对专业理论精准掌握的能力。因此，IT 专业的部分毕业生实践能力较差，与企业需求脱节，呈现出就业难的现象。

用人单位普遍倾向雇用具备一年以上工作经验的求职人员，从侧面反映出大中专教育与企业需求融合度有限。以大数据分析岗位为例，用人单位更为倾向雇用具备一年以上工作经验的求职者，招聘应届生及工作经验在一年以下求职者的职位不足 15%。对比投递者的学历构成，投递者中硕士及以上学历者占比已达到 27.2%，但求职者的普遍高学历依然无法改变企业对具备丰富经历求职者的偏爱，可见大学及大中专教育与企业需求融合度有限。

此外，项目和竞赛经验也是国内高中生大学生申请国外学校必不可少的加分项，而重视理论教学实行规模化教学的大学并不利于学生获取这方面的经验以及相关的经历证明，从而在激烈的全球化竞争中处于不利之地，也对自己的未来规划产生了一定的影响。

c. 初高中 IT 教学需求日益增长，产业尚未形成规模。

在 IT 技术蓬勃发展的今天，基本的技术知识正在如同数理化一样成为普及性知识的一部分，江苏、浙江、上海、北京等地都在大力推进技术科目的普及落实，尝试性地将其引入高考体系。学有余力的初高中学生对信息技术的热爱和竞赛需求也让他们逐渐踏足这一陌生的领域。

然而，相应适用于初高中生，较浅层次的 IT 知识普及教育并没有得到很好的重视和发展，甚至还处于探索阶段，现有的少儿编程班只是对职业教育体系进行生搬硬套，难度高、任务量大、无法应用于实际，容易让学生产生厌学情绪；或者所传授的知识太过简单，课程拖沓，浪费学生的时间和精力，这一产业并未成熟也无行业标杆出现。将技术知识普及引入现有的初等教育体系仍然还有很长的一段路要走，相应各种形式的课外辅导培训也会在未来的短时间内不断涌现。在未来这也将是互联网市场规模较大的相关产业之一。

② 可行性分析。

经过十年的技术积累与发展，团队不仅拥有了丰富的技术储备，也通过校企合作的形式获得了支撑产品研发与教育平台建设的优质资源，已经培养了一批又一批优秀的新时代工科人才。所以，以 IT 技术教育作为遥临科技除自主研究和外包项目开发外的主要业务，并非无的放矢。职业教育的兴盛和国内现行教育模式的欠缺、自身的先进教学方法和配套硬件，以及紧密结合互联网时代的全新推广模式，都让遥临科技有自信，也有能力在这一领域站稳脚跟。

a. 技术实力雄厚，研发团队运行模式成熟。

遥临团队的前身成立于 2008 年，由学生自主运营管理。团队的运营成员均为杭州电子科技大学电子信息相关专业中有技术实力、有团队合作经验、有项目开发能力的优秀学生。经过十年的积累，团队有了非常雄厚的技术实力与项目积淀，先后为各大高校、企业开发了基于PIC的口袋实验仪器、人体经络分析仪、中小学智能教辅仪器、无线自组网灯控系统等产品。成熟稳定的项目开发和运行模式，使遥临未来的研究工作可以稳步开展并迅速取得成果，并向实训教程进行转化。这也是一个技术密集型公司的立足之本，而雄厚的技术积累和稳定的人才输入输出使得公司在创业初期就拥有稳定资金来源，在对应细分教育市场迅速站稳脚跟。

b. 学校企业双背景，教育资源丰富。

遥临科技依托杭州电子科技大学科技创新基地和电工电子国家级实验中心及电子信息技术国家级虚拟仿真中心，拥有丰富的实验教学资源。其中，中心与各类全球顶尖半导体及芯片公司联合共建的联合实验室，能够提供电子相关行业最领先的技术培训与实践机会。此外，遥临科技也积极通过项目外包、自主知识产权输出的形式与电子相关行业的企业对接，让学生“学有所用”，在企业级的项目中淬炼自身的项目实践水平。相应的科研项目和实习经历都可以转化为学生在教育培训中的丰富资源，使其对学生具有较强的持续吸引力。

c. 自主研发教学及实训平台，教学方法先进。

为了满足不同类型、不同水平学生的不同实训教学需要，遥临科技开发了一套集远程实验预约、数字化信息管理、智能电源控制、远程评分功能为一体的科技创新智能实训云平台。通过该平台，参与实训的学生可在APP和网页上自主预约实训的时间和地点。通过身份验证后，学生便可在对应时间、对应地点完成当次实训。不同于普通的实验课程，该平台在实训过程中产生的数据完全由数据采集设备和服务器自动获取，并在实训完成后以实训报告的形式呈现给学生。实训的评分者亦可通过实验过程中上传至云端的数据进行远程打分。实训平台的产生，使实训过程突破了时空限制，大大简化了学生参与实训的流程，让学生能够“返璞归真”，专注于创新能力的锻炼和项目能力的提升。此外，杭州电子科技大学资深教师编写的教学计划和教程，对于学生的理论构建和系统的知识学习会有很大的促进作用。

（4）技术实现及创新

参与工程实训是锻炼项目思维最根本也是最有效的方式。学生通过平台预约并远程完成各类创新实训设计，教学者可以远程完成成绩评定；实训模式突破时空限制，让学生自主控制实训进程。

①技术先进性和创新性。

目前，互联网等技术发展十分迅速，然而，各高校学生参与实训类课程的方式仍然十分传统，传统教学方式产生的各种问题日益凸显出来。因此，把当下发展十分迅猛的互联网技术与学生参与实训课程的方式结合起来，是当代实验课程改革不可避免的趋势。而我们研发的适用于工科类工程实训教学、学科竞赛集训和开放实验使用的实训平台及配套管理软件，是使实训课程教学走向创新的重要技术保证。因此，探究如何通过当代的新兴技术来优化学生接受实训的过程，已经成为当前重要的研究课题。

此外，随着初中、高中教育体系的不断丰富完善，对于初、高中学生创新能力以及工程意识的培养也已然成为了我国“素质教育”中不可或缺的一部分。对于初、高中学生而言，实训场地、仪器、教学资源的缺乏是阻碍其参加实训类创新能力培养的最大问题。此外，由于课业压力较大，如何利用好碎片化的课余时间参加实训，也是一般教育平台难以解决的问题。

而科技创新智能实训云平台，通过自主实验预约，可以使学生通过课外自主实验，实现对理论的深入理解，起到深化理论知识培训的作用；通过智能数据采集，打破以往从示波器、扫频仪、万用表等大型测量仪器上，手动收集数据的方式，实现数据的自动采集和上传，同时也便于计算机进行多组数据对比分析，避免数据浪费，改变了以往测量仪器数据量少的情况；系统通过自动报告生成，改革了以往学生根据实训过程中获取的数据，手动记录实训过程的形式，提高了实训效率。

科技创新智能实训云平台通过人机交互系统实现实验的线上预约、个人信息核对、实验分数评定等功能；通过智能实训管理系统对实验的硬件设备进行管理、自动生成与评定实验报告以及采集与统计实验数据；通过丰富的实训教学套件给学生提供发挥思维的广泛空间；通过通用实验桌上的电源管理设备对平台的电源进行管理以及通过桌上的视频设备对图像进行实时传输；平台将四个分立的系统有机结合成一个整体，优化实验操作从而优化实验教学方式，最终提高学生的工程创新能力和可持续发展能力，使学生受益。

科技创新智能实训云平台包括人机交互系统、实验教学套件、智能实验管理系统、通用实验桌四部分，结构框图如图6-59所示。

a. 人机交互系统。系统主要由二维码识别模块、语音模块、显示模块，以及图形交互界面组成，承担电源监控、视频交互、实验呼叫应答和数据采集处理等功能。学生通过扫描包含实训信息的二维码进行实验预约验证及实验操作，教师扫描包含工号信息的二维码后对学生的实验操作进行成绩评定。

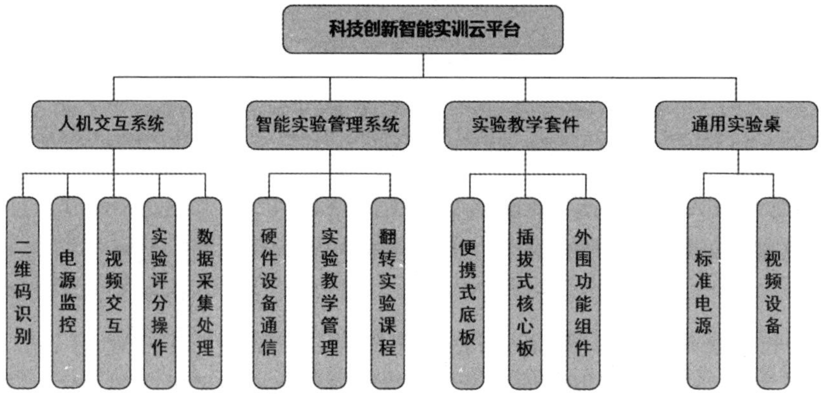

图6-59　科技创新智能实训云平台结构框图

b. 智能实验管理系统。不同于常用的教学管理软件，智能实验管理系统能通过 WIFI 与实验教学套件、视频设备、电源控制模块等硬件设备进行数据通信。系统集成了实验教学、成绩评定和报告管理等功能，能将虚拟仪器采集到的数据直接嵌入到实验报告中，并为用户提供超文本编辑器和实验报告生成向导。同时能满足翻转实验课程的教学要求，提供在线视频学习、课前知识测验、实验讨论、后台大数据统计等功能。

c. 实验教学套件。实验教学套件包括便携式底板、插拔式核心板和外围功能组件块三部分。便携式底板提供 3.3V、5V、±12V 和 24V 电源等。插拔式核心板包括 51 单片机核心板、PIC18 单片机核心板、STM32 单片机核心板和 FPGA 核心板，可根据实际需要进行插拔更换。外围功能组件包括物联网开发组件、机电控制开发组件、无线电开发组件、电源学习组件及各类教师自制组件等。

d. 通用实验桌。实验桌提供了 220V 交流电源和 24V 标准直流电源，方便用户进行选择使用。220V 交流电源以无引线导轨的形式对外供电，24V 直流电源为各类实验教学套件和实验箱进行供电。每张实验桌配备了视频设备，通过 WIFI 将视频数据传输到管理系统。

② 技术实现。

a. 云平台技术实现。

实验预约技术采用了 restfulapi 的设计模式，将功能拆解为微服务，通过进程间通信同步数据。

为了实现实验预约技术，ThinkPHP 搭建的主服务中设计了多个 API，用于发送数据实现预约状态改变的功能。而服务器与单片机之间，使用了基于 node.js 实现的 httpapi 服务器，单片机通过 tcp/ip 发送数据包至服务器，api 服务器对该数据包做出响应，从而实现了预约功能。

在数据安全上，下位机链接时，使用 Outh2 的方式对下位机身份进行了验证，提高安全性，防止黑客抓取到数据包后通过发送伪造的 http 请求篡改数据。

实训报告生成使用 markdown 作为页面内报告编辑器的填写方式，并集成了代码高亮截图上传和 latax 等实用功能，便于学生操作。

当学生填写完一部分内容后，页面内 js 将会在浏览器的 localstorge 内对应字段（实验编号）内追加存储当前学生填写内容，直到进行到最后一项。

当学生填写完最后一项内容后，页面内 js 将 localstorge 中的内容追加载入到页面内，通过特定 css 进行修饰，以满足打印需求，最终将其打印为 PDF，实现实验报告即时存储和导出。之后，这部分数据将被存放在数据库内，当教师需要导出时，重复上述操作，即可进行打印。

b. 智能实验桌技术实现。

该系统以 STM32 为控制芯片，ESP8266WIFI 模块实现实验台与云平台的通信，科大讯飞的 XFS5252 语音合成模块为用户提供语音提示，4.3 寸 TFTLCD 电容式触摸屏与用户进行交互，二维码扫描模块 GM—65 用于验证用户身份，继电器用来控制实验台的上电。已在云平台预约的用户可在预定的时间、预定的实验桌进行二维码扫码验证，学生信息会通过 WIFI 模块与云平台预约信息对比，验证成功后交互系统为实验台提供 24V 直流电压，学生可进行实验，预定时间结束后自动断电。

实验桌交互系统软件部分以嵌入式操作系统为基础，结合专业级图形库，包含了实验桌预约信息显示，学生教师身份验证，控制实验箱上电断电，教师打分并数据回传服务器，WIFI、提示音设置等功能，承担实验前后与学生老师进行信息交互的任务。交互系统软件设计图如图 6–60 所示。

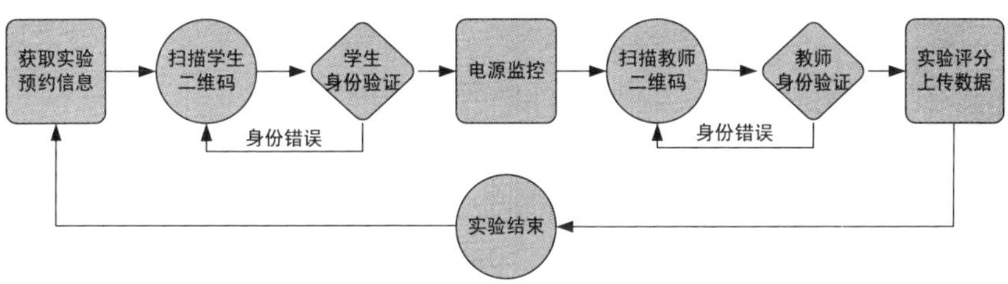

图6–60　用户交互系统软件设计图

本产品为便携式智能实验平台模块之一。安装方便，使用简单，拥有统一且丰富的接口资源。可方便地更改核心板型号、模块类型和数据输入输出接口。可以让用户方便地测量各个接口的输入输出情况。这作为实验平台，可以将用户从烦琐的接线、电源适配等底层劳动中解放出来，专注于实验本身。

核心板接口板集成了 J-link 下载调试器，CH340USB 转 TTL 串口模块，可以使用 USB 接口连接电脑，实现了供电、代码下载和串口调试功能。引脚接口矩阵拥有 200 个排针接口，保证所有引脚都可连接。“金手指”接口保证了核心板方便更换，容易插拔且拥有良好的接触导电性。核心板接口板自带一块 2.8 寸触摸屏，可显示图形化界面和数据状态信息。

机电模块使用 12VDC 座供电以保证功率器件正常使用，使用 L298N 电机驱动芯片，可控制两个直流电机或一个两相步进电机。编码器可读取电机转速，方便控制电机。多个舵机或伺服器使用 PWM 控制，可实现多种功能。模块使用杜邦线连接排针的方式实现与核心板的连接。用户可方便地更改连接方式。

数据采集装置是一款为实验数据采集并进行分析、显示的智能产品，由 Digilent Analog Discovery2 和 PC 端组成。Digilent Analog Discovery2 是一个迷你型 USB 示波器和多功能仪器，可以让用户方便地测量、读取、生成、记录和控制各种混合信号电路。同时可以搭配 PC 端 LabVIEW 软件调用 DIGILENT 智能仪器基础硬件进行编程控制及用户界面设计的 API 函数来自行定制属于自己的智能仪器创新应用及创新仪器用户界面，例如函数信号发生器、电压表、示波器等，极大提高了工作效率，降低了开发成本，使用起来更加方便。

（5）商业模式

①运行机制。

如图 6–61 所示，公司的运营模式为产学研结合模式，公司组织架构分为研发部门与教育部门，两个部门相互联系、相互合作，以科技研发提升实训质量，以项目实训培养创新型人才，以创新型人才输入反哺科技研发，产、学、研三位一体，实现公司的技术创新、产品开发、人才孵化以及零劳动成本风险下的盈利目标。

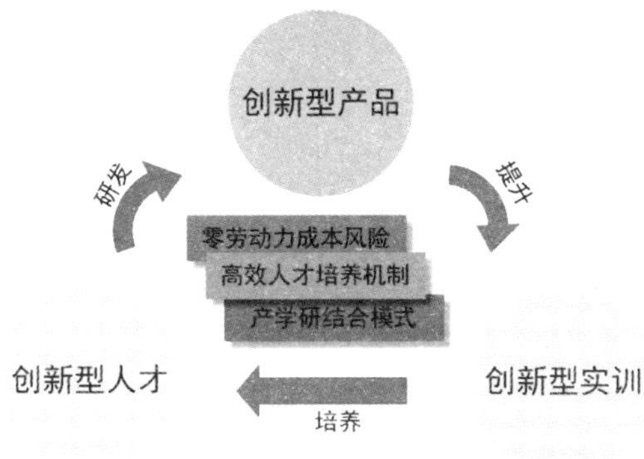

图6-61 遥临科技运营模式图

公司的研发部门主要负责自主产品的开发与项目外包，实现自主产权以及项目开发经验的积累，获取公司运营必须的经费并实现赢利；研发部门主要围绕智能家居、智能农业、智慧校园、智慧医疗四个方向开展项目外包与自主技术研发。研发部门将研发成果以实训教育资源的形式输出给教育部门，作为实训教育的第一手资料。

教育部门负责学生的课外实训教育以及创新能力和项目及思维锻炼。其中，实训教育的受众主要为在校工科类专业大学生以及有相关项目能力及背景需求的初、高中生。同时，为了满足不同阶段、不同层次学生的时间、能力、学习兴趣的需求，我们开发了一套科技创新智能实训云平台，适用于信息化实践训练、竞赛集训和创新能力锻炼。学生能够通过平台预约并远程完成各类创新实训设计，教学者可以远程完成成绩评定；实训模式突破时空限制，让学生自主控制实训进程。

对于在校大学生，搭建将课业所学的理论知识转化为实践能力的实训平台。通过项目训练的形式，在巩固与加深理论基础的同时，提升学生的实践能力及团队开发经验，缩短大学理论教育与实际工作岗位对学生综合能力之间的差距。我们的项目直接与相关领域的企业对接，让学生深入体验公司化的开发流程。在此过程中，公司也会完成人员的培养与吸收，为研发部门输送技术创新人才。

对于有相关项目能力及背景需求的初、高中生，我们提供了一整套从理论到实践的项目能力提升课程。理论课程包括项目开发相关基础理论及技术基础理论，以提升初、高中生的理论水平；实践课程主要为适合初、高中生能力与水平的精选实战项目，以锻炼创新思维、提升项目能力。

而作为研发、运营以及提供实训培训的主要人员，公司会吸纳部分受过遥临科技良好理论培养、实训教育及项目级思维和创新能力培养的、有团队意识、有责任和担当的优秀大学生，成为公司的核心成员。新成员们按照兴趣加入不同部门，共同参与到公司的运营中去。这样的人才输入模式，提升了公司成员之间的凝聚力，使公司内部形成了“传帮带”机制——公司成员之间不仅仅是同事，更是良师益友。同时，项目开发、团队管理本身就是一种价值的积累，而优秀大学生乐于奉献、有责任、有担当的团队精神也使公司的劳动力成本风险降至最低，成为公司立足的关键因素之一。

② 赢利模式。

遥临科技有限公司的主要盈利点分别来自产品研发部门和教育部门。产品研发部门主要通过自主产品研发以及项目和解决方案外包，取得一定经济效益；而教育部门则是对外输出实训教育，并取得相应的教学收入。

a. 项目开发收入。

技术研究与产品开发是公司研发部门的主要职能，起到将科研成果转化为商业价值的关键作用。研发部门的项目开发主要以自主产品研发、专利授权、外包服务等形式进行。

b. 教育培训收入。

教育培训部门是遥临科技主要的对外部门和盈利部门，通过对不同层次，不同教学目标的学生进行项目能力及实践能力的提升训练，并获取一定报酬，实现赢利。实践培训的种类如下：

初高中普及教学：针对初、高中生开设线上 + 线下的初级入门教学，可以在较大规模内对信息技术做普及性教学，收取单人较低、按学时的课程费用，并提供一对一，相对高技术含量的，竞赛科研相关的高价值、完整体系的特殊培训。

专业相关学生项目实训：为电子、计算机、自动化等专业的学生提供课外的或是和课程高度相关的实训项目，在验证成熟的实训项目中帮助学员将知识融会贯通的小班化教学和团队型作业，同时提供竞赛和项目开发相关的更加专业化的进阶培训。

实战性项目培训：针对需求较为明确如科研专利、项目开发经历的高水平学员，提供专业化一对一的项目开发指导并根据工作量和重要性收取相应报酬，帮助其获取科研、出国等所需的项目开发能力及经验。

遥临科技教育部门根据不同的实训教育模式，针对不同定位的学生，制定相应的定价策略。同时，公司吸收在校优秀大学生成为公司教育部门成员，以较低的劳动力成本和风险，负责教育部门的正常运转与教育输出，最终实现公司赢利。

③ 营销策略。

本公司开发的线上教育系统本身就具备网络属性，结合公众号、网站进行线上经营推广将会成为公司的主要营销方式。此外，遥临科技扎根校园，在学校内有坚实的线下基础和较高的知名度，并且每年在在校本科生中招收新成员，进行线下宣传也会取得良好的效果。

a. 线上宣传。

加强公众号建设，将线上学习通道和报名通道引入其中，并通过对先进技术的转载和分享增加关注度和转发度，并对公司的主营业务和文化进行宣传，吸引更多人报名。

在线上开放部分课程的部分内容，供初等普及和项目实训的同学实验性学习，提高公司的知名度并积累线上用户对公司的信任。

建设公司主页，将公司主营业务和主要技术成果和教育资质及课程内容在公司主页上进行展示，着重突出教学内容和教学效果的宣传。

b. 线下宣传。

借实验室成员吸纳过程对公司的第二、三阶段课程培训进行宣传，鼓励更多的学生借这一渠道学习课外知识并进行一定的费用减免，增加更多学生的参与度并积累知名度。

在相关科目的学习中引入实训项目，以教师配合授课的方式让学生体会到这一教学方式的好处并引导其持续学习。

通过会员制建立线下技术交流组织，增加遥临科技受众的外围成员，定期进行技术分享探讨和线下宣传。

6.3.3.2 一种基于人机交互的数字化实验教学管理系统程序引言（软件著作权）

（1）编写目的

本系统设计了一种基于人机交互的实验教学管理系统。目前，传统实验教学管理方式存在操作烦琐、记录繁多、上传繁杂等问题，数字化程度不高将大大增加人力劳动成本和物力损失。因此，本系统实现整个实验过程的数字化管理，通过学生预约、扫码签到、现场上传成绩、线上提交报告等操作，结合人机交互的硬件设备将实验情况实时发送至服务器，数字化存档整个实验过程，大幅减少管理成本。

（2）背景

目前，互联网等技术发展十分迅速，然而，各高校学生参与实验课程的方式仍然十分传统，传统教学方式产生的各种问题日益凸显。传统实验教学需要学生纸质签到，实验进度固定，实验过程中需要老师值守，实验结束需要老师纸质登记每个学生的各项实验成绩，学生需手写纸质报告上交老师，在学期末老师需统计繁多的纸质实验报告并将最后成绩统计完成，并手动导入教务系统。传统的实验教学管理方式过于繁琐且出错易，查错难。随着计算机及信息技术的发展，如何将数字信息技术运用到高校的实验教学当中去，越来越受到教育部及各高校的重视。在国家办公无纸化、环保化的倡导下，数字化的实验教学管理系统将成为现代高校实验教学发展的趋势。

（3）定义

人机交互：指用于与用户交互并实时将实验情况发送至服务器的硬件终端。

数字化：指将纸质记录替代为电子数据记录在服务器端。

实验管理系统：指本系统主要用于管理实验中的各个环节。

（4）总体设计

① 需求规定。

软件功能要求；软件性能要求；输入输出要求；故障处理要求。

② 运行环境。

硬件环境。CPUIntel 2.20GHz 以上、内存 1G 以上、硬盘 20G 以上。

软件环境。操作系统 WindowsXP 系列及以上、开发工具 keiluvision3.8 系列及以上。

③ 基本设计概念。

本系统分为人机交互终端和服务器两个子模块。

人机交互终端是联系用户数据与外部互联网的通道。用户通过人机交互终端的 UI 界面进行不同的操作，终端采集用户数据，通过 HTTP 等网络协议将信息上传至服务器端进行处理；亦可接收服务器的命令，实现对用户操作的反馈。当网络连接暂时断开，数据无法上传服务器时，人机交互终端可以将数据暂存至本地数据库，当网络连接恢复后，终端再重新上传数据，保证实验数据不丢失。

服务器系统通过 WIFI 与实验教学套件、视频设备、电源控制模块等硬件设备进行数据通信。系统集成了实验教学、成绩评定和报告管理等功能，为用户提供超文本编辑器和实验报告生成向导。同时满足翻转实验课程的教学要求，提供在线视频学习、课前知识测验、实验讨论、后台大数据统计等功能。

④ 软件整体结构。

服务器部分利用 pycharm 集成开发环境，利用开源的 pythonweb 开发框架

Django 进行编写。该框架具有专业化、易管理等优点，可以大大提高程序的可读性。数据库部分采用 MySQL 构建。在前端可通过调用后端接口对数据库进行查询，以及对数据进行显示。数据库用 ER 图进行设计，并将其转换为数据表。服务器通过 TCP/IP 协议与地面站通信，通过 PDO 与数据库之间的交互连接，通过 HTTP 并由 ajax 辅助与前端页面交换数据，是构建本系统必不可少的部分。PDO 是 PHP Data Base Object 的缩写，是一个高度抽象的数据库对象，将各种数据库指令抽象为统一的函数，当业务量扩张时，整个程序仅需修改 PDO 的 object 名称，而不需要大范围修改程序。

人机交互终端部分利用 KeiluVision5 版本集成开发环境，搭载 FreeRTOS 嵌入式操作系统，结合 STemwin 专业级图形库制作人机交互界面，整个程序设计按模块化编写，并集合状态机编程思想，核心代码提供必要的注释，方便程序的升级与维护。本程序主要由 WIFI 任务、二维码扫描任务、各 UI 界面任务、数据库任务构成。

人机交互终端上电后，首先执行初始化任务，并通过控制台任务显示 WIFI 模块、二维码模块、外部 flash 及 Fatfs 文件系统等模块初始化状态，初始化成功后执行各 UI 界面任务，显示人机交互界面，WIFI 模块向 mqtt 服务器订阅实验状态的主题，等待用户操作。

正式上课开始前，教师点击管理系统网络前端页面的“开始实验”键，Web 服务器向 mqtt 服务器发布当前实验状态，mqtt 服务器转发至订阅该主题的人机交互终端。WIFI 任务解析收到的消息，开始实验后，发送 HTTP 请求获取当前实验名称、本桌实验者姓名、学号等实验信息，UI 界面反馈当前实验信息。

学生点击学生 UI 的签到按键，释放二维码扫描任务，唤醒二维码扫描模块，等待用户出示其个人二维码，5s 内未扫描到有效信息则自动关闭模块，否则将获取的二维码信息解析后，释放 WIFI 任务，挂起二维码扫描任务，通过 HTTP 请求将学生信息发送至服务器端，等待接收服务器响应，经解析响应后，UI 界面反馈当前签到状态。

实验结束后，教师点击教师 UI 的身份验证按键，执行流程与上述学生签到流程一致。身份验证成功后，教师点击选项框对本次学生实验进行评分，再点击上传按键，通过 HTTP 请求将学生成绩发送至服务器端，等待接收服务器响应，经解析响应后，UI 界面反馈上传状态。

实验过程中，每一步骤的完成都会以日志的形式记录在数据库中，以防实验中突然断电或网络连接中断等突发情况造成的数据丢失。

⑤系统框图（见图 6–62 ～图 6–64 所示）。

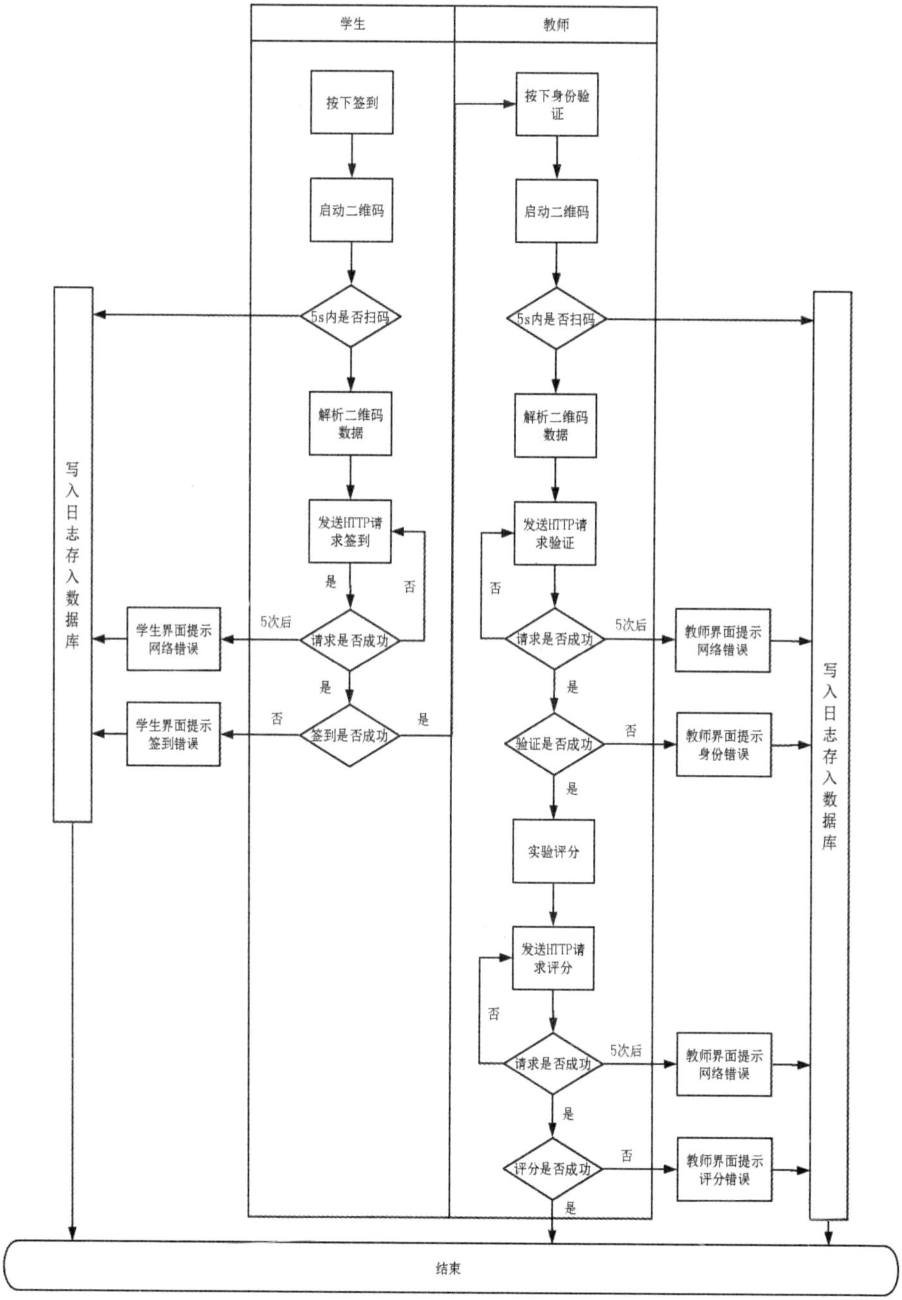

图6–62　人机交互终端软件流程图

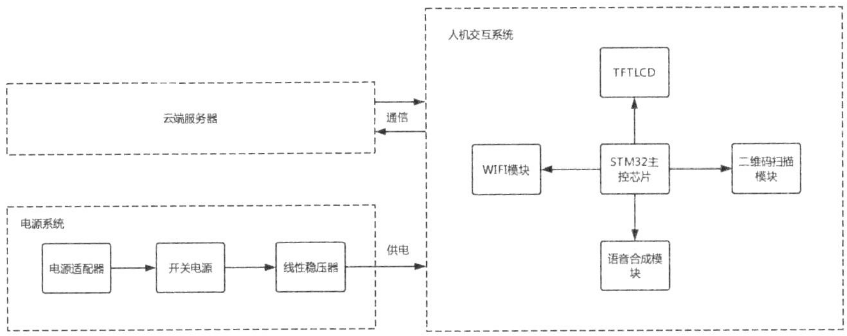

图6-63　人机交互终端硬件结构图

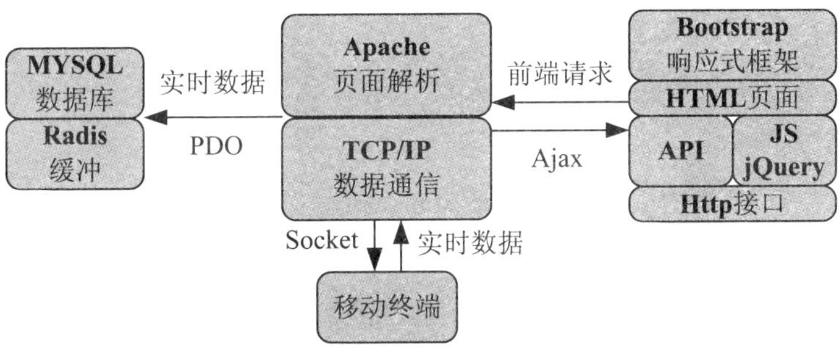

图6-64　服务器架构示意图

（5）模块设计

① WiFi 模块。

WIFI 模块内部已集成 TCP/IP 协议栈，MCU 通过串口发送指令即可与服务器完成 Socket 连接，在透传模式下 MCU 可方便高效地与服务器进行通信。

WIFI 模块采用 ESP8266，MCU 通过串口与该模块进行通信。使用串口需要软件系统先使能 STM32F103RC6 内部 APB2 总线上 GPIOB 的时钟，将 PB10、PB11 设置为推挽复用输出，并复用上述引脚为 USART3 串口 3 的 RX、TX 引脚；通过库函数对内部串口进行配置，包括串口波特率、数据格式、串口收发模式等。在设置完以上信息后，开启串口中断并使能串口；再设置好串口中断优先级后即完成串口初始化。MCU 与 ESP8266 之间通过 AT 指令协议通信，串口发送“AT+CWMODE=1”设置 WIFI 模块工作在 STA 节点模式，“AT+CWJAP=”WIFI 名称“,”WIFI 密码//设置模块连接对象路由器的名称和密码，

“AT+CIPSTART=” TCP “,” xxx.xxx.x.xxx// 设置模块与服务器端的连接方式和要连接的 IP 与端口号,“AT+CIPMODE=1” 设置模块开启透传模式,“AT+CIPSEND” 设置模块开始透传。完成上述配置后 MCU 即可通过串口与服务器进行通信。

② 图形化交互模块。

图形化交互模块采用 STemwin 专业级图形库制作，其主要由学生界面、教师界面、设置界面、管理员界面组成，各界面由底层 UI 与顶层逻辑构成。底层 UI 用于实现页面的整体布局，界面的友好程度直接影响用户体验；顶层逻辑用于实现用户的操作和状态显示，是图形交互模块的核心。各界面结构基本相同，此处以学生界面为例进行介绍：学生界面主要由编辑框、文本框、按键、图片控件构成。编辑框与文本框用于显示实验各项信息和状态显示，按键用于实现学生签到。根据 STemwin 的回调机制，检测到按键按下后，底层 UI 文件在回调函数中设置当前 UI 界面状态切换为学生签到状态。在顶层逻辑文件中，学生界面任务循环检测当前界面状态，当状态切换为签到状态时，通知二维码扫描任务开启扫描，并重新切换为等待状态。当接收到 WIFI 任务发送的签到状态的任务通知，提示框显示当前签到状态。

③ 服务器数据接收和处理模块。

数据采集和处理模块采用 Socket 实现服务器与终端的通信。将 Socket 设置为非阻塞模式，采用每隔 5s 进行一次扫描的方式检测终端，如服务器连接是否正常。若连接正常，则服务器等待数据发送；否则等待下一次扫描，如果扫描次数达到设定的阈值仍然没有接收到回应，则服务器主动断开与后端的连接。如果服务器接收到数据，则对数据进行处理。

数据处理的方式如下：根据接收的 HTTP 请求参数，与后端数据库中的预约信息进行比对，判断签到是否成功；与后端数据库中的教师信息进行比对，判断教师身份验证是否成功；将学生成绩存入与此学生对应的数据库中；将日志信息存入其对应的数据库中。

（6）接口设计

① WIFI 模块接收与发送接口。

a.ESP8266 初始化函数。

【函数】u8esp8266_init(void)

【功能】通过串口初始化 ESP8266 配置

【返回值】0：初始化失败

1：初始化成功

【参数】无

b.ESP8266 发送命令函数。

【函数】u8esp8266_send_cmd(u8*cmd,u8*ack,u16waittime)

【功能】发送 AT 指令到 ESP8266

【返回值】0：发送成功（得到期待的应答结果）

1：发送失败（未得到期待的应答结果）

【参数】cmd：发送的命令字符串

ack：期待的应答结果

waittime：等待时间

c.ESP8266 发送 HTTP 请求函数。

【函数】u8usr_c322_wifista_HTTP_request(u8*request,u8*parameter)

【功能】发送 HTTP 请求

【返回值】0：HTTP 请求不通过

1：HTTP 请求通过

2：HTTP 请求发送失败

【参数】request：HTTP 请求头

parameter：HTTP 请求参数

② 图形化交互接口。

a. 学生 UI 生成函数。

【函数】WM_HWINStudentPageOnCreate(void)

【功能】生成学生 UI 框架

【返回值】当前页面句柄

【参数】无

b. 设置界面状态机函数。

【函数】staticvoidsetting_event(void)

【功能】根据当前界面状态执行不同操作

【返回值】无

【参数】无

c. 教师界面任务函数。

【函数】staticvoidteacherwin_task(void)

【功能】接收其余任务通知并做出处理

【返回值】无

【参数】无

③ 服务器数据接收和处理接口。

a.Socket 监听终端端口函数。

【函数】SocketListen()

【功能】对连接到服务器的终端端口进行监听和管理

【返回值】无

【参数】无

b. 接收数据处理函数。

【函数】SocketDataDeal(accept_data,conn)

【功能】对从终端接收到的数据进行处理

【返回值】0：接收到正确的数据并且进行正确的处理

1：接收到错误的数据

【参数】accept_data：服务器接收到的数据

conn：服务器与终端的连接